**Das moderne Industrieunternehmen**

Betriebswirtschaftliche Fachbücher für Hochschule und Praxis

Herausgegeben von

*Werner Zimmermann* und

*Siegfried Höwelmann*

Götz, Arbeitsrecht

Krause, Arbeitsorganisation

Ott/Wendlandt, Grundzüge des Wirtschaftsrechts

Zimmermann, Erfolgs- und Kostenrechnung

Zimmermann, Planungsrechnung

Zimmermann, Bilanzen lesen und verstehen

Hilmar Götz

# Arbeitsrecht

Vieweg

Dr. *Hilmar Götz* ist Dozent für Arbeits- und Sozialrecht sowie für Volkswirtschaftslehre an der Fachhochschule Eubeck.

1976


Satz: Friedr. Vieweg & Sohn, Braunschweig

ISBN 978-3-528-04105-2 ISBN 978-3-322-93800-8 (eBook)
DOI 10.1007/978-3-322-93800-8

# Vorwort der Herausgeber

Im Zuge der ständigen Mechanisierung und Automatisierung der Fertigungsprozesse und dem damit verbundenen rapide ansteigenden Kapitalbedarf mußten die früher vorwiegend handwerklich organisierten Betriebe dem Industriebetrieb mehr und mehr weichen.

Dieser Industrialisierungsprozeß ist noch nicht abgeschlossen, denn gerade im Hinblick auf die ständig wachsende Konkurrenz auf dem Markt der Europäischen Wirtschaftsgemeinschaft wird die Tendenz, mehrere Klein- und Mittelbetriebe zu größeren Industrieunternehmen zusammenzuschließen, noch verstärkt.

Dieser, in bezug auf frühere Jahrzehnte veränderten Situation wird auch bei der Ausbildung von Ingenieuren Rechnung getragen, indem die Vermittlung betriebswirtschaftlicher Kenntnisse und Methoden nicht mehr nur am Rande erfolgt, sondern zu einem Kernpunkt der Ausbildung geworden ist. Dies zeigt sich insbesondere in der Einrichtung einer neuen, den traditionellen Studiengebieten gleichgestellten Fachrichtung „Wirtschaft und Betriebstechnik" an Fachhochschulen und Akademien in der Bundesrepublik sowie der Schaffung eines neuen Ingenieurtyps, des „Wirtschafts-Ingenieurs".

Es erschien den Herausgebern deshalb angebracht, die Eigenheiten der industriellen Unternehmung in Organisation, Planung, Steuerung und Überwachung des Produktionsprozesses, der Investitions- und Kostenrechnung, der Planungsrechnung und Entscheidungstechnik sowie der relevanten Vorschriften des Wirtschafts- und Arbeitsrechtes in einer besonders für Ingenieure und Betriebswirte konzipierten Buchreihe: „Das moderne Industrieunternehmen" darzulegen.

Nachdem nunmehr bereits mehrere Bände dieser Reihe erschienen sind und großen Anklang gefunden haben, sehen die Herausgeber sich in ihren Bemühungen bestätigt. Die einzelnen Bände der Buchreihe sind in erster Linie als Lehr- und Fachbücher für Hochschulen und Fachhochschulen gedacht. Es konnten Autoren gewonnen werden, die in langjähriger Tätigkeit als Führungskräfte in Wirtschaft und Industrie und als Dozenten an Hoch- und Fachhochschulen Erfahrungen in den einzelnen Fachgebieten sammeln konnten und es verstehen, dem Studenten wie auch dem in der Praxis stehenden Ingenieur und Betriebswirt einen Einblick in die betriebswirtschaftlichen und wirtschaftsrechtlichen Probleme des Industrieunternehmens zu verschaffen.

Aufbauend auf dem letzten Stand der Forschung wird bei straffer Stoffgliederung in den Einzelbänden in übersichtlicher und praxisnaher Darstellung über Grundlagen, neueste Erkenntnisse und Verfahren der Betriebswirtschaft des Industrieunternehmens berichtet.

Der vorliegende Band gibt in knapper und präziser Form einen Überblick über die wichtigsten Bestimmungen des Arbeitsrechtes, insbesondere bezüglich des Arbeitsverhältnisses, des Tarifvertrages, der Mitbestimmungsregelungen und der Arbeitsgerichtsbarkeit.

Der sorgfältig erarbeitete Stoff ist, durch zahlreiche Beispiele ergänzt, leichtverständlich dargeboten und setzt keine einschlägigen Kenntnisse voraus. Durch zahlreiche Wiederholungs- und Kontrollfragen wird der Leser angehalten, selbst zu überprüfen, inwieweit er den Stoff verarbeitet hat.

Dipl.-Kaufmann *Siegfried Höwelmann,*
Professor an der Fachhochschule Reutlingen

Dr.-Ing. *Werner Zimmermann,*
Professor an der Gesamthochschule Siegen

# Vorwort des Verfassers

Dieses Buch ist kein Lehrbuch, sondern ein Lernbuch. Der Fachmann findet hier nichts Neues. Das Buch ist aus Vorlesungen und Übungen im Fach Arbeitsrecht an der Fachhochschule Lübeck entstanden. Es wendet sich insbesondere an Studenten an den Fachhochschulen (angehende Ingenieure und Betriebswirte), an Studenten der Wirtschaftswissenschaften an den Hochschulen im ersten Studienabschnitt, aber auch an Praktiker (z. B. Betriebsleiter, Handwerker, Selbständige).

Der Leser findet einen Überblick über die wichtigsten Bestimmungen des Arbeitsrechts und ihre Zusammenhänge, soweit sie für die Praxis von Bedeutung sind. Auf die Erörterung von Spezialfragen und auf die Darstellung unterschiedlicher Lehrmeinungen ist verzichtet worden. Schwierige Begriffe und Zusammenhänge sind durch Beispiele erläutert. Besonderer Wert wurde auf die Anwendung der arbeitsrechtlichen Bestimmungen gelegt. Zu diesem Zweck sind an geeigneten Stellen Übungsfälle mit Lösungen eingefügt worden. Wiederholungs- und Kontrollfragen am Ende der einzelnen Abschnitte ermöglichen dem Leser eine Überprüfung und Vertiefung des Stoffes; Querverweise im Text sollen die Zusammenhänge sichtbar machen. Der Leser sollte aber bei der Lektüre die einschlägigen Gesetzestexte stets zur Hand haben. Leser, die sich eingehender mit dem Arbeitsrecht beschäftigen wollen, finden am Ende des Buches weiterführende Literaturhinweise.

Das Manuskript wurde Mitte 1976 abgeschlossen.

Den Studenten der Fachhochschule Lübeck habe ich für zahlreiche Anregungen zu danken. Besonderen Dank schulde ich Frau R. Schmidt, Richterin am Arbeitsgericht Lübeck, die mich bei der Zusammenstellung des Manuskriptes mit vielen Hinweisen und Ratschlägen unterstützt hat. Fehler und Ungenauigkeiten gehen selbstverständlich zu meinen Lasten. Danken möchte ich schließlich dem Verlag und den Herausgebern, die dieses Buch ermöglicht haben.

Dr. *Hilmar Götz*

Lübeck, im Mai 1976

# Inhalt

# 1. Einführung

## 1.1. Begriff, Wesen und Gliederung des Arbeitsrechts

1 **Begriff.** Arbeitsrecht ist das Sonderrecht der *Arbeitnehmer* (1). Im Mittelpunkt des Arbeitsrechtes stehen die Personen, die aufgrund eines privatrechtlichen Vertrages (oder eines ihm gleichgestellten Rechtsverhältnisses) verpflichtet sind, Arbeit im Dienste eines anderen (des Arbeitgebers) nach dessen Weisungen zu leisten. Zum Arbeitnehmerbegriff vgl. Kap. 2, Tz 8f.

Arbeitsrecht ist also nicht gleichzusetzen mit Recht *der* Arbeit. Arbeit leisten neben den Arbeitnehmern auch andere Personen, ohne daß sie unter das Arbeitsrecht fallen.

*Beispiele*: Unternehmer, Gesellschafter einer Handelsgesellschaft, selbständige Handwerker, frei praktizierende Ärzte, Rechtsanwälte, Architekten, frei schaffende Künstler usw. Arbeit leisten ferner die Beamten, der mithelfende Ehegatte, Ordensleute, Diakonissen, Strafgefangene und Fürsorgezöglinge; diese Personen unterliegen ebenfalls nicht dem Arbeitsrecht. Zur Begründung vgl. Kap. 2, Tz 8 f.

Daraus wird deutlich, daß die Bezeichnung „Arbeitsrecht" sprachlich ungenau ist (2).

2 **Wesen.** Charakteristisch für das Arbeitsrecht sind vor allem zwei Besonderheiten.

- Im Arbeitsrecht haben *Rechtsprechung* und *Lehre* ein größeres Gewicht als in anderen Rechtsgebieten. Zwar gibt es eine Fülle von Rechtsvorschriften auf dem Gebiet des Arbeitsrechtes (vgl. hierzu Tz 7); es bleiben aber immer noch viele Fragen offen, die vom Gesetzgeber bisher überhaupt nicht oder nicht erschöpfend geregelt worden sind. Mehr als auf anderen Rechtsgebieten liegt daher die Schließung von Gesetzeslücken und die Rechtsfortbildung in den Händen der Wissenschaft und der Rechtsprechung (3), insbesondere des Bundesarbeitsgerichts.

  *Beispiele*: Es fehlt bis heute an einer gesetzlichen Regelung des Arbeitskampfrechts und des Rechtes der Verbände (zum Arbeitskampfrecht vgl. Kap. 4, Tz 201 ff.; bezügl. Verbände vgl. Kap. 2, Tz 19 ff). – Die vorhandenen gesetzlichen Regelungen sind vielfach, wie in anderen Rechtsgebieten auch, sogen. Generalklauseln, die erst von der Rechtsprechung ausgefüllt werden müssen, z. B. die „Fürsorgepflicht des Arbeitgebers", der „wichtige Grund" bei einer außerordentlichen Kündigung, die „sozial ungerechtfertigte Kündigung" (4). – Häufig müssen die vorhandenen gesetzlichen Regelungen den Besonderheiten der Arbeitspraxis angepaßt werden, z. B. die Anfechtungs- und Nichtigkeitsregeln des BGB (vgl. faktisches Arbeitsverhältnis bzw. Teilnichtigkeit in Kap. 3, Tz 41 ff.) oder die Haftungsvorschriften des BGB (vgl. Haftungsbeschränkung bei schadensgeneigter Arbeit, Kap. 3, Tz 128 ff.).

- Im Arbeitsrecht spielt der Einzelvertrag bei der Gestaltung des Arbeitsverhältnisses eine geringere Rolle als es sonst bei anderen Rechtsverhältnissen des Privatrechts üblich ist, z. B. bei Kauf oder Miete (5). Im Vordergrund stehen vielmehr *Kollektivverträge*, d. h. Tarifverträge und Betriebsvereinbarungen (vgl. hierzu Kap. 4, Tz 171 ff. und Kap. 5, Tz 242 ff.). Der Einzel-Arbeitsvertrag ist vielfach, vor allem bei Arbeitern, nur noch von Bedeutung für die Begründung des Arbeitsverhältnisses (d. h. daß der Arbeiter eingestellt wird). Der Inhalt des Arbeitsverhältnisses ergibt sich in diesen Fällen aus zwingenden Gesetzen (z. B. bezügl. Arbeitszeit, Urlaubsdauer) oder aus Tarifvertrag (z. B. bezügl. Lohnhöhe) oder aus Betriebsvereinbarungen.

3 **Gliederung.** Das Arbeitsrecht wird üblicherweise gegliedert in

- Individualarbeitsrecht,
- Kollektives Arbeitsrecht,
- Arbeitsschutzrecht,
- Arbeitsgerichtsbarkeit.

Individual- und Kollektives Arbeitsrecht sind nicht isoliert voneinander zu sehen; ein und dasselbe praktische Problem kann sowohl in das Individualarbeitsrecht als auch ins Kollektive Arbeitsrecht hineinreichen.

*Beispiele* (6): Ein Arbeitnehmer macht Lohnansprüche geltend. Zu prüfen sind: a) die individualrechtliche Anspruchsgrundlage (z. B. ob ein Arbeitsverhältnis besteht, ob gearbeitet worden ist usw.); b) ob der Arbeitnehmer seinen Anspruch auf Tarifvertrag stützen kann (wobei kollektivrechtliche Fragen auftreten, z. B. nach der Tarifzuständigkeit und der Tarifgebundenheit). – Bei einer Kündigung ist zu prüfen: a) ob die Kündigung wirksam erklärt, ob sie dem Arbeitnehmer zugegangen ist usw. (= Individualarbeitsrecht); aber auch b) ob der Betriebsrat nach § 102 BetrVG angehört wurde (= Kollektives Arbeitsrecht).

## 1.2. Grundgedanken des Arbeitsrechts

Das Arbeitsrecht in seiner heutigen Form ist durch drei Entwicklungen geprägt worden (7):

4 1.2.1. durch die Bemühungen zum *Schutz* des einzelnen Arbeitnehmers.

Die Wirtschaftsgeschichte hat gezeigt, daß der Arbeitnehmer in besonderem Maße schutzbedürftig ist: Er ist zur persönlichen Arbeitsleistung im Dienste des Arbeitgebers verpflichtet, er wird im Betrieb des Arbeitgebers nach dessen Weisungen tätig, er muß die festgelegten Arbeitszeiten einhalten usw. In aller Regel besteht auch eine starke wirtschaftliche Abhängigkeit, weil der Arbeitnehmer darauf angewiesen ist, seinen Lebensunterhalt durch Arbeit zu sichern. Dieses besondere Schutzbedürfnis war der Anstoß zur Entwicklung des Arbeitsrechts, es hat dem Arbeitsrecht in der ersten Zeit seines Entstehens seine Eigenart gegeben (8). Der Einfluß ist auch heute noch wirksam.

*Beispiele*: Es war dafür Sorge zu tragen, daß der Arbeitnehmer vor Gefahren, die vom Betrieb bzw. von der Arbeit ausgehen, soweit wie möglich geschützt wird (sogen. Betriebs- bzw. Gefahrenschutz, vgl. Kap. 3, Tz 104). – Es war sicherzustellen, daß die Arbeitszeit so geregelt wird, daß die Arbeitskraft des Arbeitnehmers nicht übermäßig beansprucht werden kann (sogen. Arbeitszeitschutz, vgl. Kap. 3, Tz 56 und 57). – Der Arbeitnehmer mußte wirtschaftlich soweit abgesichert werden, daß ihm seine Existenzgrundlage, der Arbeitsplatz, nicht ohne berechtigten Grund genommen werden kann (sogen. Kündigungsschutz, vgl. Kap. 3, Tz 152 ff.). – Für bestimmte besonders schutzbedürftige Gruppen von Arbeitnehmern (z. B. Jugendliche, Schwangere, Schwerbeschädigte) mußten besondere Schutzvorschriften erlassen werden (z. B. Arbeitsverbote, besonderer Kündigungsschutz, besondere Arbeitszeitregelung).

Ein schutzwürdiges Interesse besteht auch auf Arbeitgeberseite. Diesem Interesse hat das Arbeitsrecht ebenfalls Rechnung getragen.

*Beispiele*: Die Regelung betr. Treuepflicht des Arbeitnehmers (vgl. Kap. 3, Tz 99 ff.), die Vorschriften über die Haftung bei Schlechtleistung und Schäden (Kap. 3, Tz 126 ff.), über die Einhaltung von Wettbewerbsverboten usw. (vgl. Kap. 3, Tz 170).

5 1.2.2. durch die Bildung von *Koalitionen* und durch die zunehmende Bedeutung von Kollektivvereinbarungen anstelle von Einzelverträgen.

Schon frühzeitig haben die Arbeitnehmer erkannt, daß der Einzelne für sich allein dem Arbeitgeber gegenüber in der schwächeren Position ist, daß die Stärke der Arbeitnehmer in ihrer großen Zahl und im Zusammenschluß liegt (8). So kam es zur Bildung von Gewerkschaften. Die Arbeitgeber schlossen sich zu Arbeitgeberverbänden zusammen. Mehr und mehr wurden die Arbeitsbedingungen durch Tarifvertrag geregelt; einzelvertragliche Abmachungen verloren demgegenüber an Bedeutung (vgl. hierzu auch Tz 2). Im Arbeitsrecht führte diese Entwicklung zu einer Wendung vom Individualrecht zum Kollektivrecht (9).

*Beispiele*: Es mußten neue geeignete Rechtsformen für die entstehenden Zusammenschlüsse und für die zwischen ihnen ausgehandelten Verträge entwickelt werden (vgl. Tarifvertragsrecht, Kap. 4, Tz 171 ff.). – Es mußten Regeln entworfen werden, nach denen die Tarifvertragsparteien die Arbeitsbedingungen aushandeln und nach denen zu verfahren ist, wenn es Auseinandersetzungen zwischen den Tarifvertragsparteien kommt (vgl. Schlichtungsrecht und Arbeitskampfrecht in Kap. 4, Tz 196 ff. und Tz 201 ff.).

6 1.2.3. durch die Bestrebungen, die Arbeitnehmer an den *Entscheidungen im Betrieb* zu beteiligen (Mitbestimmung).

Durch die Mitbestimmung soll die Stellung des Arbeitnehmers zum Betrieb geändert werden. Aus dem Untergebenen soll ein Mitarbeiter werden, der bei der Regelung sozialer, personeller und wirtschaftlicher Angelegenheiten mitentscheidet. Ihren Niederschlag haben diese Bestrebungen in entsprechenden gesetzlichen Regelungen gefunden. Wegen Einzelheiten vgl. Kap. 5, Tz 216 ff.

*Beispiele*: Das Betriebsverfassungsgesetz von 1972; die Personalvertretungsgesetze des Bundes und der Länder; das Gesetz über die Mitbestimmung der Arbeitnehmer in den Aufsichtsräten und Vorständen der Unternehmen des Bergbaus und der Eisen und Stahl erzeugenden Industrie von 1951/56/71; das Gesetz über die Mitbestimmung der Arbeitnehmer in Unternehmen mit eigener Rechtspersönlichkeit, die in der Regel mehr als 2000 Arbeitnehmer beschäftigen, von 1976; das Betriebsverfassungsgesetz 1952 i. d. F. des Betriebsverfassungsgesetzes 1972.

## 1.3. Rechtsquellen

7 Die Rechtsquellen des Arbeitsrechts sind z. Zt. noch weit verstreut. Ein zusammenfassendes Arbeitsgesetzbuch für die Bundesrepublik ist in Arbeit. Ansätze einer Vereinheitlichung sind im 1. Arbeitsrechtsbereinigungsgesetz von 1969 zu sehen, das die bis dahin weit verstreuten und unterschiedlichen Vorschriften über Kündigungsfristen und Kündigungsgründe in den §§ 622 ff. BGB zusammengefaßt hat.

Die wichtigsten Rechtsquellen sind:

1.3.1. die entsprechenden Verfassungsbestimmungen des Grundgesetzes und der Länderverfassungen, vor allem: Recht auf freie Entfaltung der Persönlichkeit; Gleichbehandlung von Mann und Frau bei gleicher Arbeit und gleicher Leistung; Koalitionsfreiheit; Freizügigkeit; Freiheit der Berufs- und Arbeitsplatzwahl; Schutz des Eigentums; Sozialstaatsprinzip. In einigen Länderverfassungen außerdem: Recht auf Arbeit; Streikrecht.

1.3.2. die einschlägigen Gesetze

a) bezügl. Arbeitsverhältnis und Arbeitsvertrag:
- Bürgerliches Gesetzbuch (BGB) (insbes. Geschäftsfähigkeit, Willenserklärungen, Leistungsstörungen, Erfüllung, ferner: Dienstvertrag),
- Handelsgesetzbuch (HGB),
- Gewerbeordnung (GewO),
- Seemannsgesetz (SeemG),
- Handwerksordnung (HandwO),
- vorläufige Landarbeitsordnung (landArbO bzw. LAO),
- Kündigungsschutzgesetz (KSchG),
- Bundesurlaubsgesetz (BUrlG),
- Lohnfortzahlungsgesetz (LFZG bzw. LFG),
- Berufsbildungsgesetz (BBiG bzw. BerBildG),
- Arbeitsplatzschutzgesetz (ArbPlSchG),
- Zivilprozeßordnung (ZPO) (bezügl. Lohnpfändung),
- Konkursordnung (KO) und Gesetz über Konkursausfallgeld.

b) bezügl. Arbeitsschutz:
- Gewerbeordnung (GewO),
- Arbeitszeitordnung (AZO),
- Mutterschutzgesetz (MuSchG),
- Jugendarbeitsschutzgesetz (JArbSchG),
- Schwerbeschädigtengesetz (SchwBeschG),
- Heimarbeitsgesetz (HAG).

c) bezügl. Tarifrecht:
- Tarifvertragsgesetz (TVG).

d) bezügl. Betriebsverfassung:
- Betriebsverfassungsgesetz (BetrVG),
- Personalvertretungsgesetze des Bundes und der Länder.

e) bezügl. Arbeitsgerichtsbarkeit:
- Arbeitsgerichtsgesetz (ArbGG),
- Zivilprozeßordnung (ZPO).

1.3.3. die Kollektivvereinbarungen, d. h. schriftliche Verträge zwischen Arbeitgeberverbänden und Gewerkschaften (= Tarifverträge, vgl. Kap. 4, Tz 171 ff.) bzw. zwischen Geschäftsleitung und Betriebsrat (= Betriebsvereinbarung, vgl. Kap. 5, Tz 242 ff.). Wie bereits unter Tz 2 ausgeführt, werden viele Fragen heute nicht einzelvertraglich, sondern durch Kollektivverträge geregelt. Die Möglichkeit hierzu schafft das Tarifvertragsgesetz bzw. das Betriebsverfassungsgesetz.

1.3.4. die durch Lehre und Rechtsprechung entwickelten Rechtsgrundsätze, insbes. die Entscheidungen des Bundesarbeitsgerichtes.

**Fragen zu 1:**

1. Was versteht man unter Arbeitsrecht? Wie ist das Arbeitsrecht gegliedert?
2. Ist die Bezeichnung „Arheitsreeht" sprachlich zutreffend?
3. Nennen Sie einige Besondorhciten des Arbeitsreehts!
4. Wodurch ist das Arbeitsrecht geprägt worden?
5. Nennen Sie die wichtigsten Rechtsquellen des Arbeitsrechts!

# 2. Arbeitnehmer, Arbeitgeber, Koalitonen

Partei bzw. Vertragspartner im Arbeitsrecht können sein

- einzelne Arbeitnehmer,
- einzelne Arbeitgeber,
- Zusammenschlüsse von Arbeitnehmern oder von Arbeitgebern (sogen. Koalitionen).

## 2.1. Arbeitnehmer

Der Begriff des Arbeitnehmers ist einer der wichtigsten Begriffe des Arbeitsrechts: Nur dann, wenn ein Arbeitnehmer beteiligt oder betroffen ist, sind die Regelungen des Arbeitsrechts anzuwenden (10).

### 2.1.1. Begriffsmerkmale

8 Eine gesetzliche Definition des Arbeitnehmerbegriffes fehlt. Der Begriff ist von der Rechtsprechung geprägt worden, über Inhalt und Umfang besteht heute weitgehend Einigkeit. Arbeitnehmer i. S. des modernen Arbeitsrechts sind nach herrschender Ansicht Personen, die aufgrund eines privatrechtlichen Vertrages oder eines ihm gleichgestellten Rechtsverhältnisses im Dienste eines anderen zur Arbeit verpflichtet sind (11). Arbeitnehmer kann nur eine natürliche Person sein, nicht eine juristische Person (vgl. Tz 11). Im einzelnen:

9 2.1.1.1. **Privatrechtlicher Vertrag.** Arbeitnehmer ist, wer aufgrund eines privatrechtlichen Vertrages mit dem Arbeitgeber tätig wird. Nur wer *freiwillig auf privatrechtlicher Grundlage* fremdbestimmte Arbeit übernommen hat, ist Arbeitnehmer (12). Wegen dieses Merkmals fallen die Beamten nicht unter das Arbeitsrecht, weil sie in einem öffentlich-rechtlichen Dienst- und Treueverhältnis stehen. Aus dem gleichen Grunde fallen nicht unter das Arbeitsrecht die Personen, die zwar abhängige Arbeit leisten, aber ohne Vertrag tätig werden, z. B. die zur Arbeit verpflichteten Familienangehörigen (hier besteht eine gesetzliche Verpflichtung zur Mitarbeit für Ehegatten gem. § 1356 Abs. 2 BGB und für hausangehörige Kinder gem. § 1619 BGB), die unfreien Arbeitskräfte (z. B. Strafgefangene, Fürsorgezöglinge).

In der Regel wird die Arbeitspflicht durch Vertrag begründet. Der Hinweis auf „dem Arbeitsvertrag gleichgestellte Rechtsverhältnisse" besagt, daß auch dann Arbeitnehmereigenschaft zu bejahen ist, wenn der Arbeitsvertrag nicht rechtsgültig, aber *tatsächlich* Arbeit geleistet worden ist (vgl. faktisches Arbeitsverhältnis, Kap. 3, Tz 41). Auch ein Schwerbeschädigter, dem vom Landesarbeitsamt eine Arbeitsstelle *zugewiesen* wird, gilt als Arbeitnehmer (13).

10 2.1.1.2. **Verpflichtung zur Arbeit.** Arbeitnehmer ist, wer sich verpflichtet hat, einem anderen, dem Arbeitgeber, seine *Arbeitskraft* für eine bestimmte Zeit zur Verfügung zu stellen (sogen. Dienstvertrag). Gegenstand des Arbeitsvertrages ist eine bestimmte Tätigkeit, z. B. die Arbeit als Schlosser, als Buchhalter usw., die während der vereinbarten Arbeitszeit auszuüben ist. Entscheidend ist die Leistung von Arbeit, nicht das Arbeitsergebnis. Dadurch unterscheidet sich der Arbeitsvertrag vom Werkvertrag, bei dem die Pflicht zur Herbeiführung eines bestimmten Erfolges, eines bestimmten Arbeitsergebnisses, im Vordergrund steht (vgl. hierzu auch Kap. 3, Tz 29). Die Arbeit ist in der Regel höchstpersönlich zu leisten (§ 613 BGB).

Der Begriff der Arbeit ist nicht im physikalischen Sinne, sondern wirtschaftlich zu verstehen (14). Es gehört jede Art von Tätigkeit dazu, die im Wirtschaftsleben als Arbeit bezeichnet oder anerkannt wird. Geistige Leistung ist ebenso Arbeit wie das rein passive Verhalten eines Malermodells oder eines zum Bereitschaftsdienst im Betrieb eingesetzten Arbeitnehmers (15). Wegen Arbeitszeit und Arbeitsbereitschaft vgl. Kap. 3.

Nicht als Arbeit wird die spielerische und sportliche Betätigung angesehen, sofern sie um ihrer selbst willen erfolgt. Anders ist es, wenn die sportliche Betätigung, wie die eines Fußballspielers, von Berufs wegen geleistet wird (15).

11 2.1.1.3. **Weisungsgebundenheit bzw. Gehorsamspflicht.** Arbeitnehmer ist, wer Arbeit im Dienste eines anderen, des Arbeitgebers, leistet (= Arbeitsvertrag). Es muß eine besondere persönliche Abhängigkeit oder, was dasselbe bedeutet, es muß in bezug auf die Arbeitsleistung eine *Gehorsamspflicht* bestehen (16). Arbeitnehmer ist, wer unselbständige, fremdbestimmte Arbeit leistet (14), wer an Weisungen des Arbeitgebers gebunden ist in bezug auf Arbeitsauftrag, Arbeitszeit, Arbeitsort, Arbeitseinteilung usw. Durch dieses Merkmal unterscheiden sich die Arbeitnehmer von den Personen, die zwar auch verpflichtet sind, Dienste zu leisten, die aber im wesentlichen ihre Tätigkeit frei gestalten und ihre Arbeitszeit selbst bestimmen können, wie z. B. die selbständigen Unternehmer und Handwerksmeister, Ärzte, Rechtsanwälte, Architekten. Diese Personen werden aufgrund eines freien Dienstvertrages tätig (vgl. hierzu auch Kap. 3, Tz 28). Keine Abhängigkeit besteht ferner bei den Personen, die Arbeit aufgrund eines Gesellschaftsvertrages leisten, z. B. Gesellschafter einer OHG. Auch Vorstandsmitglieder von juristischen Personen (AG, GmbH) stehen nicht in einem Arbeitsverhältnis. Wegen der Personenbezogenheit der abhängigen Arbeit können auch juristische Personen keine Arbeitnehmer sein (14).

Das Merkmal der persönlichen Abhängigkeit ist ein relatives (17). Eine gewisse Abhängigkeit von Weisungen besteht auch bei den Selbständigen, doch ist sie bei den Arbeitnehmern viel stärker ausgeprägt. Selbst innerhalb der Arbeitnehmer ist die Weisungsgebundenheit unterschiedlich stark (einfache Arbeiten – hochqualifizierte Tätigkeiten; vgl. hierzu Kap. 3, Tz 47).

Die persönliche Abhängigkeit des Arbeitnehmers ist nicht zu verwechseln mit der wirtschaftlichen Abhängigkeit. I. d. R. wird der Arbeitnehmer auch wirtschaftlich vom Arbeitgeber abhängig sein, doch ist dieser Umstand nicht für die Arbeitnehmereigenschaft entscheidend. Ein Arbeitnehmer, der über eigenes Vermögen verfügt oder aber nur eine Nebenbeschäftigung ausübt, ist nicht notwendig von seinem Arbeitgeber wirtschaftlich abhängig. Wirtschaftliche Abhängigkeit kann aber zur Qualifizierung als arbeitnehmerähnliche Person führen (17); (vgl. Tz 16).

**12** Ohne Bedeutung für den Begriff des Arbeitnehmers ist, daß die Arbeit gegen Entgelt geleistet wird (18). Die meisten Arbeitnehmer arbeiten zwar gegen Entgelt, es kann aber auch jemand ohne Entgelt als Arbeitnehmer beschäftigt werden, z. B. als Volontär. Ferner ist nicht erforderlich, daß die Arbeit berufsmäßig ausgeübt wird (18); auch der Werkstudent, der sich die Mittel zu einer Ausbildung in einem anderen Beruf verdient, oder die nebenberuflich Tätigen sind Arbeitnehmer. Keine Rolle spielt außerdem die Dauer der Tätigkeit; es gibt auch Eintags-Arbeitsverhältnisse, z. B. der für einen Feiertag im Ausflugslokal beschäftigte Aushilfskellner (19). Unerheblich ist auch, ob die Arbeit innerhalb oder außerhalb der Betriebsstätte geleistet wird; auch Handlungsreisende, Zeitungsausträger sind Arbeitnehmer (20). Gleichgültig ist schließlich die Art der Tätigkeit, ob körperliche oder geistige Tätigkeit ausgeübt wird; auch ein Chefarzt kann Arbeitnehmer sein.

Hingegen können folgende Kriterien im Zweifelsfall als Anhaltspunkt für die Arbeitnehmereigenschaft dienen:

- wenn die Bezahlung sich nach der Arbeit richtet, nicht nach Erfolg oder Mißerfolg (kein eigenes Risiko beim Arbeitnehmer),
- wenn Lohnsteuerpflicht und Sozialversicherungspflicht besteht,
- wenn die Arbeit höchstpersönlich ausgeführt werden muß, eine Vertretung nicht möglich ist.

*Fall 1*: Arbeitnehmer-Eigenschaft (21)

A ist Angestellter bei der Firma F. Er schließt mit einem kleinen Fußballverein B einen Vertrag, kraft dessen er die Aufgaben eines Fußballtrainers für die Seniorenmannschaft des B gegen Zahlung einer monatlichen Entschädigung von 400,– DM übernimmt. Der Vertrag legt u. a. fest:

- Training erfolgt wöchentlich Dienstag und Freitag 18–20 Uhr.
- Anwesenheitspflicht des A bei jedem Mannschaftsspiel.
- Spieler für das jeweilige öffentliche Spiel werden von A vorgeschlagen.
- Ist der Spielausschuß, in dem A Sitz und Stimme hat, mit A's Vorschlag nicht einverstanden, so ist über den Vorschlag von A und evtl. Gegenvorschläge abzustimmen. Bei Stimmengleichheit entscheidet Stimme des A.

A meint, einen Arbeitsvertrag mit B abgeschlossen zu haben. Liegt tatsächlich ein Arbeitsvertrag vor?

*Lösung:*

Bei dem Vertrag zwischen A und B handelt es sich zweifellos um einen privatrechtlichen Vertrag (Merkmal 1, vgl. Tz 9).

Zu prüfen ist zunächst, ob dieser privatrechtliche Vertrag ein Werkvertrag oder ein Dienstvertrag ist (Merkmal 2, vgl. Tz 10). Die Bestimmungen des Vertrages (= festgelegte Trainingszeiten, Anwesenheitspflicht bei jedem Spiel, Zahlung einer festen monatlichen Entschädigung) lassen erkennen, daß A bestimmte Dienste schuldet und nicht einen bestimmten Erfolg. Das ergibt sich auch aus den Umständen der Tätigkeit des A: Er kann keinesfalls bestimmte Ergebnisse versprechen (z. B. Sieg beim nächsten Spiel), sondern nur seine Erfahrungen und seine Arbeitskraft als Trainer dem Verein für eine bestimmte Zeit pro Woche zur Verfügung stellen. Daraus ergibt sich, daß der Vertrag zwischen A und B ein Dienstvertrag ist.

Nunmehr ist zu prüfen, ob es sich bei dem Dienstvertrag zwischen A und B um einen Arbeitsvertrag oder einen freien Dienstvertrag handelt (Merkmal 3, vgl. Tz 11). Entscheidend ist, ob A persönlich abhängig, d. h. weisungsgebunden ist. Auch hier sind der Vertragstext und die Umstände der Trainertätigkeit zu berücksichtigen. Laut Vertrag stellt A die Mannschaft auf, er hat diesbezüglich volle Entscheidungsfreiheit. Zwar muß der Spielausschuß den Vorschlag des A billigen, aber auch hier hat A Sitz und Stimme, seine Stimme gibt den Ausgleich. Daß A an die Abstimmung gebunden ist, entspricht demokratischen Prinzipien und ist nicht mit Weisungsgebundenheit gleichzusetzen. Einen weiteren

Anhaltspunkt liefert die Stellung des A als Trainer: A bestimmt, wie das Training ablaufen soll, er legt die Taktik für das jeweilige Spiel fest usw. Das alles deutet darauf hin, daß A einen freien Dienstvertrag abgeschlossen hat.

A ist somit kein Arbeitnehmer.

### 2.1.2. Arbeiter und Angestellte

Üblicherweise werden die Arbeitnehmer nach der Art der Tätigkeit eingeteilt in Arbeiter und Angestellte.

13 **Bedeutung.** Die Einteilung ist historisch begründet, heute aber weitgehend überholt. Sie spielt – abgesehen vom Sozialprestige – nur noch eine Rolle (22)

- bezüglich der *Kündigungsfristen* (vgl. hierzu Kap. 3, Tz 146 und 148)
- bei der *Betriebsratswahl* (vgl. hierzu Kap. 5, Tz 220)
- in der *gesetzlichen Krankenversicherung* (Versicherungspflicht für alle Arbeiter, für Angestellte nur bis zu einem bestimmten Jahresarbeitsverdienst). In den übrigen Versicherungszweigen sind Arbeiter und Angestellte gleichermaßen versicherungspflichtig. Auch bezüglich der Leistungen bestehen keinerlei Unterschiede zwischen Arbeitern und Angestellten.
- bezüglich des *Wettbewerbsverbotes* (vgl. hierzu Kap. 3, Tz 170)
- bezüglich der *Entlohnung*: Arbeiter werden i. a. im Zeitlohn bzw. Akkord- oder Prämienlohn entlohnt, Angestellte erhalten ein festes Monatsgehalt.

Im Krankheitsfall sind Arbeiter und Angestellte seit dem 1. 1. 70 gleichgestellt (vgl. Kap. 3, Tz 83 ff.).

14 Für die Betriebe ist die Einteilung in Arbeiter und Angestellte insofern von Bedeutung, als Arbeiter in der Rentenversicherung der Arbeiter (zuständiger Versicherungsträger: die LVA) und Angestellte in der Rentenversicherung der Angestellten (Versicherungsträger ist die BfA) versichert sind. Von Fall zu Fall muß also entschieden werden, ob die Tätigkeit arbeiterrentenversicherungspflichtig oder angestelltenrentenversicherungspflichtig ist. Da das Arbeitsrecht eine eigene gesetzliche Definition des Arbeiters bzw. Angestellten nicht kennt, muß auf die einschlägigen Vorschriften des Sozialversicherungsrechts Bezug genommen werden. (Es ist allerdings auch möglich, daß durch überörtliche tarifvertragliche Vereinbarung festgelegt wird, ob eine bestimmte Tätigkeit arbeiterrenten- oder angestelltenrentenversicherungspflichtig sein soll.)

**Unterscheidungskriterien.** Zunächst ist zu prüfen, ob die betreffende Tätigkeit zu den in § 3 Angestelltenversicherungsgesetz (AVG) aufgezählten typischen Angestelltentätigkeiten gehört bzw. ob die Tätigkeit bereits in dem zu § 3 AVG gehörenden „Berufsgruppenkatalog" aufgeführt ist. Das AVG nennt insbesondere Angestellte in leitender Stellung, technische und kaufmännische Angestellte, Büroangestellte, Bühnenmitglieder und Musiker, Lehrer und Erzieher, Schiffsführer, Schiffsoffiziere, Bordpersonal der Zivilluftfahrt. Helfen AVG und Berufskatalog nicht weiter, so kommt es darauf an, wie die Tätigkeit nach der Auffassung der beteiligten Berufskreise zu bewerten ist (23). Besteht bei den in Betracht kommenden Berufskreisen keine feste Auffassung, so ist die allgemeine Verkehrsanschauung maßgebend. Diese stellt auf die Art der Tätigkeit ab. Danach ist Angestellter, wer kaufmännische oder büromäßige Arbeit leistet, sowie wer überwiegend leitende, beaufsichtigende oder eine vergleichbare geistige Tätigkeit ausübt (24).

Die Einteilung in Arbeiter und Angestellte ist nicht immer überzeugend: Der Werkstattschreiber ist z. B. Angestellter, während der in der gleichen Werkstatt tätige hochqualifizierte Facharbeiter nicht die Angestellteneigenschaft besitzt; Kellner und Straßenbahnschaffner sind Arbeiter, während die Verkäuferin im Warenhaus kaufmännische Angestellte ist (25).

Für die Eingruppierung einer Tätigkeit als Arbeiter- oder Angestelltentätigkeit ist allein das AVG bzw. der Berufskatalog bzw. die Verkehrsanschauung maßgebend, nicht die Bezeichnung der Tätigkeit, auch nicht innerbetriebliche Abmachungen. Ein Arbeitgeber kann Arbeitnehmern, die Arbeitertätigkeit ausüben, nicht durch Vertrag die Angestellteneigenschaft verleihen. Er kann zwar Arbeiter arbeitsrechtlich den Angestellten gleichstellen (z. B. bezügl. des Lohnzahlungszeitraumes, bezügl. der Kündigungsfristen), sie bleiben aber sozialversicherungsrechtlich Arbeiter und der LVA zugeordnet.

15 **Leitende Angestellte.** Innerhalb der Gruppe der Angestellten nehmen die sog. leitenden Angestellten eine Sonderstellung ein. Der Begriff des leitenden Angestellten wird in verschiedenen Gesetzen unterschiedlich abgegrenzt (vgl. § 5 Abs. 3 BetrVG, § 14 KSchG, § 1 Abs. 2 AZO). Von besonderer Bedeutung ist dabei die Definition des § 5 Abs. 3 BetrVG; hierauf nimmt auch die neue Mitbestimmungsregelung für Unternehmen mit mehr als 2000 Arbeitnehmern Bezug (vgl. Kap. 5, Tz 263). Nach § 5 Abs. 3 BetrVG ist leitender Angestellter, wer nach Dienststellung und Dienstvertrag 1) zur selbständigen Einstellung und Entlassung von im Betrieb oder in der Betriebsabteilung beschäftigten Arbeitnehmern berechtigt ist, oder 2) Generalvollmacht oder Prokura hat, oder 3) im wesentlichen eigenverantwortlich Aufgaben wahrnimmt, die ihm regelmäßig wegen deren Bedeutung für den Bestand und die Entwicklung des Betriebes im Hinblick auf besondere Erfahrungen und Kenntnisse übertragen werden.

Während die in § 5 Abs. 3 Fallgruppen Nummern 1 und 2 genannten Merkmale klar und eindeutig sind, ergeben sich bei § 5 Abs. 3 Fallgruppe Nr. 3 BetrVG Abgrenzungsschwierigkeiten. Das BAG hat hierzu in einem grundlegenden Beschluß (26) sowie in einer Reihe von weiteren Entscheidungen folgende Kriterien aufgezählt: Der Angestellte muß unternehmerische (Teil-) Aufgaben wahrnehmen, die für Bestand und Entwicklung des Unternehmens (Betriebes) bedeutsam sind. Das heißt, er muß kraft seiner leitenden Funktion maßgeblichen Einfluß auf die wirtschaftliche, technische, kaufmännische, organisatorische, personelle oder wissenschaftliche Führung des Unternehmens (Betriebes) ausüben, und zwar entweder dadurch, daß er selbst die maßgeblichen Entscheidungen trifft, oder dadurch, daß er Voraussetzungen schafft, an denen die eigentliche Unternehmensführung bei ihrer Entscheidung nicht vorbeigehen kann. Diese Aufgaben müssen der Gesamttätigkeit des Angestellten das Gepräge geben. (Das kann nicht nur bei Angestellten in einer sog. Linienfunktion der Fall sein, sondern auch bei Angestellten in einer Stabsfunktion.) Ferner ist erforderlich, daß der Angestellte einen eigenen erheblichen Entscheidungsspielraum hat; er muß befugt sein, Entscheidungen zu fällen, die über bloße Routine hinausgehen, und er muß diese Entscheidungen auch verantworten müssen. (Das bedeutet allerdings nicht, daß der Angestellte in völliger Weisungsunabhängigkeit handeln muß.) Schließlich soll – bedingt durch die Nähe des leitenden Angestellten zum Unternehmer – eine gewisse Interessenpolarität zur Arbeitnehmerschaft und zum Betriebsrat bestehen; doch kann dieses Merkmal auch zurücktreten. – Wendet man die genannten Abgrenzungsmerkmale auf den einzelnen Angestellten an, so können sich je nach Wirtschaftszweig und Unternehmen u. U. unterschiedliche Ergebnisse ergeben. Eine für das gesamte Wirtschaftsleben oder auch nur für Teilbereiche der Wirtschaft einheitliche Begriffsabgrenzung ist nicht möglich. Es kommt immer auf das einzelne, konkrete Unternehmen an. So hat das BAG z. B. die Eigenschaft als leitender Angestellter bei einem Grubenfahrsteiger der Schachtanlage Consolidation bejaht, während für drei Hauptabteilungsleiter, die drei von 20 AEG-Verkaufsbüros vorstehen, die Eigenschaft als leitende Angestellte abgelehnt wurde (27).

*Hinweis:* Für leitende Angestellte gelten einige Sonderregelungen: Sie fallen nicht unter die Arbeitszeitordnung (§ 1 Abs. 2 AZO); sie gelten nicht als Arbeitnehmer im Sinne des Betriebsverfassungsgesetzes (§ 5 Abs. 3 BetrVG); sie dürfen nicht als Arbeitnehmervertreter im Aufsichtsrat einer AG tätig sein (§ 100 Abs. 3 AktG); bei einer Kündigung, auch wenn sie sozial ungerechtfertigt ist, kann sich der Arbeitgeber stets durch eine Abfindung freikaufen (§ 14 KSchG; vgl. auch Kap. 3, Tz 152); ihre Treuepflicht ist erheblich erweitert (vgl. Kap. 3, Tz 101).

16 Keine Arbeitnehmer sind die *arbeitnehmerähnlichen Personen*. Dazu gehören u. a. (26): Heimarbeiter und Hausgewerbetreibende; Handelsvertreter (wenn sie Einfirmenvertreter mit einem Monatseinkommen von nicht mehr als 1.000,– DM sind); Künstler und Musiker, die nicht in einem festen Arbeitsvertrag stehen; Schriftsteller, Journalisten und freie Mitarbeiter des Rundfunks und des Fernsehens. Diese Personen sind in starkem Maße wirtschaftlich vom Auftraggeber abhängig; auch sind die von ihnen geleisteten Dienste denen eines Arbeitnehmers vergleichbar (28). Es fehlt aber die persönliche Abhängigkeit bzw. Weisungsgebundenheit. Ein Heimarbeiter arbeitet z. B. in eigener Arbeitsstätte (= Wohnung) allein oder mit seinen Angehörigen für Rechnung des Auftraggebers; er kann sich die Arbei selbst einteilen. Es liegt deshalb kein Arbeitsvertrag, sondern ein Werk- oder Dienstvertrag vor (vgl. hierzu auch Kap. 3, Tz 28 und 29). Bei Künstlern und Musikern, Journalisten usw. kann aber auch ein Arbeitsverhältnis vorliegen, und zwar dann, wenn der Auftraggeber über die Abwicklung des einzelnen Auftrages hinaus über Arbeitskraft und Arbeitszeit dieser Personen wie ein Arbeitgeber verfügt.

Grundsätzlich ist auf arbeitnehmerähnliche Personen das Arbeitsrecht nicht anwendbar. Für sie gilt lediglich, daß bei Rechtsstreitigkeiten das Arbeitsgericht zuständig ist (§ 5 ArbGG) und daß sie einen gesetzlichen Urlaubsanspruch haben (§ 2 BUrlG). Wegen ihrer besonderen Schutzbedürftigkeit können aber einzelne arbeitsrechtliche Vorschriften entsprechend angewendet werden (28), z. B. können sie ein Zeugnis verlangen, der Arbeitgeber hat ihnen gegenüber eine gewisse Fürsorgepflicht (zur Fürsorgepflicht vgl. Kap. 3, Tz 1034), für sie gelten die Kündigungsvorschriften des BGB (vgl. Kap. 3, Tz 146 ff.).

## 2.2. Arbeitgeber

17 **Begriff.** Arbeitgeber ist, wer mindestens einen Arbeitnehmer beschäftigt (29). Wesentlich sind zwei Merkmale: Der *Anspruch auf die Arbeitsleistung* des Arbeitnehmers und die *Weisungsbefugnis* gegenüber dem Arbeitnehmer.

Der Arbeitgeber kann eine natürliche Person, aber auch eine juristische Person des privaten oder öffentlichen Rechts sein (z. B. eine AG oder der Bund, ein Land, eine Gemeinde, eine Anstalt). Ist der Arbeitgeber eine juristische Person, so spalten sich die Arbeitgeberfunktionen auf: Die juristische Person ist Träger des Anspruches auf die Arbeitsleistung; die Weisungsbefugnis hingegen wird von natürlichen Personen, die für die juristische Person handeln (z. B. vom Vorstand), ausgeübt (29). Vertragspartner und Arbeitgeber ist dann die juristische Person. Nach herrschender Meinung sind aber auch die Vorstandsmitglieder und Geschäftsführer einer AG oder GmbH Arbeitgeber wegen der ihnen zustehenden Weisungsbefugnis. (Dagegen werden die Personen, die ihre Weisungsbefugnis von einer anderen Stelle ableiten, wie Betriebs- und Abteilungsleiter, nicht zu den Arbeitgebern gerechnet.)

Nicht erforderlich für die Arbeitgeber-Eigenschaft ist, daß der Arbeitgeber ein Gewerbe betreibt oder Inhaber eines Betriebes oder Unternehmens ist. Jeder Haushaltungsvorstand ist Arbeitgeber, sofern er eine Hausgehilfin beschäftigt (30). Möglich ist, daß ein und dieselbe Person sowohl Arbeitnehmer als auch Arbeitgeber ist.

*Beispiel*: Ein Angestellter oder Arbeiter beschäftigt in seinem Privathaushalt eine Hausgehilfin.

18 **Unternehmer.** Vom Arbeitgeber ist der Unternehmer zu unterscheiden. Unternehmer ist derjenige, der als *Inhaber* oder *verantwortlicher Leiter* an der Spitze eines Unternehmens steht (29).

Unter einem Unternehmen ist die Zusammenfassung von Betriebsmitteln, Arbeitskräften und Werkstoffen unter einheitlicher Leitung zur Erreichung eines wirtschaftlichen oder auch ideellen Erfolges zu verstehen. Beide Begriffe werden sich im allgemeinen decken, können aber auch auseinanderfallen.

*Beispiele (29)*: Der Handwerksmeister, der keine fremden Hilfskräfte beschäftigt, ist Unternehmer, nicht Arbeitgeber. Der eine Hausgehilfin beschäftigende Haushaltsvorstand ist Arbeitgeber, nicht Unternehmer.

## 2.3. Koalitionen

### 2.3.1. Begriff

19 Koalitionen i. S. des Arbeitsrechts sind Vereinigungen von Arbeitnehmern oder von Arbeitgebern zur Wahrnehmung von Arbeitnehmer- oder Arbeitgeberinteressen bei der Gestaltung der Arbeits- und Wirtschaftsbedingungen (31)

*Beispiele* für Koalitionen auf Arbeitnehmerseite: die IG Metall, die IG Bau, Steine, Erden, die Gewerkschaft ÖTV, die Deutsche Angestellten-Gewerkschaft DAG usw.; für Koalitionen auf Arbeitgeberseite: Verein der Bayerischen Chemischen Industrie e.V., München, Verband Württemberg-Badischer Metallindustrieller e.V., Stuttgart usw.

20 Ein Gesetz über Koalitionen (Berufsverbände) fehlt. Einzige Rechtsgrundlage ist Art. 9 Abs. 3 Grundgesetz (= Koalitionsfreiheit). Rechtsprechung und Lehre mußten deshalb im einzelnen festlegen, unter welchen Voraussetzungen ein Zusammenschluß von Arbeitnehmern oder Arbeitgebern als Koalition i. S. von Art. 9 Abs. 3 GG anzusehen ist. Nach herrschender Meinung müssen folgende Voraussetzungen erfüllt sein (32):

2.3.1.1. Die Vereinigung muß auf eine gewisse *Dauer* angelegt sein. Sogen. Augenblickskoalitionen, die nur zur Erreichung eines einmaligen Zweckes gebildet werden (z. B. zur Durchführung eines Streikes), sind nicht in der Lage, die den Koalitionen übertragenen Aufgaben voll zu erfüllen (vgl. hierzu Tz 25).

2.3.1.2. Es muß sich um eine *privatrechtliche* Vereinigung von Personen handeln. Öffentlich-rechtliche Verbände (z. B. Industrie- u. Handelskammern) sind deshalb keine Koalitionen, weil sie der Staatsaufsicht unterliegen. Die damit verbundene Einmischung des Staates würde sich mit den Aufgaben der Koalitionen (= freie Interessenvertretung) nicht vereinbaren lassen (31).

Eine Ausnahme besteht nur für die öffentlich-rechtlichen Handwerksinnungen, denen kraft Gesetz Tariffähigkeit beigelegt ist (§§ 54, 82 HandwO).

2.3.1.3. Die Vereinigung muß eine *korporative* (vereinsmäßige) Verfassung haben, d. h. über einen gewissen Mitgliederbestand, über eine vom Wechsel der Mitglieder unabhängige Organisation, über Organe zur Vertretung nach außen (= Vorstand) usw. verfügen. Nicht erforderlich ist, daß die Vereinigung rechtsfähig ist.

Die übliche Rechtsform für Koalitionen ist der BGB-Verein. Die Gewerkschaften sind zumeist nichtrechtsfähige Vereine (was historisch bedingt ist), während die Arbeitgeberverbände als rechtsfähige Vereine (e.V.) organisiert sind.

2.3.1.4. Der *Beitritt* zur Vereinigung muß *frei* sein, die Mitgliedschaft muß auf freiwilliger Basis erworben werden. Ein Beitrittszwang würde gegen die sogen. negative Koalitionsfreiheit verstoßen.

2.3.1.5. Der Vereinigung dürfen *nur Arbeitnehmer* oder *nur Arbeitgeber* angehören, weil sonst eine eindeutige Interessenvertretung nicht möglich ist.

Die Einhaltung des Grundsatzes der Gegnerfreiheit bzw. Reinheit stößt verschiedentlich auf Schwierigkeiten: Die Gewerkschaften üben in ihren gewerblichen Unternehmungen selbst Arbeitgeberfunktionen aus; ihre Repräsentanten sind in Unternehmen der öffentlichen Hand und bei den Sozialversicherungsträgern leitend tätig; der Arbeitsdirektor in der Kohle- und Stahlindustrie steht in einer Doppelstellung als Repräsentant der Arbeitnehmer und als Chef des Personalbereiches (33).

2.3.1.6. Die Vereinigung muß tatsächlich und rechtlich von der Gegenseite *unabhängig* sein.

Eine Abhängigkeit von der Gegenseite ist z. B. dann gegeben, wenn der Gegenspieler bei der Gründung des Verbandes mitwirkt, wenn er ihn tatsächlich, insbesondere finanziell, unterstützt (34).

Unabhängigkeit wird auch gefordert gegenüber den politischen Parteien und gegenüber den Kirchen. Es darf keine Abhängigkeit von Weisungen einer Partei oder einer Kirche geben. Das schließt allerdings nicht aus, daß eine Vereinigung ihre Arbeit unter bestimmte politische oder weltanschauliche Motive stellt (Beispiel: Christlicher Gewerkschaftsbund Deutschlands CGD). – Die Koalition soll ferner unabhängig von Weisungen des Staates sein; eine von einer staatlichen Einheitspartei beherrschte, weisungsgebundene Vereinigung ist keine Koalition (35).

2.3.1.7. Die Vereinigung muß *überbetrieblich* organisiert sein, damit sie nicht abhängig ist von den Einstellungen und Entlassungen des Arbeitgebers (33).

Ausnahmen (wegen der Größe der Unternehmungen): Die Gewerkschaften der Eisenbahner und der Postbediensteten.

2.3.1.8. Die Vereinigung und ihre Willensbildung muß *demokratisch* organisiert sein. Es muß eine Satzung vorhanden sein, die eine Willensbildung von der Basis her sichert und die Wählbarkeit von Organen gewährleistet (36).

2.3.1.9. Ziel der Vereinigung muß es sein, die *Arbeits- und Wirtschaftsbedingungen* der von ihr vertretenen Arbeitnehmer oder Arbeitgeber zu wahren und zu fördern. Unternehmerverbände, Unternehmenszusammenschlüsse (Kartelle) usw., die rein wirtschaftlichen Zwecken dienen, sind keine Koalitionen.

Unter den Begriff der Arbeitsbedingungen fällt alles, was Gegenstand von Tarifverträgen oder Arbeitsverträgen sein kann; unter dem Begriff der Wirtschaftsbedingungen werden alle arbeitsrechtlichen und sozialpolitischen Interessen der Mitglieder zusammengefaßt, soweit sie mit der abhängigen Arbeit in Zusammenhang stehen (37).

Als Mittel zur Förderung der Arbeits- und Wirtschaftsbedingungen kommen vor allem Tarifverträge in Frage (vgl. hierzu Kap. 4, Tz 171 ff.). Strittig ist, ob auch die Bereitschaft zum Arbeitskampf zum Begriff der Koalition gehört. Nach überwiegender Auffassung ist das nicht erforderlich, solange nur gewährleistet ist, daß die Vereinigung die Interessen ihrer Mitglieder wirksam vertreten bzw. auf die Gegenseite Druck ausüben kann (38), z. B. aufgrund der großen Zahl der Mitglieder oder kraft deren Stellung im Arbeitsleben.

Zu beachten ist, daß die obige Aufzählung der Merkmale *erschöpfend* ist. Weitere Anforderungen dürfen an die Koalition nicht gestellt werden (39).

### 2.3.2. Aufbau

21 Die wichtigsten Zusammenschlüsse auf *Arbeitnehmerseite* sind:

- die im Deutschen Gewerkschaftsbund (DGB) zusammengeschlossenen 16 Einzelgewerkschaften, darunter die IG Metall, die IG Bau, Steine, Erden, die IG Chemie, Papier, Keramik, die Gewerkschaft ÖTV, die Gewerkschaft der Eisenbahner Deutschlands, die Deutsche Postgewerkschaft usw.
- die Deutsche Angestelltengewerkschaft (DAG)

22 Die Organisationsschemata des DGB und der DAG sind unterschiedlich. Die 16 Einzelgewerkschaften des DGB sind nach dem *Industrieverbandsystem* organisiert. Die der Gewerkschaft angehörenden Arbeitnehmer sind nach dem Wirtschaftszweig, in dem sie beschäftigt sind, zusammengefaßt; für einen Betrieb ist nur eine Gewerkschaft zuständig.

*Beispiele (40)*: Eisenbieger oder Rohrschlosser, die in einem Baubetrieb tätig sind, können nicht Mitglied der IG Metall, sondern nur der IG Bau, Steine, Erden werden. – Modellschreiner in einer Gießerei können nicht Mitglied der Gewerkschaft Holz sein, sondern sich nur der IG Metall anschließen.

Jede Einzelgewerkschaft ist in Landesverbände untergliedert, diese wiederum in Bezirks- und Ortsverbände (bzw. Kreisverbände). Die Landes-, Bezirks- und Ortsverbände sind i. d. R. rechtlich selbständig, insbesondere auch tariffähig, soweit sie ihrerseits eine vereinsmäßige Organisation aufweisen (41).

23 Demgegenüber ist die DAG nach dem Berufs- bzw. Fachprinzip organisiert. Sie umfaßt nur Angestellte. Entscheidend ist hier der ausgeübte Beruf. Die DAG ist horizontal in verschiedene Fachgruppen (z. B. kaufmännische Angestellte, Bank- und Sparkassenangestellte usw.) und vertikal je Fachgruppe in Landesgruppen und Ortsverbände gegliedert. Die Unterorganisationen sind aber nicht rechtlich selbständig. Tarifverträge schließt nur die DAG als solche ab.

24 Die Zusammenschlüsse auf *Arbeitgeberseite* sind überwiegend nach dem *Fachverbandsprinzip* organisiert.

*Beispiele (42)*: Im Verein der Bayerischen Chemischen Industrie e.V., München, sind die Chemiebetriebe Bayerns organisiert. – Im Verband Württemberg-Badischer Metallindustrieller e.V., Stuttgart, sind die metallverarbeitenden Betriebe dieser Region zusammengeschlossen.

In einigen großen Industriezweigen haben sich die regionalen Verbände teilweise zu Spitzenverbänden auf Landesebene zusammengeschlossen, die dann mit anderen Landesverbänden ihrer Branche einen Bundesspitzenverband gebildet haben.

*Beispiele (42)*: In Nordrhein-Westfalen gibt es 35 regionale Arbeitgeberverbände der metallverarbeitenden Industrie. Sie haben sich auf Landesebene zum Verband der metall-industriellen Arbeitgeberverbände NRW e.V. zusammengeschlossen. Dieser Landesspitzenverband bildet zusammen mit 19 anderen Landesspitzenverbänden den Gesamtverband der metallindustriellen Arbeitgeberverbände e.V., genannt „Gesamtmetall".

Auch diese Spitzenorganisationen können im Namen der ihnen angeschlossenen Verbände Tarifverträge abschließen, wenn sie eine entsprechende Vollmacht dazu haben (§ 2 Abs. 2 TVG). Von dieser Möglichkeit wird vielfach Gebrauch gemacht.

### 2.3.3. Aufgaben

25 Die Aufgaben der Koalition sind sehr vielseitig. Ihr Aufgabenbereich umfaßt insbesondere (43):

- die eigentliche *Interessenvertretung* ihrer Mitglieder, z. B. durch Abschluß von Tarifverträgen (vgl. hierzu Kap. 4, Tz 171 ff.), durch Einflußnahme im Rahmen der Betriebsverfassung (vgl. Kap. 5, Tz 216 ff.);
- die Ausübung von *Anhörungs-* und *Antragsrechten* gegenüber Gesetzgebung und Verwaltung, z. B. bei wichtigen arbeits- und sozialrechtlichen Gesetzentwürfen, bei der Allgemeinverbindlichkeitserklärung von Tarifverträgen (vgl. Kap. 4, Tz 190 f.) usw.;
- die Verwirklichung von *Benennungs-* und *Entsendungsrechten*, z. B. Benennung von Beisitzern für die Arbeits- und Sozialgerichte aller Instanzen (vgl. Kap. 6, Tz 264).

**Fragen zu 2:**

1. Wer ist Arbeitnehmer im Sinne des Arbeitsrechts? Welche Begriffsmerkmale sind zu beachten?
2. Wer ist Arbeiter, wer ist Angestellter?
3. Ist die Einteilung der Arbeitnehmer in Arbeiter und Angestellte heute noch von Bedeutung?
4. Wer ist leitender Angestellter?
5. Welehe Sonderregelungen bestehen für leitende Angestellte?
6. Welcher Personenkreis gehört zu den sogen. arbeitnehmerähnlichen Personen? Wie ist die Rechtsstellung der arbeitnehmerähnlichen Personen?
7. Wer ist Arbeitgeber?
8. Wodurch unterscheidet sich der Arbeitgeber vom Unternehmer?
9. Was ist unter einer Koalition im Sinne des Arbeitsrechts zu verstehen?
10. Welche Voraussetzungen müssen vorliegen, damit ein Zusammenschluß von Arbeitnehmern oder von Arbeitgebern als Koalition im Sinne von Art. 9 Grundgesetz anzusehen ist?
11. Nennen Sie einige Beispiele für Koalitionen auf Arbeitnehmerseite und auf Arbeitgeberseite!
12. Erläutern Sie die Begriffe: Berufsverbandsprinzip (bzw. Fachverbandsprinzip) und Industrieverbandsprinzip!
13. Welche Aufgaben haben die Koalitionen?

# 3. Arbeitsverhältnis

## 3.1. Begründung des Arbeitsverhältnisses

### 3.1.1. Arbeitsverhältnis und Arbeitsvertrag

26 **Arbeitsvertrag.** Das Arbeitsverhältnis wird in der Regel durch Abschluß eines Arbeitsvertrages begründet (vgl. Kap. 2, Tz 9). Erforderlich sind zwei inhaltlich übereinstimmende Willenserklärungen: Vertragsangebot und Vertragsannahme. Das Angebot kann vom Arbeitnehmer ausgehen (Beispiel: ein Arbeiter bewirbt sich um eine Stelle) oder vom Arbeitgeber.

Hinweis: Eine Stellenanzeige in einer Zeitung ist kein Vertragsangebot, sondern lediglich eine Aufforderung an den Leser, dem Inserenten ein Angebot zu machen.

Der Arbeitsvertrag ist ein privatrechtlicher Vertrag, da er zwischen Personen abgeschlossen wird, die einander grundsätzlich gleichberechtigt gegenüberstehen (44). Auch wenn der Staat (z. B. der Bund, ein Land, eine Gemeinde) einen Arbeitsvertrag abschließt, handelt es sich um einen privatrechtlichen Vertrag.

Wegen Form und Inhalt des Arbeitsvertrages vgl. Tz 36 und 37.

Vertragsabschluß und Beginn des Arbeitsverhältnisses können zeitlich auseinanderfallen. Nicht erforderlich für den Beginn des Arbeitsverhältnisses ist es, daß die Arbeit auch tatsächlich aufgenommen wird.

*Beispiel*: Am 3. 8. wird ein Arbeitsvertrag abgeschlossen, wonach die Arbeit am 1. 9. aufgenommen werden soll. Das Arbeitsverhältnis beginnt dann am 1. 9., auch wenn der Arbeitnehmer aus irgendwelchen Gründen, z. B. Krankheit, die Arbeit tatsächlich erst am 10. 9. aufnimmt.

27 Ausnahmsweise kann ein Arbeitsverhältnis auch ohne Arbeitsvertrag bestehen (vgl. Kap. 2, Tz 9). Hinzuweisen ist zunächst auf das sogen. faktische Arbeitsverhältnis. Es liegt vor, wenn ein gültiger Arbeitsvertrag nicht oder nicht mehr besteht, aber bereits tatsächlich Arbeit geleistet worden ist (vgl. hierzu auch Tz 41).

*Beispiel*: Ein Arbeitnehmer hat bereits 5 Tage bei einer Firma gearbeitet, als sich herausstellt, daß der Arbeitsvertrag wegen Geschäftsunfähigkeit des Arbeitnehmers nichtig ist. Für die 5 Tage wird ein faktisches Arbeitsverhältnis angenommen.

Hinzuweisen ist ferner auf die Verpflichtung der Arbeitgeber, eine bestimmte Zahl von Schwerbeschädigten zu beschäftigen (§§ 3 ff SchwBeschG). Kommt ein Arbeitgeber dieser Verpflichtung nicht nach, so kann das Landesarbeitsamt ihm einen Schwerbeschädigten zuweisen. Das Arbeitsverhältnis beginnt dann mit der Zuweisung des Schwerbeschädigten.

28 **Abgrenzung zwischen Arbeitsvertrag und Dienstvertrag.** Das BGB enthält keine besonderen Regelungen für den Arbeitsvertrag, es spricht vom Dienstvertrag (§§ 611 ff BGB). Die Besonderheiten des Arbeitsverhältnisses werden vom BGB nicht berücksichtigt. Das BGB behandelt den Arbeitsvertrag als einen Unterfall des Dienstvertrages; der Dienstvertrag des BGB schließt auch den sogen. freien Dienstvertrag mit ein.

In beiden Verträgen geht es um die Bereitstellung von Diensten für eine bestimmte Zeit. Der Unterschied liegt darin, daß beim Arbeitsvertrag die Arbeit nach den Weisungen des Arbeitgebers erfolgt, während beim freien Dienstvertrag die Tätigkeit weitgehend selbst bestimmt werden kann. In Stichworten: Arbeitsvertrag = fremdbestimmte Arbeit, freier Dienstvertrag = selbstbestimmte Arbeit.

*Beispiele für Dienstverträge* (45): Die Verträge mit freien Künstlern, Spediteuren, Wirtschaftsprüfern, Steuerberatern, beratenden Sachverständigen; der Vertrag mit dem Arzt; der Vertrag mit einem Architekten über Oberleitung oder über Bauaufsicht (bei Vertrag über Oberleitung einschl. Bauaufsicht handelt es sich um einen Werkvertrag); die Verträge mit dem Krankenhaus, mit einem Rechtsanwalt usw. – Ist der Jurist oder Steuerfachmann hingegen bei einer Firma angestellt, handelt es sich um einen Arbeitsvertrag.

29 **Abgrenzung zwischen Arbeitsvertrag und Werkvertrag.** Während beim Arbeitsvertrag eine Arbeitsleistung für eine bestimmte Zeit nach Weisung des Arbeitgebers geschuldet wird, ist der Werkvertrag auf einen bestimmten Erfolg gerichtet. In Stichworten: Beim Arbeitsvertrag wird ein Wirken, beim Werkvertrag ein Werk geschuldet (46). Gegenstand des Werkvertrages ist die Herstellung eines bestimmten Arbeitsergebnisses, des versprochenen Werkes, durch den „Unternehmer" (§ 631 BGB). Dabei kann es sich um die Herstellung oder Veränderung einer Sache (Beispiel: Vertrag mit Tischlermeister über Herstellung eines Möbelstückes) oder um die Herbeiführung eines bestimmten Erfolges handeln. Die Zeit, die dafür erforderlich ist, ist ohne Bedeutung; wesentlich ist, daß der Unternehmer selbständig handelt und die Gefahr für das Gelingen übernimmt (47).

*Beispiele für Werkverträge* (47): Beförderungsverträge (z. B. Personenbeförderung mit Binnenschiff oder mit öffentlichen Verkehrsmitteln); Vertrag über Löschen eines Schiffes; Vertrag über Konzert- und Theateraufführung; Vertrag mit Bauunternehmung über Bau eines Hauses, mit Heizungsfirma über Anlage einer Zentralheizung, mit Installationsfirma; Vertrag mit Architekten über Planung oder über Planung einschl. Oberleitung einschl. Bauaufsicht; Vertrag mit Statiker; Vertrag über Erstattung eines Gutachtens. – Der Vertrag über die Bergung eines Schiffes hingegen ist ein Dienstvertrag, da der Berger i. d. R. nicht für den Erfolg einstehen will.

### 3.1.2. Abschluß des Arbeitsvertrages

#### 3.1.2.1. Vorverhandlungen

30 **Bewerbung.** Durch die Bewerbung entsteht noch kein Arbeitsverhältnis. Auch kann aus den Vorverhandlungen kein Anspruch auf Einstellung abgeleitet werden. Es wird aber ein vertragsähnliches Vertrauensverhältnis hergestellt, das beiden Seiten gewisse Sorgfaltspflichten auferlegt (z. B. die Pflicht, die Bewerbung nicht ungebührlich lange in der Schwebe zu halten, den Partner baldmöglichst über die getroffene Entscheidung zu unterrichten) (48).

31 **Offenbarungspflicht des Bewerbers, Fragerecht des Arbeitgebers.** Ungefragt ist der Bewerber im Regelfall nicht verpflichtet, irgendwelche besonderen persönlichen Umstände, wie z. B. Krankheiten, Vorstrafen, Schwangerschaft usw., zu offenbaren (49). Anders ist die Situation, wenn der Bewerber bereits während der Verhandlungen erkennt oder erkennen kann, daß er infolge der besonderen persönlichen Umstände nicht in der Lage sein wird, die versprochenen Dienste zu leisten (50).

*Beispiele:* ansteckende Krankheiten; noch zu verbüßende Strafen; Schwangerschaft bei Tänzerin oder Mannequin.

In diesen Fällen besteht auch unaufgefordert Offenbarungspflicht. Unterläßt der Bewerber die erforderlichen Mitteilungen, kann der Arbeitgeber den Vertrag wegen Irrtums oder arglistiger Täuschung anfechten (vgl. Tz 40).

Auf *Anfrage* (z. B. im Personalfragebogen) besteht für den Bewerber Offenbarungspflicht insoweit, als die gestellten Fragen mit dem in Aussicht genommenen Arbeitsverhältnis in einem engen sachlichen Zusammenhang stehen (51), z. B. bei Fragen nach Ausbildung, Berufsweg, Familienstand, letzter Arbeitsstelle, Höhe des letzten Arbeitsverdienstes, evtl. Lohn- oder Gehaltspfändungen, Wettbewerbsverboten usw. Diese Fragen müssen wahrheitsgetreu beantwortet werden, anderenfalls kann der Arbeitgeber wegen Irrtums oder arglistiger Täuschung anfechten. Die Frage nach der Schwangerschaft ist nach der ständigen Rechtsprechung zulässig, wenn sie in angemessener Form erfolgt (52), und zwar ohne Rücksicht darauf, welchen Platz die Bewerberin einnehmen soll. Auch nach Vorstrafen darf gefragt werden, aber nur soweit sie für den Arbeitsplatz erheblich sind (53).

*Beispiele*: Verkehrsdelikte bei Fahrern; Vermögensdelikte bei Kassierern und Buchhaltern.

Vorstrafen, die nicht ins Register bzw. ins Führungszeugnis aufzunehmen oder zu tilgen sind, brauchen nicht offenbart zu werden.

Besteht kein Zusammenhang zwischen Frage und der in Aussicht genommenen Verwendung des Bewerbers, braucht die Frage nicht, sie kann sogar wahrheitswidrig beantwortet werden, z. B. bei Fragen nach der Gewerkschaftszugehörigkeit, politischer Überzeugung, Religionsbekenntnis (54).

32 **Vorstellungskosten.** Hat der Arbeitgeber den Bewerber nach dessen schriftlicher Bewerbung zu persönlicher Vorstellung aufgefordert, so wird er ihm in der Regel auch die Vorstellungskosten (= Fahrt-, Übernachtungs- und Verpflegungskosten, jedoch keinen Verdienstausfall) erstatten müssen ohne Rücksicht darauf, ob es zu einem Vertragsabschluß kommt oder nicht (55). Das ergibt sich aus dem vertragsähnlichen Verhältnis, das in diesem Fall zwischen Bewerber und Arbeitgeber entstanden ist. Hingegen brauchen keine Vorstellungskosten erstattet zu werden, wenn der Bewerber sich unaufgefordert vorstellt.

33 **Beteiligung des Betriebsrates.** Vor jeder Einstellung hat der Arbeitgeber den Betriebsrat zu unterrichten, ihm die erforderlichen Bewerbungsunterlagen vorzulegen, ihm Auskunft über die Auswirkungen der geplanten Maßnahme zu geben und seine Zustimmung einzuholen (§ 99 Abs. 1 BetrVG). Ohne Zustimmung des Betriebsrates darf der Arbeitgeber die Einstellung nicht vornehmen. Wegen Einzelheiten vgl. Kap. 5, Tz 255.

### 3.1.2.2. Vertragsparteien, Vertragsform, Vertragsinhalt

34 **Parteien.** Als Vertragspartner kommt auf Arbeitgeberseite jede natürliche oder juristische Person in Frage, auf Arbeitnehmerseite nur eine natürliche Person (vgl. Kap. 2, Tz 11).

Voraussetzung für den Abschluß des Arbeitsvertrages ist bei natürlichen Personen die volle Geschäftsfähigkeit. Minderjährige können einen Arbeitsvertrag als Arbeitnehmer nur abschließen, wenn der gesetzliche Vertreter sie dazu ermächtigt (§ 113 BGB). Ist die Ermächtigung erteilt, so ist der Minderjährige für alle Rechtsgeschäfte, welche die Eingehung oder Aufhebung des Arbeitsverhältnisses betreffen, unbeschränkt geschäftsfähig (vorausgesetzt, seine Willenserklärungen halten sich im Rahmen des Üblichen; die Zustimmung des gesetzlichen Vertreters erstreckt sich nicht auf die Annahme außergewöhnlicher Vertragsbedingungen durch den Minderjährigen).

35 **Abschlußfreiheit.** Grundsätzlich besteht – wie im gesamten Privatrecht – Abschlußfreiheit für den Abschluß von Arbeitsverträgen, d. h. es ist den Parteien freigestellt, ob und

mit wem sie Arbeitsverträge abschließen wollen. Die Abschlußfreiheit wird aber in einigen Fällen eingeschränkt.

Zu nennen sind insbesondere:

- *Abschlußzwang* nach Art. 12a GG: In Spannungs- und Verteidigungsfällen können von Amts wegen „Verpflichtungen in Arbeitsverhältnisse" erfolgen. Näheres vgl. Arbeitssicherstellungsgesetz von 1968.
- *Abschlußgebote*
  durch Gesetz, z. B. Einstellung von Schwerbeschädigten gem. Schwerbeschädigtengesetz;
  durch Tarifvertrag, z. B. Wiedereinstellungsgebote nach Beendigung von Arbeitskämpfen (vgl. hierzu auch Kap. 4, Tz 184).
- *Abschlußverbote*
  auf Arbeitnehmerseite: z. B. Beschäftigungsverbote für Jugendliche und Frauen gem. Gewerbeordnung bzw. Jugendarbeitsschutzgesetz;
  auf Arbeitgeberseite: z. B. bei der Einstellung von Lehrlingen (ausbilden darf nur, wer persönlich und fachlich geeignet ist, § 20 Berufsausbildungsgesetz).

Ein Arbeitsvertrag, der trotz Abschlußverbot abgeschlossen wird, ist nichtig (vgl. Tz 42).

**36** **Form.** Es besteht grundsätzlich Formfreiheit, d. h. der Arbeitsvertrag kann in jeder dazu geeigneten Form abgeschlossen werden, also schriftlich, mündlich, u. U. sogar durch „schlüssiges Verhalten".

*Beispiel* (56): Auf einer Baustelle werden mittels einer Tafel Hilfsarbeiter gesucht. Ein Arbeitsloser ergreift die Schaufel und arbeitet während des ganzen Tages (= Angebot). Der Polier läßt ihn gewähren (= Annahme). Mit der widerspruchslosen Duldung der Arbeit ist ein Arbeitsvertrag zustande gekommen.

Entgegen weitverbreiteter Ansicht ist Schriftform also nicht erforderlich (Ausnahmen vgl. unten). Trotzdem empfiehlt es sich, wenn irgend möglich, den Arbeitsvertrag schriftlich abzuschließen. Bei mündlichem Vertragsabschluß sollte, um spätere Meinungsverschiedenheiten auszuschließen, der Inhalt der Absprachen anschließend schriftlich bestätigt werden. Widerspricht der Vertragspartner diesem Schreiben nicht, so ist sein Inhalt im Streitfall ein entscheidender Beweis für die mündlich getroffenen Abmachungen.

Von dem Grundsatz der Formfreiheit gibt es einige Ausnahmen:

- durch *Gesetz* ist Schriftform vorgeschrieben
  - für Verträge mit Angestellten der gesetzlichen Krankenkassen und Berufsgenossenschaften (§§ 354, 692 RVO)
  - für Berufsausbildungsverträge (§ 4 BerBildG). Diese Formvorschrift hat aber nur deklaratorische Bedeutung, d. h. auch ein mündlich abgeschlossener Ausbildungsvertrag wäre gültig
  - für das sogen. Wettbewerbsverbot der kaufmännischen Angestellten (§ 74 HGB). Nach neuerer Rechtsprechung muß auch das Wettbewerbsverbot für gewerbliche Angestellte schriftlich vereinbart werden (vgl. hierzu Tz 170).
- durch *Tarifvertrag* kann Schriftform vorgeschrieben werden (sogen. Abschlußnormen, vgl. Kap. 4, Tz 184);

  Bei tarifvertraglichen Formvorschriften ist stets zu prüfen, ob die Schriftform wirklich Voraussetzung für die Gültigkeit des Vertrages sein soll (= konstitutive Wirkung) oder ob diese Form nur der Beweissicherung dient (= deklaratorische Wirkung). Im letzten Fall wäre auch ein formloser Vertrag gültig (56).

  *Beispiel* für konstitutive Wirkung: „Der Abschluß des Arbeitsvertrages bedarf der Schriftform". Beispiel für deklaratorische Wirkung: „Bei der Einstellung ist dem Arbeitnehmer ein Arbeitsvertrag in schriftlicher Form auszustellen".

- nach den Vorschriften des *Betriebsverfassungsgesetzes* ist der Betriebsrat vor jeder Kündigung zu hören (§ 102 BetrVG; vgl. Tz 144 und 256).
- bei *Massenentlassungen* besteht Anzeigepflicht gegenüber dem Arbeitsamt (vgl. hierzu Tz 158).

Wird gegen zwingende Formvorschriften verstoßen, ist der Arbeitsvertrag nichtig (vgl. Tz 42).

37 **Inhalt.** Der Inhalt des Arbeitsvertrages ist grundsätzlich Gegenstand der freien Übereinkunft (= Grundsatz der Gestaltungsfreiheit). Der Vertrag sollte nach Möglichkeit Bestimmungen enthalten über: Beginn des Arbeitsverhältnisses; Tätigkeitsgebiet; Entgelt; Arbeitszeit; Urlaub; Kündigungsfristen; sonstige Vereinbarungen (z. B. Wohnungsbeschaffung, Umzugskostenvergütung, Trennungsgeld, Aufwandsentschädigung, Altersversorgung).

Der Grundsatz der Gestaltungsfreiheit unterliegt jedoch einigen Beschränkungen:

- Beschränkungen, die sich aus zwingenden *gesetzlichen* Vorschriften ergeben, z. B. bezüglich Arbeitszeit, Urlaubsanspruch, Kündigungsfristen, Gehaltsfortzahlung im Krankheitsfall usw. Was durch Gesetz zwingend geregelt ist, kann durch Arbeitsvertrag nicht zuungunsten des Arbeitnehmers abgeändert werden. Das gilt insbesondere für die Arbeitsschutzbestimmungen, die zum Schutze der Arbeitnehmer erlassen worden sind.

  *Beispiel*: Der im Bundesurlaubsgesetz vorgeschriebene Mindesturlaub darf durch Arbeitsvertrag nicht verkürzt werden.

  Auch durch Tarifvertrag können die gesetzlichen Mindestregelungen nicht zuungunsten des Arbeitnehmers abgeändert werden.
- Beschränkungen, die sich aus *tarifvertraglichen* Regelungen ergeben. Was durch Tarifvertrag verbindlich geregelt ist (allerdings nur für die tarifgebundenen Parteien, vgl. Kap. 4, Tz 188), kann durch Einzelvertrag nur günstiger, nicht ungünstiger für den Arbeitnehmer geregelt werden. Die Bestimmungen des Tarifvertrages sind Mindestbestimmungen.
- Beschränkungen, die sich aus *Betriebsvereinbarungen* zwischen Geschäftsleitung und Betriebsrat ergeben, z. B. bezügl. übertariflicher Lohnzulagen.

*Hinweis*: Es gilt das Günstigkeitsprinzip. Wenn der Arbeitgeber dem Arbeitnehmer mehr Urlaub, als das Bundesurlaubsgesetz oder mehr Lohn, als der Tarifvertrag vorschreibt, zusagt, so ist die einzelvertragliche Zusage maßgebend. Läßt sich der Arbeitnehmer dagegen darauf ein, unter seinem gesetzlichen Urlaubsanspruch oder unter seinem tariflichen Lohnanspruch zu bleiben, so ist eine solche Abrede ungültig (vgl. hierzu auch Tz 42 f), es gilt die gesetzliche bzw. tarifvertragliche Regelung (57).

In der Praxis beruhen heute die meisten Arbeitsverhältnisse auf „inhaltslosen" Arbeitsverträgen, d. h. der Arbeitsvertrag begründet lediglich das Arbeitsverhältnis, ohne daß der Inhalt im einzelnen ausgehandelt wird (58). Die Einzelheiten des Arbeitsverhältnisses ergeben sich vielmehr aus Gesetz bzw. Tarifvertrag bzw. Betriebsvereinbarung (vgl. hierzu auch Tz 2). Das gilt insbesondere für Arbeiter.

### 3.1.2.3. Probezeit

Sinn der Probezeit ist es, beiden Parteien die Möglichkeit zu geben, sich ein Bild voneinander zu machen.

38 Gesetzlich *vorgeschrieben* ist eine Probezeit nur bei Ausbildungsverhältnissen; sie muß hier mindestens einen Monat und darf höchstens 3 Monate betragen (§ 13 BerBildG). Innerhalb dieser Zeit kann das Ausbildungsverhältnis jederzeit fristlos auch ohne wichtigen Grund gekündigt werden (§ 15 Abs. 1 BerBildG).

39 Bei allen anderen Arbeitsverhältnissen muß eine Probezeit ausdrücklich *vereinbart* werden. Die Dauer ergibt sich aus den Umständen des Einzelfalles; sie kann durch Tarifvertrag begrenzt werden.

*Beispiele* (59): Bei einer Stenotypistin oder einer Verkäuferin wird i. d. R. eine Probezeit von 3 Monaten ausreichen, bei einem Bilanzbuchhalter u. U. nicht. Bei einem Schlosser genügen demgegenüber wenige Wochen.

Zu unterscheiden sind zwei Arten von Probearbeitsverhältnissen:

### 3.1.2.3.1. Probearbeitsverhältnis als befristetes Arbeitsverhältnis

*Beispiel*: A stellt B ein vom 1. 1. bis zum 30. 6. zur Probe.

Dieses Arbeitsverhältnis läuft am 30. 6. ab, ohne daß es dazu einer besonderen Erklärung bedarf. Soll es am 1. 7. fortgesetzt werden, ist eine neue Vereinbarung erforderlich. Eine vorzeitige fristgemäße Kündigung ist hier i. d. R. nicht möglich; die Kündigungsmöglichkeit kann jedoch vertraglich vereinbart werden. Hingegen ist eine fristlose Kündigung aus wichtigem Grund jederzeit möglich (vgl. hierzu Tz 163 ff.). Die Nichterfüllung der Erwartungen, die Arbeitgeber oder Arbeitnehmer gehegt haben, ist noch kein wichtiger Grund (59).

### 3.1.2.3.2. Probearbeitsverhältnis als unbefristetes Arbeitsverhältnis mit vorgeschalteter Probezeit

*Beispiel*: A stellt B ein ab 1. 1., die ersten 6 Monate sind Probezeit.

In diesem Falle muß gekündigt werden, wenn das Arbeitsverhältnis beendet werden soll. Während der Probezeit gelten verkürzte Kündigungsfristen, und zwar die gesetzlichen bzw. tarifvertraglich zulässigen Mindestfristen. Die gesetzlichen Mindestfristen betragen für Arbeiter 2 Wochen; sie können durch Tarifvertrag noch weiter verkürzt werden. Für Angestellte betragen die gesetzlichen Mindestfristen 1 Monat zum Monatsende (§ 622 Abs. 1 BGB); kürzere Fristen können durch Tarifvertrag vereinbart werden (vgl. hierzu auch Tz 150 und 151). Mit den verkürzten Fristen kann noch am letzten Tag der Probezeit gekündigt werden, auch wenn der Endzeitpunkt nach Ablauf der Probezeit liegt (60).

Auch beim unbefristeten Arbeitsverhältnis mit vorgeschalteter Probezeit ist jederzeit eine fristlose Kündigung aus wichtigem Grund möglich.

### 3.1.2.4. Anfechtbarkeit und Nichtigkeit des Arbeitsverhältnisses

Arbeitsverträge können wie alle privatrechtlichen Verträge an Rechtsmängeln leiden. Es ist möglich, daß ein Arbeitsvertrag wegen Rechtsmangels überhaupt nicht zustande kommt (= Nichtigkeit); ein Rechtsmangel kann aber auch zur Folge haben, daß eine der Vertragsparteien im Nachhinein durch entsprechende Erklärung den Arbeitsvertrag aufhebt (= Anfechtbarkeit).

40 **Anfechtbarkeit.** Ein Arbeitsverhältnis kann (muß aber nicht) angefochten werden, wenn es auf einem Irrtum beruht (§§ 119, 120 BGB) oder durch arglistige Täuschung (oder Drohung) zustande gekommen ist (§ 123 BGB).

**3.1.2.4.1. Irrtum.** Von Bedeutung dürfte im Arbeitsrecht insbesondere der sog. Eigenschaftsirrtum sein (§ 119 Abs. 1 BGB). Er liegt vor, wenn ganz bestimmte, unbekannt gebliebene Eigenschaften des Arbeitnehmers oder des Arbeitgebers gegeben sind, die nach den objektiven Anschauungen des Verkehrs den Arbeitnehmer für die vorgesehene Stelle oder den Arbeitgeber als Vertragspartner des Arbeitnehmers ungeeignet erscheinen lassen (61).

*Beispiele* (61): Ein Kleptomane wird als Kassierer eingestellt; ein Ausbilder neigt zu sittlichen Verfehlungen gegenüber Jugendlichen. – Nicht als verkehrswesentliche Eigenschaften gelten: Gewerkschaftszugehörigkeit; Schwangerschaft (Ausnahmen: bei Tänzerinnen, Mannequins, Schauspielerinnen, Artistinnen sowie dann, wenn generelle Beschäftigungsverbote für Schwangere bestehen); Schwerbeschädigteneigenschaft (Ausnahme: wenn der Schwerbeschädigte für die in Aussicht genommene Tätigkeit nicht geeignet ist); Vorstrafen (Ausnahmen: wenn vorbestrafte Arbeitnehmer für den vorgesehenen Aufgabenbereich nicht in Frage kommen, z. B. Unterschlagung bei Kassierern).

Soll der Arbeitsvertrag wegen Irrtums angefochten werden, so muß die Anfechtung ohne schuldhaftes Zögern (unverzüglich) erfolgen, nachdem der Anfechtungsberechtigte von dem Anfechtungsgrund Kenntnis erlangt hat (§ 121 BGB).

3.1.2.4.2. **Arglistige Täuschung.** Sie liegt vor, wenn ein Vertragspartner falsche Tatsachen vorspiegelt oder Tatsachen verschweigt, also eine unrichtige Vorstellung erregt, bestärkt oder aufrecht erhält (62). Die Täuschung muß arglistig sein, d. h. der Täuschende muß Fragen, die ihm in zulässiger Weise gestellt werden, bewußt falsch beantwortet haben oder Tatsachen, die er auch ohne Befragung hätte offenbaren müssen, bewußt verschwiegen haben (63). Durch die Täuschung muß der andere Vertragspartner zu einer bestimmten Willenserklärung oder zu einem bestimmten Verhalten veranlaßt worden sein.

*Beispiele*: Eine Arbeitnehmerin verneint wider besseres Wissen die Frage nach der Schwangerschaft und wird daraufhin eingestellt; ein wegen Unterschlagung Vorbestrafter verschweigt seine Vorstrafen und wird aufgrund seiner Angaben als Kassierer beschäftigt.

Soll der Arbeitsvertrag wegen arglistiger Täuschung angefochten werden, so besteht für die Anfechtungserklärung eine Frist von einem Jahr, gerechnet von dem Zeitpunkt an, an dem der Anfechtungsberechtigte die Täuschung entdeckt hat (§ 124 BGB).

41 **Wirkung der Anfechtung.** Gem. § 142 BGB ist ein Rechtsgeschäft, das nachträglich angefochten wird, als von Anfang an nichtig anzusehen. Diese Vorschrift würde in den Fällen, wo bereits Arbeit geleistet worden ist, bevor der Arbeitsvertrag angefochten wurde, zu Schwierigkeiten führen. Das Arbeitsrecht hat deshalb eine andere Regelung entwickelt: Hier wirkt die Anfechtung nicht, wie das BGB dies vorschreibt, in die Vergangenheit, vielmehr wird der Arbeitnehmer für die Zeit vor der Anfechtung, in der er tatsächlich gearbeitet hat, so gestellt, wie er bei einem gültigen Arbeitsverhältnis gestanden hätte (sogen. faktisches Arbeitsverhältnis; vgl. auch 2.1.1.1.). Die Anfechtung wirkt dann nur für die Zukunft.

Die Anfechtung hat also die gleiche Wirkung wie eine außerordentliche Kündigung. Sie ist aber nicht mit ihr gleichzusetzen; vgl. hierzu Tz 163 ff.

42 **Nichtigkeit.** Von der Anfechtbarkeit ist die Nichtigkeit zu unterscheiden. Während bei der Anfechtung das Arbeitsverhältnis erst unwirksam wird, wenn und nachdem die Anfechtung ausgesprochen ist, ist die Nichtigkeit von Anfang an gegeben. Das Rechtsgeschäft ist dann ohne besondere Erklärung unwirksam, der Arbeitsvertrag ist nicht zustande gekommen.

Für Arbeitsverhältnisse gelten die gleichen Nichtigkeitsgründe wie für sonstige Rechtsgeschäfte. Zu nennen sind insbesondere:

1. *Geschäftsunfähigkeit* (§ 105 BGB) oder beschränkte Geschäftsfähigkeit einer Partei (§ 107 BGB). Zu beachten ist aber die Sonderregelung für Arbeitsverhältnisse Minderjähriger in § 113 BGB (vgl. Tz 34).
2. Verstoß gegen *Formvorschriften* (§ 125 BGB); wegen Formvorschriften vgl. Tz 36.
3. Verstoß gegen ein *gesetzliches Verbot* (§ 134 BGB), z. B. gegen Arbeitsschutzgesetze, Abschlußverbote.
4. Verstoß gegen die *guten Sitten* (§ 138 BGB).

*Beispiele* (64): Der Vertrag ist unter Ausnutzung der Notlage, der Unerfahrenheit oder des Leichtsinns des Arbeitnehmers zustande gekommen; übermäßig starke Beschränkung der Bewegungsfreiheit des Arbeitnehmers durch zu strenge Wettbewerbsabreden, durch Wegfall oder Minderung des Lohnes für den Fall der Kündigung; übermäßig starke Vertragsbindung durch Auferlegung hoher Vertragsstrafen für jeden Fall der Vertragsverletzung; unzulässige Übertragung des Geschäftsrisikos auf den Arbeitnehmer durch Verlustbeteiligung des Arbeitnehmers; Wert der Arbeitsleistung und Lohn stehen in einem auffallenden Mißverhältnis.

**43** **Rechtsfolgen der Nichtigkeit.** Nach den Vorschriften des BGB (§ 139) ist i. d. R. das ganze Rechtsgeschäft nichtig, wenn ein Teil des Rechtsgeschäftes nichtig ist. Diese Bestimmung ist im Arbeitsrecht nur behutsam anzuwenden (63). Verstoßen einzelne Bestimmungen des Arbeitsvertrages gegen zwingende gesetzliche *Arbeitnehmer-Schutzbestimmungen*, so liegt es nicht im Interesse des Arbeitnehmers, wenn der ganze Vertrag unwirksam ist. Vielmehr soll in einem solchen Fall – abweichend von der Auslegungsregel des § 139 BGB – an die Stelle der nichtigen Vertragsabrede der vom Gesetz vorgesehene Zustand treten (z. B. die gesetzlich vorgeschriebene Urlaubsdauer anstelle der vereinbarten niedrigeren Urlaubsdauer), vorausgesetzt, der Vertrag ist in allen anderen Punkten in Ordnung. Liegen dagegen *andere* Nichtigkeitsgründe vor (z. B. Geschäftsunfähigkeit, Formmangel), so ist der ganze Arbeitsvertrag nichtig. Ist bereits Arbeit geleistet worden, so ist ein faktisches Arbeitsverhältnis zu unterstellen.

*Fall 2*: Anfechtbarkeit/Nichtigkeit von Arbeitsverhältnissen; Offenbarungspflicht des Arbeitnehmers (65)

B meldet sich auf eine Zeitungsanzeige bei Arbeitgeber A. Er weist Zeugnisse vor, aus denen sich ergibt, daß B bilanzsicherer Buchhalter, fleißig und ehrlich ist. B wird daraufhin als Bilanzbuchhalter und Kassierer eingestellt.

Nach 2 Tagen stellt sich heraus, daß B wegen Unterschlagung wiederholt vorbestraft ist.

1.) Ist der Arbeitsvertrag zwischen A und B gültig?

2.) Was kann A tun?

3.) Hat B einen Gehaltsanspruch als Bilanzbuchhalter für die 2 Tage?

*Lösung*:

**zu 1:** Der Arbeitsvertrag zwischen A und B ist gültig. Es liegt kein Nichtigkeitsgrund vor: Der Vertrag verstößt nicht gegen Formvorschriften (§ 125 BGB), nicht gegen ein gesetzliches Verbot (§ 134 BGB), nicht gegen die guten Sitten (§ 138 BGB).

**zu 2:** B hat A getäuscht, indem er A wesentliche Tatsachen verschwiegen hat (= Vorstrafen). Die Täuschung ist arglistig, seine Vorstrafen hätte er hier (Buchhalter und Kassierer = Vertrauensposten) unaufgefordert offenbaren müssen. Ohne die Täuschung hätte A den B nicht eingestellt.

A kann deshalb den Arbeitsvertrag gem. § 123 BGB wegen arglistiger Täuschung anfechten. Das Arbeitsverhältnis wird dann vom Tage der Anfechtung an unwirksam.

zu 3: Ein Gehaltsanspruch für die 2 Tage aus Arbeitsvertrag ist nach der Anfechtung durch A nicht mehr möglich. B hat aber 2 Tage lang als Buchhalter gearbeitet (= faktisches Arbeitsverhältnis). Er muß für diese Zeit so gestellt werden, wie er bei einem gültigen Arbeitsverhältnis gestanden hätte. B kann deshalb das Gehalt eines Buchhalters für 2 Tage verlangen.

**Fragen zu 3.1 :**

1. Wodurch wird das Arbeitsverhältnis begründet?
2. Wodurch unterscheidet sich der Arbeitsvertrag vom freien Dienstvertrag?
3. Wodurch unterscheidet sich der Arbeitsvertrag vom Werkvertrag?
4. Was versteht man unter Offenbarungspflicht des Arbeitnehmers? Inwieweit besteht ein Fragerecht des Arbeitgebers?
5. Was versteht man unter Abschlußfreiheit? Inwieweit ist die Abschlußfreiheit eingeschränkt?
6. Was versteht man unter Formfreiheit? Welche Formvorschriften sind bei Abschluß eines Arbeitsvertrages zu beachten?
7. Welche Folgen hat ein Verstoß gegen Formvorschriften?
8. Was versteht man unter Gestaltungsfreiheit? Wodurch wird die Gestaltungsfreiheit eingeschränkt?
9. Welche Arten von Probearbeitsverhältnissen gibt es? Wie ist die Kündigungsfrage jeweils geregelt?
10. Was versteht man unter Anfechtbarkeit und Nichtigkeit von Verträgen?
11. Unter welchen Voraussetzungen ist eine Anfechtung von Arbeitsverträgen möglich?
12. Welche Wirkung hat die Anfechtung eines Arbeitsverhältnisses, wenn bereits Arbeit geleistet worden ist, bevor der Arbeitsvertrag angefochten wurde?
13. Nennen Sie einige Nichtigkeitsgründe!
14. Welche Rechtsfolgen treten ein, wenn einzelne Bestimmungen des Arbeitsvertrages nichtig sind?

## 3.2. Rechte und Pflichten aus dem Arbeitsverhältnis

Der Arbeitsvertrag ist ein sogen. gegenseitiger Vertrag. Beide Vertragsparteien haben bestimmte Verpflichtungen übernommen, die voneinander abhängig sind. Zu unterscheiden ist zwischen Hauptpflichten und Nebenpflichten:

- Die Hauptpflicht des Arbeitnehmers ist die Arbeitspflicht (vgl. Tz 44 ff.). Ihr entspricht auf Seiten des Arbeitgebers die Lohnzahlungspflicht (vgl. Tz 69 ff.).
- Die Nebenpflichten werden unter den Sammelbegriffen Treuepflicht (des Arbeitnehmers) bzw. Fürsorgepflicht (des Arbeitgebers) zusammengefaßt. Vgl. hierzu Tz 99 ff. und Tz 103 ff.

Erst Haupt- und Nebenpflichten zusammen ergeben ein vollständiges Bild des Arbeitsverhältnisses.

### 3.2.1. Arbeitspflicht des Arbeitnehmers

#### 3.2.1.1. Art der Arbeitsleistung

44 Die Arbeitsleistung ist, sofern nicht ausdrücklich etwas anderes vereinbart wurde, höchstpersönlich zu erbringen (§ 613 BGB). Der Arbeitnehmer kann keinen Ersatzmann stellen.

*Beispiel* (66): Ein Arbeiter, der Frühschicht hat, will mit einem Kollegen, der Spätschicht hat, die Schicht tauschen. Er kann dies nur, wenn der Arbeitgeber oder dessen Beauftragter (Betriebsleiter, Meister) damit einverstanden ist.

Demgegenüber ist die Person des Arbeitgebers nicht von so großer Bedeutung. Das wird aus § 613 a BGB deutlich: Geht ein Betrieb durch Rechtsgeschäft (z. B. durch Verkauf) auf einen anderen Inhaber über, so tritt dieser in die Rechte und Pflichten aus dem bestehenden Arbeitsverhältnis ein. Der neue Inhaber kann vom Arbeitnehmer verlangen, daß er ihm die gleichen Dienste leistet wie dem bisherigen Arbeitgeber.

45 **Arbeitsvertrag.** Im allgemeinen ergibt sich die Art der zu leistenden Arbeit aus dem Arbeitsvertrag zwischen Arbeitgeber und Arbeitnehmer. Ist der Arbeitnehmer für eine *bestimmte Tätigkeit* bzw. für einen bestimmten Arbeitsplatz eingestellt worden (z. B. als Exportkaufmann, als Entwicklungsingenieur), so ist diese Tätigkeit maßgebend. Ist die Tätigkeit – wie allgemein üblich – nur *fachlich* umschrieben (z. B. Tätigkeit als Maurer, Schlosser, Verkäufer), so müssen alle Arbeiten übernommen werden, die sich innerhalb des vereinbarten Berufsbildes halten. Ist dagegen die Arbeit nur ganz *allgemein* umschrieben (z. B. Tätigkeit als Hilfsarbeiter), so muß der Arbeitnehmer jede Arbeit verrichten, die zumutbar ist (67).

Im übrigen muß der Arbeitnehmer, auch wenn dies nicht ausdrücklich vereinbart wurde, gewisse *Nebentätigkeiten* mit übernehmen, sofern diese üblicherweise mit der von ihm ausgeübten Haupttätigkeit verbunden sind.

*Beispiele*: Der Fahrer eines LKW ist verpflichtet, kleinere Reparaturen und Wartungsarbeiten selbst durchzuführen; die Verkäuferin in einem Textilgeschäft muß die Verkaufsregale in Ordnung halten; der Schlosser ist verpflichtet, seinen Arbeitsplatz aufzuräumen, Material heranzuschaffen usw.

46 **Tarifvertrag.** Von Bedeutung sind ferner die tarifvertraglichen Abmachungen. In der Praxis wird es kaum möglich sein, die Arbeitspflichten des Arbeitnehmers in allen Einzelheiten im voraus festzulegen. Nähere Angaben über Art und Umfang der zu leistenden Arbeit sind deshalb dem geltenden Tarifvertrag zu entnehmen (z. B. Tätigkeitsmerkmale für die verschiedenen Lohn- und Gehaltsgruppen).

47 **Weisungsrecht des Arbeitgebers.** Soweit Arbeitsvertrag und Tarifvertrag die Arbeitspflicht nicht abschließend festlegen, hat der Arbeitgeber das Recht, die Art der Arbeitsleistung (sowie Zeit und Ort der Arbeit) einseitig zu bestimmen (68). Das Weisungsrecht des Arbeitgebers ist grundsätzlich subsidiär; es greift nur ein, soweit die Arbeitspflicht nicht bereits durch Vertrag konkretisiert wurde (68). Je eindeutiger die Arbeitsaufgabe und damit die einzelnen Arbeitspflichten gefaßt sind, umso weniger Raum ist für das Weisungsrecht (69).

*Beispiele* (70): Der Arbeitgeber bestimmt nicht nur, welche Artikel hergestellt, sondern auch, mit welcher Tourenzahl die Maschine laufen soll, wie hoch die Bandgeschwindigkeit ist, wie oft und wie lange die Maschinen geputzt werden sollen usw. Der Arbeitgeber kann auch bestimmte Handgriffe vorschreiben, um den bestmöglichen Arbeitsablauf zu erzielen usw.

Das Weisungsrecht des Arbeitgebers findet dort seine Grenze, wo die angeordnete Tätigkeit dem Arbeitnehmer nicht mehr *zumutbar* ist. Wann dieser Punkt erreicht ist, muß nach den Umständen des Einzelfalles beurteilt werden (Ausbildung, körperlicher Zustand, Alter, bisherige Tätigkeit usw.). Überschreitet der Arbeitgeber diese Grenze, so ist der Arbeitnehmer zur Verweigerung der zugewiesenen Arbeit berechtigt (71).

*Beispiele* (72): Durch Erkrankung sind Gabelstapler-Fahrer ausgefallen. In Ermangelung anderer Hilfskräfte kann der Arbeitgeber auch von einem Dreher verlangen, daß er für einige Zeit Gabelstapler fährt. – Andererseits: Einem nicht schwindelfreien Hilfsarbeiter wird man nicht zumuten können, Arbeiten in größerer Höhe auszuführen, wenn er dabei Angstzustände bekommt.

Weiterhin wird das Weisungsrecht des Arbeitgebers begrenzt durch die bestehenden *Gesetze* (z. B. Strafgesetze, Arbeitsschutzbestimmungen) sowie durch die Unfallverhütungsvorschriften.

48 **Notfälle.** Hier muß der Arbeitnehmer aufgrund seiner Treuepflicht (vgl. Tz 100) auf Verlangen des Arbeitgebers vorübergehend auch solche Arbeiten übernehmen, die nicht in seinen Tätigkeitsbereich fallen. Weigert sich der Arbeitnehmer, so kann ihn der Arbeitgeber fristlos entlassen (vgl. Tz 164). Für den Arbeitgeber muß eine Zwangslage bestehen, die er nur dadurch bewältigen kann, daß er dem Arbeitnehmer andere Arbeiten zumutet (73).

*Beispiele*: Bei Katastrophen (Feuer, Hochwasser) kann verlangt werden, daß alle Arbeitnehmer anfassen, um zu retten, was zu retten ist; bei starkem Schneefall können mangels ausreichender Hilfskräfte auch einmal kaufmännische Angestellte zum Schneeschippen eingesetzt werden; bei eiligen Aufträgen muß auch der Meister im Versand beim Verladen helfen (74). Der drohende Verlust eines Auftrages oder die mögliche Zahlung von Standgeldern für nicht rechtzeitig entladene Waggons sind keine Notfälle (75), desgleichen nicht permanenter Arbeitskräftemangel.

Wird einem Arbeitnehmer bei einem Notfall auf einseitige Anordnung des Arbeitgebers eine andersartige Tätigkeit zugewiesen, so wird sein Lohnanspruch davon nicht berührt. Der Arbeitnehmer erhält also den gleichen Lohn wie für seine normale Tätigkeit, auch wenn er vorübergehend zu einer geringerwertigen oder auch höherwertigen Tätigkeit eingesetzt wird (76). Anders ist es nur, wenn vorher eine andere Vergütung vereinbart wurde.

*Fall 3*: Art der Arbeitsleistung; Weisungsrecht des Arbeitgebers (77)

S ist in der Fabrik des F als Schlosser beschäftigt. F beauftragt ihn eines Tages mit dem Abladen von soeben eingetroffenen Rohstoffen, da für S gerade keine Arbeit vorhanden ist, die für Abladearbeiten zuständigen Arbeitnehmer nicht ausreichen, andere Arbeitskräfte nicht verfügbar sind und das Abladen sehr drängt.

1. Ist S verpflichtet, dem Verlangen des F nachzukommen?
2. F will, nachdem S die Arbeit verrichtet hat, dem S für die geleisteten Stunden nur den für ungelernte Arbeiter üblichen Lohn zahlen und nicht den Schlosserlohn. Mit Recht?
3. Ist Frage 2. anders zu entscheiden, wenn F den S eines Tages fragt, ob er nach Arbeitsschluß zusätzlich etwas verdienen wolle, indem er beim Abladen helfe, und S daraufhin mit abgeladen hat?

*Lösung:*

**zu 1:** Grundsätzlich schuldet S nur die vertraglich vereinbarte Leistung, d. h. Arbeit als Schlosser (§ 611 BGB). Die Einzelheiten (Zeit, Ort usw.) werden von F aufgrund seines Weisungsrechtes festgelegt.

Im allgemeinen schließt die Tätigkeit als Schlosser auch gewisse Nebentätigkeiten mit ein (z. B. das Aufräumen des Arbeitsplatzes). Zweifellos gehört das Abladen von Rohstoffen aber nicht zu den üblichen Nebentätigkeiten eines Schlossers; hieraus kann eine Verpflichtung für S also nicht abgeleitet werden.

Zu prüfen ist, ob ein Notfall vorliegt, wodurch die Arbeitspflicht des S vorübergehend erweitert würde. Unerheblich ist, daß für S gerade keine Arbeit vorhanden ist. Von Bedeutung ist allein, ob für F eine Zwangslage besteht, die er nur dadurch bewältigen kann, daß er S für das Abladen einsetzt. Die Umstände des Falles deuten auf einen solchen Notfall hin: Die zuständigen Arbeitskräfte reichen nicht aus, andere Arbeitskräfte sind nicht verfügbar, die Arbeit drängt. S muß deshalb der Anordnung des F Folge leisten.

**Zu 2:** S hat aus seinem Arbeitsvertrag Anspruch auf den Lohn eines Schlossers. Wenn ihm F in einer Ausnahmesituation eine andere, sonst schlechter bezahlte Tätigkeit zuweist, wird sein Lohnanspruch davon nicht berührt. F muß S den vollen Schlosserlohn zahlen, auch wenn die Abladearbeit üblicherweise schlechter bezahlt wird.

**zu 3:** Hier hat S neben seinem Arbeitsvertrag als Schlosser einen zweiten Arbeitsvertrag mit F über das Abladen abgeschlossen. Hilft S mit beim Abladen, wird er aufgrund des zweiten Arbeitsvertrages tätig. F schuldet dann nur die für das Abladen übliche (niedrigere) Vergütung.

### 3.2.1.2. Umfang der Arbeitsleistung

#### 3.2.1.2.1. Arbeitszeit

49 **Begriff.** Als Arbeitszeit gilt die Zeitspanne eines Tages, während der ein Arbeitnehmer seine Arbeitskraft dem Arbeitgeber zur Verfügung stellen muß (78); es ist die Zeit vom Beginn bis zum Ende der Arbeit ohne Ruhepausen (§ 2 Abs. 1 AZO). Die Arbeitszeit beginnt i. d. R. mit Betreten und endet mit Verlassen des Betriebes. Die Wegezeit gehört also nicht zur Arbeitszeit (ist aber dennoch unfallversichert, vgl. Tz 111). Nicht entscheidend ist, ob der Arbeitnehmer in dieser Zeit tatsächlich tätig ist, sondern maßgebend ist, ob sich der Arbeitnehmer zwecks Erfüllung seiner Arbeitspflicht den Weisungen des Arbeitgebers zur Verfügung hält (79).

50 **Arbeitsbereitschaft.** Auch die Zeit, in der der Arbeitnehmer nicht seine volle Tätigkeit entfalten muß, sondern an der Arbeitsstelle anwesend ist und jederzeit bereit sein muß, in den Arbeitsprozeß einzugreifen, zählt zur Arbeitszeit. Arbeitsbereitschaft ist die Zeit wacher Achtsamkeit im Zustand der Entspannung (80). Beispiele: Feuerwehrleute, Sanitätspersonal auf Unfallstation, Taxifahrer.

Die Arbeitsbereitschaft ist nicht zu verwechseln mit dem *Bereitschaftsdienst*. Der Bereitschaftsdienst gilt nicht als Arbeitszeit: Der Arbeitnehmer muß sich zwar an einer vom Arbeitgeber bestimmten Stelle innerhalb oder außerhalb des Betriebes aufhalten, damit er, falls erforderlich, seine volle Arbeit unverzüglich aufnehmen kann, er kann während dieser Zeitspanne jedoch privaten Tätigkeiten nachgehen oder schlafen.

*Beispiel* (81): Ein Zementwerk hat seine Betriebselektriker verpflichtet, sich in ihrer Freizeit abwechselnd nicht mehr als 10 km im Umkreis von ihrer Wohnung zu entfernen und jederzeit fernmündlich erreichbar zu sein, um im Bedarfsfall sofort eine Reparatur durchführen zu können.

51 **Ruhepausen.** Sie rechnen nicht als Arbeitszeit, sie unterbrechen die Arbeitszeit. Ihr Zeitpunkt und ihre Dauer liegen im voraus fest. Während der Pausen braucht sich der Arbeitnehmer nicht zur Arbeitsleistung bereit zu halten, er kann über diese Zeit selbst verfügen (82).

*Beispiel*: Ein LKW-Fahrer, der auf einer längeren Fahrt von einem Kollegen abgelöst wird und in der Koje schläft, hat keine Ruhepause. Er muß jederzeit mit seinem Einsatz rechnen. Die Kojenzeit gilt deshalb als Arbeitsbereitschaft und ist Arbeitszeit.

Betriebspausen, d. h. aus technischen Gründen notwendige Arbeitsunterbrechungen (z. B. Abkühlung eines Werkstückes), sind unabhängig von ihrer Dauer niemals Ruhepausen und zählen deshalb stets zur Arbeitszeit (83).

52 **Dauer der Arbeitszeit.** Maßgebend hierfür sind in erster Linie die gesetzlichen Bestimmungen und der Tarifvertrag; einzelvertragliche Abreden sind verhältnismäßig selten.

- *Gesetzliche Bestimmungen* (insbes. AZO, MuSchG, JArbSchG, SchwbeschG, Ladenschlußgesetz): Diese Vorschriften sind öffentlich-rechtlicher Natur. Sie schreiben vor, daß der Arbeitgeber die Arbeitnehmer über bestimmte Höchstgrenzen hinaus nicht beschäftigen darf. Die Einhaltung dieser Verbote wird durch Androhung von Strafen gesichert. Vereinbarungen, die über die gesetzlichen Arbeitszeitregelungen hinausgehen, sind nichtig (vgl. Tz 42). Die Arbeitnehmer können die Arbeit verweigern, wenn der Arbeitgeber sie über die zulässige Höchstdauer hinaus beschäftigen will (84); sie müssen sie in bestimmten Fällen sogar verweigern, um sich nicht selbst strafbar zu machen (z. B. Kraftfahrer).

  Die Arbeitszeitgesetze begründen weder eine Verpflichtung des Arbeitnehmers, während einer bestimmten Zeit zu arbeiten, noch geben sie dem Arbeitnehmer einen Anspruch gegen den Arbeitgeber auf Beschäftigung (85). Sie regeln nur, wie lange und wann ein Arbeitnehmer beschäftigt werden darf; wie lange und wann der Arbeitnehmer tatsächlich zu arbeiten verpflichtet ist, ergibt sich innerhalb der gesetzlichen Grenzen aus dem Tarifvertrag (bzw. aus dem Arbeitsvertrag).

  Wegen Einzelheiten vgl. Tz 56 und 57.

- *Tarifvertragliche Regelungen*: In der Regel wird die Arbeitszeitdauer durch Tarifvertrag festgelegt (vgl. hierzu auch Kap. 4, Tz 184). Innerhalb der durch Gesetz gegebenen Grenzen können die Tarifpartner die Arbeitszeit selbst bestimmen. Die Tarifpartner sind sogar ermächtigt, die in der AZO festgelegten Höchstgrenzen der regelmäßigen täglichen Arbeitszeit durch Tarifvertrag zu erweitern (vgl. Tz 56).

53 **Überstunden.** Wird über die vertraglich festgelegte Arbeitszeit hinaus gearbeitet, spricht man von Überstunden. In der Regel werden Überstunden vom Arbeitgeber angeordnet. Überstunden liegen jedoch auch vor, wenn die festgelegte Arbeitszeit mit Duldung des Arbeitgebers überschritten wird, d. h. wenn der Arbeitgeber weiß, daß der Arbeitnehmer das Arbeitspensum in der normalen Arbeitszeit nicht bewältigen kann und Kenntnis davon hat, daß die vereinbarte Arbeitszeit tatsächlich überschritten wird.

Im allgemeinen werden für geleistete Überstunden besondere Überstundenzuschläge gezahlt; möglich ist jedoch auch eine pauschale Abgeltung.

54 **Verkürzung der täglichen Arbeitszeit oder Einlegung von Feierschichten.** Würde der Arbeitgeber diese Maßnahmen einseitig anordnen, käme er in Annahmeverzug und müßte den vollen Lohn weiterzahlen (vgl. Tz 77 ff.). Soll mit Einführung der Kurzarbeit bzw. der Feierschichten auch der Lohn gekürzt werden, ist eine besondere Rechtsgrundlage

erforderlich (86): Das kann eine Ermächtigung im Tarifvertrag sein, das kann auch durch eine Betriebsvereinbarung mit dem Betriebsrat geschehen. Möglich ist ferner, daß einzelvertraglich von vornherein die Einführung von Kurzarbeit bzw. Feierschichten bei Kürzung der Bezüge vereinbart wird.

Hinweis: Die Arbeitspflicht ruht ganz bei Leistungsstörungen (Annahmeverzug des Arbeitgebers, Unmöglichkeit der Arbeit; vgl. hierzu Tz 77 ff. und 80 ff.) und bei Streiks (allerdings nur bei rechtmäßigen Streiks; vgl. hierzu Kap. 4, Tz 207).

55 **Lage der Arbeitszeit**. Bezüglich Beginn und Ende der täglichen Arbeitszeit einschließlich der Pausen sowie Verteilung der Arbeitszeit auf die einzelnen Wochentage (innerhalb der durch Tarifvertrag festgelegten Gesamtzeit) hat der Betriebsrat ein Mitbestimmungsrecht. Der Arbeitgeber kann diesbezüglich keine einseitigen Anordnungen treffen, sondern muß sich mit dem Betriebsrat einigen (§ 87 Abs. 1 BetrVG; vgl. hierzu Kap. 5, Tz 251).

### 3.2.1.2.2. Arbeitszeitschutz

#### 3.2.1.2.2.1. Allgemeiner Arbeitszeitschutz

56 Die für alle Arbeitnehmer gültige Arbeitszeitregelung ist in der Arbeitszeitordnung (AZO) niedergelegt. Die wichtigsten Bestimmungen sind:

- Die regelmäßige werktägliche Arbeitszeit darf die Dauer von 8 Stunden nicht überschreiten (§ 3), das entspricht 48 Std./Woche.
- Bei Arbeiten zur Reinigung und Instandhaltung und bei Arbeiten, von denen die Wiederaufnahme oder Aufrechterhaltung des vollen Betriebes arbeitstechnisch abhängt (z. B. Anheizen von Öfen und Kesseln), darf die zulässige Arbeitszeit um täglich 2 Stunden bis zu höchstens 10 Std. ausgedehnt werden (5). In diesen Fällen besteht Arbeitspflicht.
- Durch § 7 sind die Tarifpartner ermächtigt, die regelmäßige Arbeitszeit bis zu 10 Std. täglich zu verlängern.

  Wird im Tarifvertrag eine solche Regelung vereinbart, so besteht i. d. R. Arbeitspflicht für die betroffenen Arbeitnehmer.
- Das Gewerbeaufsichtsamt kann auf Antrag des Arbeitgebers eine befristete Überschreitung der 8-Stunden-Grenze zulassen, wenn hierfür ein dringendes Bedürfnis nachgewiesen wird (§ 8). Dabei soll die Arbeitszeit aber nach Möglichkeit 10 Std./Tag nicht überschreiten.

  Bezüglich der Arbeitspflicht der Arbeitnehmer in diesen Fällen vgl. Treuepflicht (Tz 100).
- An 30 Tagen im Jahr darf der Arbeitgeber nach seiner Wahl die regelmäßige Arbeitszeit um bis zu 2 Std. täglich auf maximal 10 Std. täglich verlängern (§ 6).

  Ob und inwieweit die Arbeitnehmer verpflichtet sind, in den zulässigen 2 zusätzlichen Stunden an 30 Tagen auch tatsächlich zu arbeiten, hängt von den Umständen ab, die den Arbeitgeber veranlaßt haben, von der Möglichkeit des § 6 Gebrauch zu machen (vgl. Treuepflicht des Arbeitnehmers, Tz 100).
- In Notfällen, z. B. bei Naturkatastrophen, Explosionen, können die oben genannten Höchstgrenzen für vorübergehende Arbeiten unbeschränkt überschritten werden (§ 14).

Bei Notfällen besteht Arbeitspflicht für die Arbeitnehmer.

- Die Arbeitnehmer haben bei Mehrarbeit einen gesetzlichen Anspruch auf angemessene Vergütung über den Lohn für die regelmäßige Arbeitszeit hinaus. Als angemessene Vergütung gilt ein Zuschlag von mindestens 25 % (§ 15). Vor- und Abschlußarbeiten brauchen nicht besonders vergütet zu werden.

Mehrarbeit liegt vor, wenn über die gesetzliche Normalarbeitszeit von 8 Std./Werktag = 48 Std./Woche hinaus gearbeitet wird. Dann Zuschlag gem. § 15 AZO. Überstunden liegen vor, wenn über die vereinbarte Arbeitszeit hinaus gearbeitet wird. Dann evtl. Überstundenzuschläge, wenn dies vereinbart worden ist.

*Beispiel*: Bei tariflich vorgesehener Neunstundenschicht ist die 9. Stunde Mehrarbeit, aber keine Überstunde; bei tariflich vorgesehener Siebenstundenschicht ist die 8. Stunde Überstunde, aber keine Mehrarbeit.

- Sonn- und Feiertagsarbeit ist grundsätzlich verboten, mit Ausnahme von durchgehenden Betrieben (z. B. Hochöfen, Gas- und Elektrizitätswerke, Wasserwerke), von Saisonbetrieben, von bestimmten Dienstleistungsbetrieben (z. B. Kioske, Gaststätten, Theater, Verkehrsbetriebe, Krankenhäuser).
- In Betrieben mit gesundheitsgefährdenden Arbeiten gilt eine verkürzte Arbeitszeit, z. B. 4 Std./Tag für Vulkaniseure, 6 Std. für Bergleute usw.
- Die Ruhezeiten betragen gem. § 12 für männliche Arbeitnehmer bei einer Arbeitszeit von mehr als 6 Std./Tag eine halbe Stunde bzw. zwei Viertelstunden. Ferner muß zwischen Beendigung und Aufnahme der Arbeit eine ununterbrochene Ruhezeit von mindestens 11 Std. liegen.

### 3.2.1.2.2.2. Sonderregelungen für bestimmte Arbeitnehmer

57 Besondere Arbeitszeitschutzregelungen bestehen zugunsten der arbeitenden Frau und zugunsten von Jugendlichen:

- *Frauen*: Für weibliche Arbeitnehmer gilt ein zusätzlicher Arbeitszeitschutz, insbesondere bezüglich Dauer und Häufigkeit der ihnen zu gewährenden Ruhepausen, bezüglich Nachtarbeit und bezüglich frühzeitigem Arbeitsschluß vor Sonn- und Feiertagen (§§ 17–21 AZO).
- *Mütter*: Stillenden Müttern ist zweimal täglich eine halbe Stunde freizugeben; Mehrarbeit, Nachtarbeit und Sonntagsarbeit sind verboten (§§ 7, 8 MuSchG).
- *Jugendliche* (15–18 Jahre): tägliche Arbeitszeit nicht mehr als 8 Std. bzw. 40 Std./Woche; Freistellung von der Arbeit zwecks Berufsschulbesuch; besondere Regelung bezüglich Ruhepausen; Sonn- und Feiertagsarbeit sind verboten, desgleichen Nachtarbeit (§§ 10–20 JArbSchG).

*Fall 4*: Arbeitszeitordnung (87)

Der für das Unternehmen U verbindliche Tarifvertrag sieht eine regelmäßige Arbeitszeit von 8 Std. täglich bzw. 45 Std./Woche vor, Überstunden sollen mit einem Zuschlag von 25 % vergütet werden, der Mehrarbeitszuschlag beträgt 30 %.

Es ergeben sich folgende Fragen:

1. Das Unternehmen hat einen großen Auftrag bekommen, für dessen Abwicklung allerdings eine kurze Frist gesetzt ist. U kommt mit den 8 Std. Arbeitszeit nicht aus; zusätzliche Arbeitskräfte sind nicht verfügbar. Welche Möglichkeiten der Verlängerung der tägl. Arbeitszeit stehen U nach der AZO zur Verfügung?
2. U macht von den in der AZO gebotenen Möglichkeiten der Verlängerung der täglichen Arbeitszeit Gebrauch. Sind die Arbeitnehmer im vorliegenden Falle verpflichtet, dem Verlangen von U nachzukommen, d. h. Mehrarbeit zu leisten?
3. Wie sieht die Vergütung aus, wenn vorübergehend insges. 50 Std./Woche gearbeitet werden?
4. Für die Pförtner und Wärter sieht der Tarifvertrag eine Sonderregelung vor, wonach die tägliche Arbeitszeit auf 12 Std./Tag ausgedehnt werden kann, ohne daß ein Mehrarbeitszuschlag zu zahlen ist.
   a) Der Pförtner P, in dessen Arbeitszeit in erheblichem Umfang Arbeitsbereitschaft fällt, hat 55 Std./Woche gearbeitet. Er beansprucht den Mehrarbeitszuschlag von 30 % für 7 Std.
   b) Wie ist die Rechtslage, wenn P während der 55 Std. ständig tätig gewesen ist (z. B. mit Telefondienst, Führen der Besucherliste, Torkontrolle etc.)?

*Lösungen:*

**zu 1:** Die AZO läßt U folgende Möglichkeiten: a) U kann die 30 Tage im Jahr in Anspruch nehmen, an denen der Arbeitgeber nach seiner Wahl die regelmäßige Arbeitszeit um bis zu 2 Std. täglich auf maximal 10 Std. täglich verlängern kann (§ 6 AZO).
b) U kann beim Gewerbeaufsichtsamt den Antrag auf Überschreitung der 8-Stunden-Grenze stellen (§ 8 AZO). Das dringende Bedürfnis hierfür könnte U nachweisen. Dadurch könnte die tägliche Arbeitszeit auf bis zu 10 Std. täglich verlängert werden.

Hinweis: Beide Möglichkeiten sind voneinander unabhängig. U wird auf Möglichkeit b) zurückgreifen müssen, wenn die 30 Tage bereits verbraucht sind.

**zu 2:** Inwieweit eine Pflicht der Arbeitnehmer zur Arbeit innerhalb der schutzrechtlich zugelassenen Mehrarbeitszeit besteht, ist nicht nach Arbeitsschutzrecht, sondern nach dem Arbeitsverhältnis zu beurteilen. Der Arbeitnehmer ist nicht in allen Fällen, in denen die AZO Mehrarbeit zuläßt, ohne weiteres zur Mehrarbeit verpflichtet. Eine Pflicht zur Mehrarbeit besteht: bei Notfällen und außergewöhnlichen Fällen; bei Vor- und Abschlußarbeiten; i. d. R. bei tarifvertraglich vereinbarter Mehrarbeit. Der vorliegende Fall ist ein Grenzfall. Es läßt sich durchaus die Auffassung vertreten, daß die Arbeitnehmer hier aufgrund ihrer Treuepflicht verpflichtet sind, alles zu tun, um für U diesen wichtigen Auftrag termingerecht zum Abschluß zu bringen, zumal keine Möglichkeit besteht, andere Arbeitskräfte zusätzlich einzustellen. Anders ist die Arbeitspflicht zu beurteilen, wenn es bereits häufiger zu ähnlichem Termindruck gekommen ist.

**zu 3:** Die tarifvertraglich festgelegte Arbeitszeit von 45 Std./Woche wird um 5 Std. überschritten, die gesetzlich festgelegte Normalarbeitszeit um 2 Std. Für die ersten 3 zusätzlichen Arbeitsstunden, die Überstunden sind, ist der vereinbarte Überstundenzuschlag von 25 % zu zahlen. Die weiteren 2 Std. sind Mehrarbeit und müssen mit dem vereinbarten Mehrarbeitszuschlag von 30 % vergütet werden.

**zu 4a:** Grundsätzlich ist es gem. § 7 Abs. 2 AZO möglich, durch Tarifvertrag die Arbeitszeit auch über 10 Std./Tag hinaus zu verlängern, vorausgesetzt, in die Arbeitszeit fällt regelmäßig und in erheblichem Umfang Arbeitsbereitschaft. Das ist hier der Fall. § 15 Abs. 1 letzter Satz der AZO bestimmt aber, daß in solchen Fällen der gesetzliche Anspruch auf Mehrarbeitsvergütung entfällt; P kann also keine Mehrarbeitsvergütung für die 7 Std. verlangen.

**zu 4b:** Ist P während seiner Arbeitszeit ständig in Anspruch genommen (d. h. Arbeitszeit, keine Arbeitsbereitschaft), so hat er einen Anspruch auf Mehrarbeitsvergütung, wenn seine Arbeitszeit über die gesetzliche Normalarbeitszeit von 48 Std./Woche hinausgeht. Die 7 Std. müssen also mit einem Zuschlag von 30 % vergütet werden.

### 3.2.1.3. Ort der Arbeitsleistung

In der Regel ist der Betrieb des Arbeitgebers der Ort, an dem die Arbeitsleistung zu erbringen ist. Es kann aber vertraglich ein anderer Leistungsort vereinbart werden, z. B. bei Bau- oder Montagearbeiten.

58 **Versetzung.** Im allgemeinen kann der Arbeitnehmer nicht vom Arbeitgeber an einen anderen Arbeitsort versetzt werden, sofern dies nicht vorher ausdrücklich oder stillschweigend vorbehalten war. Will der Arbeitgeber einen Arbeitnehmer versetzen, so muß er das Einverständnis des Arbeitnehmers einholen oder eine Änderungskündigung aussprechen (vgl. hierzu Tz 159 ff.).

*Beispiel* (88): Ein Arbeitnehmer wurde für einen Betrieb in X eingestellt. Hat der Arbeitgeber noch einen weiteren Betrieb in Y und will er den Arbeitnehmer dorthin versetzen, so bedeutet dies eine Vertragsänderung, zu der das Einverständis des Arbeitnehmers erforderlich ist. Das gleiche würde gelten, wenn der Arbeitgeber seinen Betrieb von X nach Y verlegt.

Eine Ausnahme besteht dann, wenn der Arbeitnehmer in einen anderen gleichartigen Betrieb des Arbeitgebers versetzt wird, der im gleichen Ort liegt, und wenn mit dieser Versetzung keine besonderen Erschwerungen für den Arbeitnehmer verbunden sind (88).

59 **Umsetzung.** Hier wird dem Arbeitnehmer innerhalb desselben Betriebes ein anderer Arbeitsplatz zugewiesen. An dem vertraglich vereinbarten Arbeitsort, dem Betrieb des Arbeitgebers, wird nichts geändert (88); eine solche Maßnahme kann daher vom Arbeitgeber einseitig kraft Weisungsrecht vorgenommen werden.

*Beispiele* (88): Ein Arbeiter soll von Halle I in Halle II umgesetzt werden; ein Hilfsarbeiter wird von einer Betriebsabteilung in eine andere übernommen.

Durch die Umsetzung darf jedoch nichts an dem vertraglich festgesetzten Tätigkeitsbereich des Arbeitnehmers geändert werden. Ändert sich mit dem räumlichen Einsatzbereich auch die Tätigkeit des Arbeitnehmers, so ist das Einverständnis des Arbeitnehmers (oder eine Änderungskündigung) erforderlich.

*Beispiel* (88): Ein als Papiermaschinenführer eingestellter Arbeitnehmer (Lohngruppe 1) soll in die Versandabteilung als Kranführer (Lohngruppe 2) umgesetzt werden. Da der räumliche Arbeitsplatzwechsel gleichzeitig mit einer Änderung der geschuldeten Tätigkeit verbunden ist, muß der Arbeitnehmer der Umsetzung zustimmen.

Wegen des Begriffes „Versetzung“ im BetrVG und der Mitwirkung des Betriebsrates vgl. Kap. 5, Tz 255.

### 3.2.1.4. Urlaub

Der Urlaubsanspruch des Arbeitnehmers ergibt sich aus dem Bundesurlaubsgesetz (BUrlG) bzw. für Jugendliche aus dem Jugendarbeitsschutzgesetz (JArbSchG), sofern der Urlaub nicht durch Tarifvertrag, Betriebsvereinbarung oder Arbeitsvertrag geregelt ist.

60 Grundsätzlich hat der Arbeitnehmer in jedem Kalenderjahr Anspruch auf bezahlten Erholungsurlaub (§ 1). Der Anspruch ist unabdingbar, d. h. der Arbeitnehmer darf und kann nicht auf den Urlaub verzichten.

61 **Dauer.** Nach dem BUrlG beträgt die Mindestdauer des Urlaubs für erwachsene Arbeitnehmer 18 Werktage im Jahr (§ 3). Jugendlichen steht nach dem JArbSchG je nach Alter ein Mindesturlaub von 25 bis 30 Werktagen/Jahr zu. Die gesetzlich festgelegte Urlaubsdauer ist unabdingbar. – Schwerbeschädigte erhalten nach dem Schwerbeschädigtengesetz einen zusätzlichen Urlaub von 6 Arbeitstagen im Jahr.

Erkrankt ein Arbeitnehmer während des Urlaubs, so dürfen die nachgewiesenen Tage der Arbeitsunfähigkeit nicht auf den Jahresurlaub angerechnet werden. Das gleiche gilt für Kuren und Schonungszeiten (§§ 9, 10). Krankheitstage sollen jedoch nach herrschender Meinung nur dann nicht auf den Jahresurlaub angerechnet werden, wenn die Arbeitsunfähigkeit den Erholungszweck des Urlaubs vereitelt (was in aller Regel anzunehmen ist, aber nicht immer der Fall sein muß).

62 **Wartezeit.** Voraussetzung für die Inanspruchnahme des vollen Jahresurlaubs ist, daß das Arbeitsverhältnis mit dem Arbeitgeber mindestens 6 Monate (bei Jugendlichen 3 Monate) besteht (§ 4). Die Wartezeit gilt allerdings nur für den ersten Urlaub in einem bestimmten Arbeitsverhältnis; in den nachfolgenden Jahren entsteht der Urlaubsanspruch ohne weitere Wartezeit mit dem Beginn des neuen Urlaubsjahres.

*Beispiel*: Beginn des Arbeitsverhältnisses am 1. 2.; Anspruch auf vollen Jahresurlaub ab 1. 8.

63 **Teilurlaub.** Erfüllt der Arbeitnehmer die Wartezeit im Eintrittsjahr nicht mehr (z. B. wenn das Arbeitsverhältnis am 1. 9. beginnt), so erhält er einen Teilurlaub in Höhe von 1/12 des Jahresurlaubs für jeden vollen Monat (§ 5 Abs. 1 Ziffer a.). Ergeben sich dabei Bruchteile von Urlaubstagen, so sind diese auf volle Urlaubstage aufzurunden, wenn sie mindestens einen halben Tag betragen.

*Beispiel*: Beginn des Arbeitsverhältnisses am 1. 10., Urlaubsanspruch am Jahresende = 3/12 von 18 Werktagen = 4,5 Tage, aufgerundet 5 Tage.

Der Teilurlaub kann auf das nächste Urlaubsjahr übertragen werden.

Teilurlaub ist außerdem zu gewähren, wenn der Arbeitnehmer vor Ablauf der Wartezeit wieder aus dem Arbeitsverhältnis ausscheidet (§ 5 Abs. 1 Ziffer b).

*Beispiel*: Beginn des Arbeitsverhältnisses am 1. 2., Beendigung des Arbeitsverhältnisses am 1. 5.; Teilurlaubsanspruch 3/12 von 18 Werktagen = 4,5 Tage, aufgerundet 5 Werktage.

Das gleiche gilt, wenn der Arbeitnehmer nach im Vorjahr erfüllter Wartezeit in der 1. Hälfte des Urlaubsjahres wieder aus dem Arbeitsverhältnis ausscheidet (§ 5 Abs. 1 Ziffer c).

*Beispiel*: Beginn des Arbeitsverhältnisses am 1. 7., Beendigung des Arbeitsverhältnisses am 1. 4. des darauffolgenden Jahres. Urlaubsanspruch: 6/12 Teilurlaub aus Vorjahr plus 3/12 Teilurlaub aus dem laufenden Jahr.

Verläßt der Arbeitnehmer dagegen den Betrieb erst in der 2. Jahreshälfte, so hat er Anspruch auf den vollen Jahresurlaub.

*Beispiel*: Beginn des Arbeitsverhältnisses am 1. 1., Beendigung am 1. 8. desselben Jahres. Urlaubsanspruch 12/12.

64 **Zeitpunkt.** Bei der zeitlichen Festlegung des Urlaubs sind die Urlaubswünsche des Arbeitnehmers zu berücksichtigen, es sei denn, daß ihrer Berücksichtigung dringende betriebliche Belange oder Urlaubswünsche anderer Arbeitnehmer, die unter sozialen Gesichtspunkten

den Vorrang verdienen, entgegenstehen (§ 7 Abs. 1). Ist ein Betriebsrat vorhanden, steht ihm nach § 87 Abs. 1 Nr. 5 BetrVG ein Mitbestimmungsrecht zu (vgl. Kap. 5, Tz 251).

65 **Übertragbarkeit.** Der Urlaub muß im laufenden Kalenderjahr gewährt und genommen werden, und zwar möglichst zusammenhängend. Eine Übertragung auf das nächste Kalenderjahr ist nur statthaft, wenn dringende betriebliche oder in der Person des Arbeitnehmers liegende Gründe dies rechtfertigen.

66 **Urlaubsentgelt.** Der Arbeitnehmer hat Anspruch auf ein Urlaubsentgelt, dessen Höhe sich nach dem durchschnittlichen Arbeitsverdienst richtet, den der Arbeitnehmer in den letzten 13 Wochen vor dem Beginn des Urlaubs erhalten hat (§ 11). Es ist vor Urlaubsbeginn zu zahlen.

Das Urlaubsentgelt kraft Gesetz ist nicht zu verwechseln mit dem zusätzlichen Urlaubsgeld, das seit einiger Zeit aufgrund tarifvertraglicher Vereinbarungen gezahlt wird.

67 **Abgeltungsverbot.** Der Erholungsurlaub dient dazu, die Arbeitskraft des Arbeitnehmers wieder aufzufrischen. Es ist deshalb verboten, den Urlaub durch eine Abgeltungssumme zu ersetzen. Die Arbeitnehmer haben Anspruch auf eine bezahlte Freizeit. Einzige Ausnahme: Kann der Urlaub wegen Beendigung des Arbeitsverhältnisses ganz oder teilweise nicht mehr gewährt werden, so darf er abgegolten werden (§ 7 Abs. 4). In diesem Falle verwandelt sich der Anspruch auf bezahlte Freizeit in einen Geldanspruch.

68 **Arbeitsverbot.** Weil der Urlaub der Erholung dienen soll, ist es dem Arbeitnehmer auch verboten, während des Urlaubs eine Erwerbstätigkeit auszuüben, die seine Arbeitskraft in Anspruch nimmt und deshalb den Erholungszweck gefährden würde (§ 8). Verstößt der Arbeitnehmer gegen das Tätigkeitsverbot, so kann der Arbeitgeber die Zahlung des Urlaubsentgeltes verweigern bzw. bereits gezahltes Urlaubsentgelt zurückfordern. Das Tätigkeitsverbot gilt selbst dann, wenn der Arbeitnehmer gekündigt und den Urlaub während der Kündigungsfrist genommen hat, also gar nicht die Absicht hat, in das frühere Arbeitsverhältnis zurückzukehren.

**Fragen zu 3.2.1:**

1. Wodurch wird die Art der Arbeitsleistung bestimmt, die der Arbeitnehmer erbringen muß?
2. Welche Rolle spielt dabei das Weisungsrecht des Arbeitgebers? Wo liegen die Grenzen des Weisungsrechtes?
3. In welchen Fällen muß der Arbeitnehmer auf Verlangen des Arbeitgebers auch andersartige Arbeiten übernehmen?
4. Was versteht man unter den Begriffen: Arbeitszeit, Arbeitsbereitschaft, Betriebsbereitschaft, Ruhepausen, Betriebspausen?
5. Kann der Arbeitgeber einseitig die tägliche Arbeitszeit verkürzen oder Feierschichten einlegen? Kann der Arbeitgeber einseitig Beginn und Ende der täglichen Arbeitszeit einschl. der Pausen festlegen?
6. Nennen Sie die wichtigsten Bestimmungen der Arbeitszeitordnung!

7. Was ist unter Mehrarbeit, was ist unter Überstunden zu verstehen?
8. Besteht in allen Fällen, in denen die Arbeitszeitordnung Mehrarbeit zuläßt, auch Arbeitspflicht für den Arbeitnehmer?
9. Nennen Sie die wichtisten Arbeitszeitsehutzbestimmungen für Frauen, Mütter und Jugendliche!
10. Was ist unter Versetzung und Umsetzung zu verstehen?
11. Erläutern Sie folgende Begriffe: Wartezeit, Teilurlaub, Urlaubsentgelt, Abgeltungsverbot, Arbeitsverbot.

### 3.2.2. Lohnzahlungspflicht des Arbeitgebers

#### 3.2.2.1. Form, Höhe, Fälligkeit und Auszahlung des Arbeitslohnes

Der Arbeitspflicht des Arbeitnehmers steht auf Seiten des Arbeitgebers als Hauptpflicht die Lohnzahlungspflicht gegenüber (§ 611 BGB). Der Lohn ist die Gegenleistung des Arbeitgebers für die Arbeit des Arbeitnehmers.

69 **Form.** Unter Lohn ist jede Form der Arbeitsvergütung zu verstehen, also nicht nur der Lohn des Arbeiters, sondern auch Gehalt, Provision, Gewinnbeteiligung usw.

In der Praxis sind folgende Formen der Vergütung anzutreffen (89): Zeitlohn und Gehalt; Leistungslohn (entweder als Akkordlohn oder als Prämienlohn); Provision (z. B. bei kaufmännischen Angestellten im Außendienst); Erfolgsbeteiligung (i. d. R. nur für leitende Angestellte = Tantieme). – Dazu treten: Zuschläge (z. B. für Mehr- und Nachtarbeit, Sonntagsarbeit, Erschwerniszuschläge); Sonderzuwendungen (z. B. Gratifikationen für Dienstjubiläen, zum Jahresabschluß oder zum Weihnachtsfest).

Der Arbeitslohn ist grundsätzlich in Geld auszuzahlen (bar oder durch Überweisung). Ein Naturallohn ist in der gewerblichen Wirtschaft verboten (§ 115 GewO), während er bei land- und forstwirtschaftlichen Arbeitnehmern, bei Hausgehilfen und bei Seeleuten zulässig ist. Allerdings überwiegt auch hier der Geldlohn.

70 **Höhe.** Die Höhe der Vergütung wird vertraglich festgelegt (§ 611 BGB). Sie ergibt sich bei tarifgebundenen Arbeitnehmern aus dem Tarifvertrag (vgl. hierzu Kap. 4, Tz 184 und Tz 188), bei anderen Arbeitnehmern aus dem Arbeitsvertrag. Läßt sich die Höhe der Vergütung weder aus dem Tarifvertrag noch aus dem Arbeitsvertrag ersehen, ist die ortsübliche Vergütung zu zahlen (612 Abs. 2 BGB).

Zu beachten ist, daß die ortsübliche Vergütung für nicht tarifgebundene Arbeitnehmer nicht ohne weiteres dem Tariflohn entspricht. Das ist nur der Fall, wenn der Tarifvertrag für allgemeinverbindlich erklärt wurde (vgl. Kap. 4, Tz 190 ff.).

71 **Fälligkeit.** Fällig wird die Vergütung i. d. R. nach der Leistung der Arbeit (§ 614 BGB), d. h. es gilt der Grundsatz: erst die Arbeit, dann der Lohn. Ist die Vergütung nach Zeitabschnitten bemessen (z. B. bei wöchtenlicher oder monatlicher Lohnzahlung), so ist sie nach Ablauf des Abrechnungszeitraumes fällig (§ 614 Satz 2 BGB).

72 **Auszahlung.** Der Ort, an dem der Arbeitslohn auszuzahlen ist, ergibt sich i. d. R. aus den getroffenen Vereinbarungen. Meistens wird vereinbart, daß der Arbeitgeber dem Arbeitnehmer den Lohn zu überweisen hat (bargeldlose Lohnzahlung). In diesem Falle ist der

Arbeitgeber gehalten, den Lohn auf seine Kosten und Gefahr zu überweisen; er trägt das Risiko, wenn die Überweisung unterwegs steckenbleibt (90). Wird nichts vereinbart, so ist Zahlungsort der Ort, an dem der Betrieb des Arbeitgebers seinen Sitz hat (§ 269 Abs. 2 BGB).

Hinweis: Bei der Festlegung von Zeit, Ort und Art der Auszahlung des Arbeitslohnes hat der Betriebsrat mitzubestimmen (vgl. Kap. 5, Tz 251).

73 **Verjährung.** Lohnansprüche verjähren in 2 Jahren (§ 196 Ziffern 8 und 9 BGB). Die Frist beginnt mit dem Schluß des Kalenderjahres, in dem der Anspruch entstanden ist. Die Verjährungsfrist kann durch Vereinbarung abgekürzt werden (§ 225 BGB); soweit es sich um tarifliche Lohnansprüche handelt, ist eine Abkürzung der Verjährungsfrist nur durch Tarifvertrag möglich (sogen. Ausschlußfristen).

#### 3.2.2.2. Arbeitslohn ohne Arbeitsleistung

Von dem Grundsatz, daß der Lohn erst gezahlt wird, nachdem die Arbeit geleistet worden ist, gibt es einige Ausnahmen. Zu nennen sind insbesondere:

- planmäßige Unterbrechungen der Arbeitszeit: Erholungsurlaub und Feiertage, Betriebsversammlungen;
- unplanmäßige Arbeitsunterbrechungen: sogen. Leistungsstörungen (wenn der Arbeitnehmer arbeiten will, der Arbeitgeber die Arbeitsleistung aber nicht annimmt, oder wenn die Arbeitsleistung unmöglich ist).

##### 3.2.2.2.1. Planmäßige Unterbrechungen der Arbeitszeit

Von Arbeitsunterbrechungen dieser Art werden alle Arbeitsverhältnisse betroffen. Sie liegen im voraus fest.

74 **Urlaub.** Jeder Arbeitnehmer hat in jedem Kalenderjahr Anspruch auf bezahlten Urlaub. Während der Zeit, in der der Arbeitnehmer zu Erholungszwecken beurlaubt ist, entfällt die Pflicht zur Arbeitsleistung; der Lohn wird in voller Höhe weitergezahlt (wegen Einzelheiten vgl. Tz 66).

75 **Feiertage.** Die Lohnfortzahlung an Feiertagen ist durch Bundesgesetz geregelt. Für die Arbeit, die infolge eines gesetzlichen Feiertages ausfällt, hat der Arbeitgeber den Arbeitnehmern den Arbeitsverdienst zu zahlen, den sie ohne den Arbeitsausfall erhalten hätten. Wegen Einzelheiten vgl. Gesetz zur Regelung der Lohnzahlung an Feiertagen von 1951/1975.

76 **Betriebsversammlungen.** In Betrieben, die einen Betriebsrat haben, muß einmal in jedem Kalendervierteljahr vom Betriebsrat eine Betriebsversammlung einberufen werden (§ 43 Abs. 1 BetrVG). Die Betriebsversammlungen finden während der Arbeitszeit statt; die Zeit der Teilnahme an Betriebsversammlungen ist den Arbeitnehmern wie Arbeitszeit zu vergüten (§ 44 BetrVG). Wegen Einzelheiten vgl. Kap. 5, Tz 230 f.

### 3.2.2.2.2. Leistungsstörungen

Unplanmäßige Arbeitsunterbrechungen treten im allgemeinen nur bei einzelnen Arbeitsverhältnissen auf. Die häufigsten Fälle sind:

- Annahmeverzug des Arbeitgebers;
- Unmöglichkeit der Arbeit.

#### 3.2.2.2.2.1. Annahmeverzug des Arbeitgebers

77 **Voraussetzungen.** Der Arbeitgeber gerät in Annahmeverzug, wenn er die vom Arbeitnehmer ordnungsgemäß angebotene Arbeitsleistung nicht annimmt (§ 293 BGB), den Arbeitnehmer also nicht beschäftigt. Im allgemeinen muß die Arbeitsleistung *tatsächlich* angeboten werden, d. h. der Arbeitnehmer muß im Betrieb zur Arbeit erscheinen (§ 294 BGB). Er muß sich zur vereinbarten Zeit an den Arbeitsplatz begeben und versuchen, die nach dem Vertrag geschuldete Arbeit zu verrichten (91). Dazu ist erforderlich, daß er leistungswillig und leistungsfähig ist.

*Beispiele*: Kein Annahmeverzug des Arbeitgebers, wenn der Arbeitnehmer die Arbeitsleistung gar nicht erbringen kann, weil sie ihm unmöglich geworden ist, z. B. durch Inhaftierung (92). Kein Annahmeverzug, wenn der Arbeitnehmer sich verspätet und dem Arbeitgeber nicht zugemutet werden kann, jetzt noch die Arbeitsleistung in Empfang zu nehmen, z. B. im Baugewerbe, wenn zu einem bestimmten Zeitpunkt mit dem Betonieren begonnen werden soll (91).

In vielen Fällen genügt nach § 295 BGB ein *wörtliches* Angebot, wenn der Arbeitgeber erklärt hat, daß er die Arbeitsleistung nicht annehmen werde. Das ist der Fall, wenn der Arbeitgeber das Arbeitsverhältnis fristlos oder auch fristgemäß kündigt unter sofortiger Arbeitsfreistellung. Das wörtliche Angebot kann ausdrücklich erfolgen, es genügt aber auch ein entsprechendes Verhalten des Arbeitnehmers, z. B. wenn der Arbeitnehmer der Kündigung widerspricht, Klage dagegen erhebt usw.

*Beispiel* (92): Ein Arbeitnehmer wird fristlos entlassen. Er wendet sich erst nach 2 Wochen mit einer Feststellungsklage gegen die Kündigung. Er hat für die Zwischenzeit mangels Angebot keinen Lohnanspruch, wohl aber für die Zeit ab Klageerhebung, fall das Arbeitsgericht die Unwirksamkeit der Kündigung feststellt.

Auch hier ist erforderlich, daß der Arbeitnehmer tatsächlich leistungswillig und leistungsfähig ist.

*Beispiel*: Ein Arbeitnehmer, der entlassen wurde, bietet dem früheren Arbeitgeber mehrfach die Arbeit an, ist aber tatsächlich gar nicht fähig zu arbeiten, weil er inzwischen eine neue Stellung angetreten hat. Deshalb kein Annahmeverzug des früheren Arbeitgebers.

Ein wörtliches Angebot genügt ebenfalls (§ 295 BGB), wenn zur Arbeitsleistung eine Handlung des Arbeitgebers erforderlich ist, diese aber unterbleibt, z. B. die Bereitstellung von Arbeitsräumen, Rohstoffen, Werkzeugen, ferner die Gewährleistung der einschlägigen Fürsorge- und Arbeitsschutzbestimmungen (vgl. hierzu auch Tz 104).

Nach der Rechtsprechung kann sogar Annahmeverzug eintreten, ohne daß ein tatsächliches oder wörtliches Angebot erfolgt, wenn der Arbeitgeber einseitig Kurzarbeit einführt; wenn dem Arbeitnehmer mit der außerordentlichen Kündigung Hausverbot erteilt wird; wenn der Arbeitnehmer unter beleidigenden Umständen aus dem Betrieb gejagt wird (93). In diesen Fällen wird die bisherige Arbeitsleistung als ausreichendes Angebot angesehen.

78 **Verschulden des Arbeitgebers.** Worauf der Annahmeverzug zurückzuführen ist, ist ohne Bedeutung. Ein Verschulden auf Seiten des Arbeitgebers ist nicht erforderlich. Der Arbeitgeber gerät also auch in Annahmeverzug, wenn er die Beschäftigung ablehnt, weil er ohne sein Verschulden keine lohnenden Aufträge erhalten hat (94).

79 **Rechtsfolgen.** Ist der Arbeitgeber in Annahmeverzug, so kann der Arbeitnehmer für die infolge des Annahmeverzuges nicht geleisteten Dienste die vereinbarte Vergütung fordern, ohne zur Nacharbeit verpflichtet zu sein (§ 615 BGB). Er muß sich allerdings anrechnen lassen, was er infolge der Nichtarbeit erspart hat (z. B. Fahrgeld) bzw. was er durch anderweitige Verwendung seiner Arbeitskraft erworben hat.

*Fall 5*: Annahmeverzug des Arbeitgebers (95)

E ist schon seit vielen Jahren Empfangschef im Hotel des H. sen. Kurz vor seinem Tod sagt H. sen. dem E zu, daß er künftig unkündbar sein solle. Nach dem Tode des H. sen. übernimmt H. jun. das Hotel. Er kann E nicht leiden und versetzt ihn auf die Stelle des Hausburschen. Hat E einen Anspruch auf das ursprüngliche vereinbarte Gehalt als Empfangschef?

*Lösung:*

H. sen. hat mit E vertraglich vereinbart, daß die ordentliche Kündigung ausgeschlossen sein soll (wegen Kündigung vgl. Tz 137 ff.). Diese Vereinbarung bindet auch H. jun., der durch Erbfolge zum Rechtsnachfolger des H. sen. geworden ist. Eine sogen. Änderungskündigung (vgl. Tz 159 ff.) scheidet mithin aus.

Da der Arbeitsvertrag des E mit H. sen. unverändert fortbesteht, hat E auch nach dem Tode des H. sen. Anspruch auf Beschäftigung als Empfangschef. Gegenstand seines Arbeitsvertrages ist die Arbeit als Empfangschef, nicht als Hausbursche. Ein Notfall, der E vorübergehend zu andersartigen Tätigkeiten verpflichten würde, liegt nicht vor. Solange also E nicht an seiner alten Stelle wieder beschäftigt wird, befindet sich H. jun. ihm gegenüber in Annahmeverzug. Er schuldet E deshalb die ursprünglich vereinbarte Vergütung als Empfangschef. – Voraussetzung ist allerdings, daß E auch tatsächlich bereit und in der Lage ist, jederzeit die Arbeit als Empfangschef auszuüben. Im vorliegenden Falle würde es genügen, um H. jun. in Annahmeverzug zu setzen, wenn E seine Arbeit in gewissen Zeitabständen wörtlich (z. B. telefonisch) anbietet.

### 3.2.2.2.2.2. Unmöglichkeit der Arbeitsleistung

80 **Begriff.** Unmöglichkeit der Arbeit liegt vor, wenn die Arbeitsleistung nicht erbracht werden kann (§ 275 BGB). Dabei ist unerheblich, ob die Arbeit von niemandem (= objektive Unmöglichkeit) oder nur von dem betreffenden Arbeitnehmer (= subjektive Unmöglichkeit) nicht verrichtet werden kann.

Am häufigsten ist, daß die Unmöglichkeit erst *nach Abschluß* des Arbeitsvertrages eintritt (sogen. nachträgliche Unmöglichkeit); hierauf soll im Folgenden weiter eingegangen werden. Denkbar ist aber auch, daß die Unmöglichkeit bereits bei Vertragsabschluß besteht (sogen. ursprüngliche Unmöglichkeit).

*Beispiel*: Ein Arbeitnehmer, der über keine entsprechende Ausbildung verfügt, schließt mit einer Firma einen Anstellungsvertrag als Buchhalter ab (ursprüngliche subjektive Unmöglichkeit).

Der Begriff der Unmöglichkeit ist nicht nur im logisch-naturwissenschaftlichen Sinne zu verstehen (96); danach ist unmöglich nur die Arbeitsleistung, die überhaupt nicht (mehr) erbracht werden kann.

*Beispiel*: Ein Arbeitnehmer wird durch einen Arbeitsunfall dauernd erwerbs- oder berufsunfähig; einem Arbeitgeber wird die Konzession entzogen.

Im Rechtssinne unmöglich ist auch die Arbeitsleistung, der Hindernisse bzw. Schwierigkeiten entgegenstehen (96). Deshalb spielt es keine Rolle, ob die Unmöglichkeit wieder behoben werden kann, denn der Arbeitnehmer schuldet nicht ein bestimmtes Arbeitsergebnis wie der Werkunternehmer (vgl. Tz 10), sondern Arbeit innerhalb einer bestimmten Zeit (97). Wenn der Arbeitnehmer einmal einen Tag nicht arbeiten kann, ist die Arbeit an diesem Tag unmöglich. Eine Nachholung der Arbeit kann nicht verlangt werden, da dem Arbeitnehmer hierfür die Zeit fehlt (98).

81 **Verschulden.** Anders als beim Annahmeverzug ist bei Unmöglichkeit der Leistung stets zu prüfen, wer die Unmöglichkeit zu vertreten hat. Zu vertreten ist grundsätzlich jedes schuldhafte Verhalten.

Verschulden schließt nach § 276 BGB Vorsatz und Fahrlässigkeit ein. Es sind also 2 Verschuldensformen zu unterscheiden. *Vorsätzlich* handelt, wer einen Schaden bewußt herbeiführt (sogen. direkter Vorsatz; in Stichworten: Wissen und Wollen des Schadens). Es genügt aber auch, daß der Schädiger den Schaden zwar nicht wünscht oder gar beabsichtigt, ihn aber für den Fall des Eintritts in Kauf nimmt (sogen. bedingter Vorsatz). In diesem Falle tritt also an die Stelle des Willens ein In-Kauf-Nehmen.

*Beispiel* (99): Ein Dreher fertigt ein mangelhaftes Werkstück an und gibt es in Kenntnis der Mängel weiter. Er handelt vorsätzlich, auch wenn ihm eine Schädigungsabsicht nicht nachgewiesen werden kann.

*Fahrlässig* handelt, wer die im Verkehr erforderliche Sorgfalt außer acht läßt (§ 276 Abs. 1 Satz 2 BGB). Das Gesetz stellt auf ein objektives Maß ab, nicht auf die Person des Schädigers (100). Entscheidend sind also nicht die persönlichen Eigenschaften und Kenntnisse des Einzelnen, sondern das Verhalten, das erforderlich ist, um Schäden abzuwenden. – Nach dem Grad der Fahrlässigkeit unterscheidet man zwischen leichter Fahrlässigkeit („das kann mal vorkommen") und grober Fahrlässigkeit („das darf nicht vorkommen").

*Beispiel* (99): Weiß der Dreher in dem obigen Beispiel von den Mängeln nicht, hat er sie aber durch unsachgemäße Arbeit verursacht oder unterläßt er eine ordnungsgemäße Kontrolle, so liegt je nach dem Grad seines Verschuldens grobe oder leichte Fahrlässigkeit vor.

82 **Rechtsfolgen.** Unmöglichkeit befreit während ihrer Dauer den Arbeitnehmer von der Pflicht zur Arbeitsleistung (§ 275 BGB). Der Lohnanspruch des Arbeitnehmers hängt davon ab, wer die Unmöglichkeit zu vertreten hat:

- Ist die Unmöglichkeit vom *Arbeitgeber* zu vertreten, so behält der Arbeitnehmer seinen Lohnanspruch (§ 324 BGB).

  *Beispiele*: Der Arbeitgeber hat vergessen, dringend benötigte Rohstoffe zu bestellen; im Betrieb bricht ein Brand aus infolge Unaufmerksamkeit des Arbeitgebers oder seines Aufsichtspersonals; das Gewerbeaufsichtsamt verbietet die Arbeit an bestimmten Arbeitsplätzen, weil der Arbeitgeber versäumt hat, für angemessene Arbeitsbedingungen zu sorgen.

  Der Arbeitnehmer muß sich jedoch auf seinen Lohnanspruch anrechnen lassen, was er infolge der Befreiung von der Arbeitspflicht erspart (z. B. Busgeld, Spesen, Schmutzzulage) oder anderweitig erwirbt bzw. zu erwerben böswillig unterläßt (§ 324 Abs. 1 Satz 2 BGB).

- Ist die Unmöglichkeit vom *Arbeitnehmer* zu vertreten, so fällt der Lohnanspruch fort (§ 325 BGB).

  *Beispiele*: Ein Arbeitnehmer erscheint mit Verspätung zur Arbeit, weil er einen Rausch ausschlafen mußte; ein Arbeitnehmer zerstört oder beschädigt durch Unachtsamkeit die ihm anvertrauten Maschinen bzw. Werkzeuge, so daß die Arbeit unmöglich wird.

  Hinweis: Der Arbeitgeber kann in diesem Falle innerhalb einer Frist von 2 Wochen das Arbeitsverhältnis außerordentlich kündigen (bezüglich der Voraussetzungen einer fristlosen Kündigung vgl. Tz 164).

  Er kann außerdem Ersatz des durch die Nichtleistung entstehenden Schadens verlangen, z. B. Ersatz des entgangenen Gewinnes; Ersatz der Mehrvergütungen an die Arbeitnehmer, die durch Überstunden den Ausfall des vertragsbrüchigen Arbeitnehmers ausgleichen; Ersatz der Kosten wegen Stillstandes von Maschinen; Ersatz von Konventionalstrafen des Arbeitgebers wegen nicht rechtzeitiger Lieferung; Ersatz der Inseratskosten und der Vorstellungskosten eines neuen Bewerbers (101). Vgl. hierzu auch Tz 126 ff.

- Ist die Unmöglichkeit *weder* vom Arbeitgeber *noch* vom Arbeitnehmer zu vertreten, so würde nach den Regeln des BGB (§ 323) der Lohnanspruch des Arbeitnehmers entfallen. Es gelten aber *Sonderregelungen* in folgenden Fällen:

  a) bei Arbeitsunfähigkeit des Arbeitnehmers infolge unverschuldeter *Erkrankung* des Arbeitnehmers; entsprechendes gilt für den Fall der Schwangerschaft (vgl. Tz 83–87).
  b) bei *kurzfristiger Arbeitsverhinderung* des Arbeitnehmers infolge unverschuldeter persönlicher Gründe (vgl. Tz 88 und 89).
  c) bei *Betriebsstörungen* (vgl. Tz 90–93).

**Zu a) Arbeitsunfähigkeit des Arbeitnehmers infolge unverschuldeter Erkrankung.**

83 Bei unverschuldeter Erkrankung des Arbeitnehmers hat der Arbeitnehmer einen gesetzlichen Anspruch gegen den Arbeitgeber auf Fortzahlung des vollen Entgelts bis zum Ende der Erkrankung, höchstens jedoch bis zur Dauer von 6 Wochen (= 42 Kalendertagen). Die Bezugsdauer kann tarifvertraglich oder einzelvertraglich verlängert werden.

Keinen Anspruch gegen den Arbeitgeber auf Fortzahlung des Arbeitsentgelts für 6 Wochen haben bestimmte Gruppen von *Arbeitern*, nämlich Arbeiter, deren Arbeitsverhältnis nur für eine bestimmte Zeit (max. für 4 Wochen) begründet ist, ferner Arbeiter, deren regelmäßige Arbeitszeit 10 Std./Woche bzw. 45 Std./Monat nicht übersteigt, schließlich Arbeiterinnen, die Anspruch auf Mutterschaftsgeld gem. § 200 RVO haben (vgl. § 1 Abs. 2 Lohnfortzahlungsgesetz).

Gesetzliche Grundlage für den Anspruch der Arbeitnehmer im Krankheitsfall ist für Angestellte § 616 Abs. 2 BGB, für Arbeiter das Lohnfortzahlungsgesetz von 1969. Für kaufmännische Angestellte ist außerdem § 63 HGB, für gewerbliche Angestellte § 133 c GewO zu nennen.

84 Die Anspruchsvoraussetzungen sind in den genannten Gesetzen im einzelnen festgelegt. Eine der wichtigsten Voraussetzungen ist, daß den Arbeitnehmer kein Verschulden an der Erkrankung trifft.

Unter Verschulden ist in diesem Zusammenhang (abweichend von dem unter Tz 81 erläuterten Verschuldensbegriff) nur sehr große Leichtfertigkeit (und Vorsatz) zu verstehen, d. h. ein ungewöhnlich leichtfertiges oder mutwilliges Verhalten, ein gröblicher

Verstoß gegen das von einem verständigen Menschen im eigenen Interesse zu erwartende Verhalten (102). Es reicht nicht aus, daß der Arbeitnehmer die Krankheit sich selbst zuzuschreiben hat. Der Arbeitgeber ist beweispflichtig.

*Beispiele*: Ein Arbeitnehmer verunglückt mit seinem PKW, weil er betrunken war oder in einer Kurve überholt hat. Hier liegt verschuldete Arbeitsunfähigkeit vor. Hat er sich dagegen eine Grippe geholt, weil er bei kaltem Wetter keinen Mantel angezogen hat, so ist dies kein grobes Verschulden (103). Sportunfälle sind verschuldet, wenn es sich um eine besonders gefährliche Sportart handelt, z. B. Skispringen, Fallschirmspringen, Boxen, Autorennen (anders bei normalen Sportarten! Wann eine besonders gefährliche oder eine normale Sportart vorliegt, soll durch Anhörung von Sachverständigen, anhand von Erfahrungen der Versicherungen, anhand von Unfallstatistiken der Sportverbände u. a. m. festgestellt werden); Betriebsunfälle sind verschuldet, wenn die Unfallverhütungsvorschriften nicht beachtet wurden; grobes Verschulden liegt auch bei Alkoholmißbrauch vor; dagegen wird kein Verschulden angenommen, wenn ein Arbeitnehmer eine Arbeit annimmt, die seine Kräfte übersteigt, und er dadurch arbeitsunfähig wird (104).

**85** Während Angestellte bereits einen Anspruch auf Gehaltsfortzahlung ab vereinbartem Vertragsbeginn haben, auch wenn sie ihre Tätigkeit noch gar nicht begonnen haben, kommt bei Arbeitern als weitere Voraussetzung hinzu, daß sie die Arbeit aufgenommen haben müssen (§ 1 Abs. 1 Satz 1 Lohnfortzahlungsgesetz). Der Beginn der Tätigkeit bestimmt sich dabei nach sozialversicherungsrechtlichen Gesichtspunkten.

*Beispiel* (105): Ein Arbeiter stellt sich in einem Betrieb vor und wird eingestellt. Er soll am nächsten Tag mit der Arbeit beginnen. Noch am gleichen Tag erleidet er einen Verkehrsunfall und wird arbeitsunfähig. Er hat keinen Anspruch auf Lohnfortzahlung, da er die Arbeit noch nicht begonnen hat. – Anders wäre die Lage, wenn er den Verkehrsunfall am Tag des Arbeitsbeginnes auf dem Wege zur Arbeitsstelle erlitten hätte; hier würde die Arbeit als begonnen gelten.

**86** Dauert die Krankheit länger als 6 Wochen, so tritt ab Beginn der 7. Woche die Krankenkasse mit dem Krankengeld ein (das Krankengeld beträgt 80 % des sogen. Regellohnes, vgl. § 182 Abs. 4 RVO). Grundsätzlich besteht der Krankengeldanspruch bereits ab Beginn der Krankheit und neben dem Anspruch gegen den Arbeitgeber; er ruht aber, wenn und solange der Arbeitnehmer Arbeitsentgelt vom Arbeitgeber erhält (§ 189 RVO). Weigert sich der Arbeitgeber, das Entgelt fortzuzahlen, ist die Krankenkasse vorleistungspflichtig. Der Anspruch des Arbeitnehmers gegen den Arbeitgeber geht dann in Höhe des gezahlten Krankengeldes auf die Krankenkasse über; der Arbeitnehmer kann vom Arbeitgeber nur noch die Differenz zwischen Krankengeld und Arbeitslohn verlangen.

Der Anspruch auf Fortzahlung des Arbeitsentgelts gegen den Arbeitgeber erlischt, wenn das Arbeitsverhältnis vor Ablauf der 6 Wochen beendet wird. Einzige Ausnahme: Wenn das Arbeitsverhältnis vom Arbeitgeber aus Anlaß der Krankheit gekündigt wird, besteht Lohnzahlungspflicht für volle 6 Wochen (§ 6 LFG).

**87** Eine noch weiter gehende Regelung der Lohn- bzw. Gehaltsfortzahlung besteht für den Fall der Arbeitsunfähigkeit infolge Schwangerschaft bzw. Mutterschaft. Schwangere dürfen in den letzten 6 Wochen vor der erwarteten Entbindung nicht beschäftigt werden (§ 3 Abs. 2 MuSchG); Wöchnerinnen dürfen bis zum Ablauf von 8 Wochen nach der Entbindung nicht beschäftigt werden (§ 6 Abs. 2 MuSchG). Den dadurch entstehenden

Lohnausfall ersetzt die Krankenkasse, aber nur bis zu 25,– DM/Kalendertag (§ 200 Abs. 2 RVO). Für den Fall, daß dieser Betrag unter dem Nettolohn bleibt, den die Arbeitnehmerin in den letzten 3 Monaten durchschnittlich verdiente, muß der Arbeitgeber die Differenz durch einen Zuschuß ausgleichen (§ 14 MuSchG).

*Fall 6*: Lohnanspruch des Arbeitnehmers im Krankheitsfall (106)

Arbeiter A betreibt in seiner Freizeit den Moto-Cross-Sport. Dabei wird er durch eigenes Verschulden so schwer verletzt, daß er nach ärztlichem Urteil mindestens ein Jahr lang arbeitsunfähig sein wird. A wird deshalb von seinem Arbeitgeber fristlos entlassen; die Fortzahlung des Lohnes wird verweigert. Hat A einen Lohnanspruch für 6 Wochen gegen seinen Arbeitgeber? Kann er von der Krankenkasse Krankengeld verlangen?

*Lösung:*

Zunächst ist zu prüfen, ob A Ansprüche gegen seinen Arbeitgeber aus dem Lohnfortzahlungsgesetz (LFG) geltend machen kann. Gemäß § 1 LFG behält A seinen Lohnanspruch für 6 Wochen, wenn ihn an der Arbeitsunfähigkeit kein Verschulden trifft, wobei unter Verschulden im Sinne von § 1 LFG grobe Fahrlässigkeit (und/oder Vorsatz) zu verstehen ist. Keine Rolle spielt in diesem Zusammenhang, daß der Arbeitgeber das Arbeitsverhältnis aus Anlaß der Arbeitsunfähigkeit gekündigt hat; der Anspruch auf Lohnfortzahlung bleibt hiervon unberührt (§ 6 LFG). Der Anspruch des A hängt also nur davon ab, ob die Teilnahme am Moto-Cross als grobes Verschulden anzusehen ist. Im allgemeinen wird die Ausübung gefährlicher Sportarten als grobe Fahrlässigkeit angesehen. Faßt man Moto-Cross-Rennen als gefährliche Sportart auf, so hat A grob fahrlässig gehandelt. Er hat dann keinen Lohnanspruch gegen seinen Arbeitgeber aus § 1 LFG.

Als nächstes ist zu untersuchen, ob A Ansprüche gegen die für ihn zuständige Krankenkasse auf Zahlung von Krankengeld hat gem. §§ 182 ff. RVO. Hier kommt es auf die Gefahren des Moto-Cross nicht an; denn nach § 192 Abs. 1 RVO kann die Krankenkasse das Krankengeld nur versagen, wenn sich der Versicherte die Krankheit vorsätzlich zugezogen hat. Auch die fristlose Entlassung ist unerheblich (§ 214 RVO). Das bedeutet, daß A einen Anspruch auf Zahlung von Krankengeld gegen die Krankenkasse hat für maximal 78 Wochen.

### Zu b) Kurzfristige Arbeitsverhinderung des Arbeitnehmers infolge unverschuldeter persönlicher Gründe.

88 Neben Krankheit bzw. Arbeitsunfähigkeit können auch noch andere persönliche Gründe die Arbeitsleistung für den Arbeitnehmer (nachträglich) unmöglich machen, ohne daß ihn oder den Arbeitgeber daran ein Verschulden trifft.

*Beispiele* (107): Außerordentliche Vorkommnisse in der Familie des Arbeitnehmers (Todesfälle, Begräbnisse, Geburten); schwerwiegende Erkrankung eines nahen Angehörigen; Umzug; Einberufung zum Laienrichteramt; Ladung zu Behörden, zu gerichtlichen Terminen; Ausübung politischer oder religiöser Pflichten (Tätigkeit als Mitglied des Gemeinderates, Teilnahme an einer Prozession); Auftritt als Zeuge; Ablegung von Prüfungen; aber auch Umstände, durch die gerade dem einzelnen Arbeitnehmer die Arbeit unmöglich wird (Ausfall einer Straßenbahn).

In diesen Fällen behält der Arbeitnehmer trotzdem den Anspruch auf die volle Arbeitsvergütung (§ 616 Abs. 1 BGB). Zu beachten ist: es muß sich um subjektive Leistungshindernisse handeln, die in der Person des Arbeitnehmers bzw. in seinen persönlichen Verhältnissen bedingt sind, siehe oben (bei objektiven Leistungsstörungen vgl. Tz 90); den Arbeitnehmer darf kein Verschulden an der Arbeitsverhinderung treffen; die Arbeitsverhinderung darf nicht von erheblicher Dauer sein, anderenfalls entfällt auch der Vergütungsanspruch für die unerhebliche Zeit.

Welche Zeit als verhältnismäßig nicht erheblich anzusehen ist, muß unter Berücksichtigung der Umstände des Einzelfalles entschieden werden. Maßgebend sind: die Dauer der Verhinderung im Verhältnis zur Gesamtdauer des Arbeitsverhältnisses, ferner die für den Verhinderungsgrund maßgebende Zeit (108). Faustregel: unerhebliche Zeit bei Beschäftigung bis zu 6 Monaten: bis zu 3 Tagen; bis zu 12 Monaten: bis zu 1 Woche; länger als 1 Jahr: bis zu 2 Wochen.

**89** Der Anspruch auf Fortzahlung der Vergütung gem. § 616 Abs. 1 BGB kann durch Einzelvertrag oder Tarifvertrag erweitert, aber auch eingeschränkt und sogar ausgeschlossen werden. Von dieser Möglichkeit der Einschränkung wird häufig Gebrauch gemacht, indem z. B. vereinbart wird, daß nur die tatsächlich geleistete Arbeit bezahlt wird, oder indem im Vertrag die Tatbestände aufgezählt werden, bei denen eine bezahlte Freistellung erfolgen muß. (In sonstigen, nicht aufgeführten Fällen ist dann eine Vergütung ausgeschlossen.)

*Fall 7*: Kurzfristige Arbeitsverhinderung des Arbeitnehmers aus persönlichen Gründen

A ist bereits seit mehreren Jahren bei B beschäftigt. Eines Tages erhält A eine Vorladung der Polizei; er soll als Zeuge vernommen werden. B weigert sich, A den Lohn für diesen Tag zu zahlen. – Der für A und B verbindliche Tarifvertrag sieht vor, daß ein Verdienstausfall in folgenden Fällen vom Arbeitgeber zu zahlen ist: bei eigener Eheschließung (für 2 Tage); bei Niederkunft der Ehefrau (für 2 Tage); bei Tod eines nahen Angehörigen (für 1 Tag).

*Lösung:*

Grundsätzlich hat A einen Anspruch auf Lohnfortzahlung gem. § 616 Abs. 1 BGB: Die Arbeitsverhinderung ist in der Person des A bedingt (persönliches Erscheinen vor der Polizei erforderlich); die Arbeitsverhinderung ist von A nicht verschuldet worden (Zeugenaussage); die Verhinderung ist – gemessen an der Gesamtdauer des Arbeitsverhältnisses von mehreren Jahren – von nicht erheblicher Dauer.

Im vorliegenden Fall ist aber der Anspruch aus § 616 Abs. 1 BGB durch Tarifvertrag eingeschränkt (was zulässig ist). B muß nur die im Tarifvertrag genannten Ausfallzeiten bezahlen. Eine Vorladung bei der Polizei fällt nicht unter die im Tarifvertrag aufgezählten Tatbestände. A hat deshalb keinen Anspruch gegen B.

## Zu c) Betriebsstörungen.

**90** Betriebsstörungen liegen vor, wenn durch äußere Einflüsse der Betriebsablauf unterbrochen und dadurch die Arbeitsleistung für den Arbeitnehmer unmöglich wird. Betriebsstörungen zwingen dazu, die Produktion vorübergehend einzuschränken oder gar ganz einzustellen. Die Ursachen der Störung liegen weder in der Person des Arbeitnehmers noch in der Person des Arbeitgebers, sondern im Betrieb selbst. Es sind unvorhersehbare, plötzlich auftretende Störungen, gegen die eine Vorsorge kaum möglich ist. Auch trifft weder den Arbeitgeber noch den Arbeitnehmer ein Verschulden an der Betriebsstörung.

*Beispiele* (109): Unterbrechung der Strom- oder Gasversorgung; Energiemangel; Brand; Maschinenbruch; Ausfall des Kesselhauses; Überschwemmung; Sturmschäden; Blitzschlag; übermäßiger Frost; Schlechtwetter (bei Außenarbeiten); Erkrankung eines unentbehrlichen und unersetzlichen Mitarbeiters; Teilstreik; Betriebsstillegung wegen Landestrauer.

Das sich aus den Betriebsstörungen ergebende Risiko wird als Betriebsrisiko bezeichnet. Die Rechtsprechung hat für diese Fälle eine eigene arbeitsrechtliche Lösung zur Verteilung des Betriebsrisikos entwickelt: die sogen. *Sphärentheorie*. Danach soll den Schaden, der bei einer Betriebsstörung entsteht, derjenige tragen, in dessen Sphäre er entstanden ist (110).

Würde man bei Betriebsstörungen die Regeln des BGB anwenden, so käme man zu einander widersprechenden Ergebnissen: Fällt z. B. eine Maschine wegen Maschinenschadens aus, so kann dieser Tatbestand als Annahmeverzug des Arbeitgebers (Folge: Arbeitnehmer behält Lohnanspruch, § 615 BGB), aber auch als von niemandem zu vertretende Unmöglichkeit der Arbeit aufgefaßt werden (Folge: Arbeitnehmer verliert Lohnanspruch, § 323 BGB). Eine befriedigende Lösung kann hier also anhand der Vorschriften des BGB nicht gefunden werden.

**91** Nach der Sphärentheorie trägt grundsätzlich der *Arbeitgeber* das Betriebsrisiko, d. h. er muß bei Betriebsstörungen den vollen Lohn weiterzahlen. Betriebsstörungen fallen im allgemeinen in seine Rechtssphäre, er organisiert den Betrieb, ihm fällt der Gewinn zu (111).

**92** Ist jedoch die Betriebsstörung auf das *Verhalten der Arbeitnehmer* zurückzuführen, z. B. auf einen Streik im Inland, so entfällt der Lohnanspruch. Dabei spielt es keine Rolle, ob es sich um einen Streik der Arbeitnehmer des eigenen Betriebes oder um einen Streik der Arbeitnehmer eines anderen Betriebes handelt. Unerheblich ist auch, ob es sich um einen legitimen oder um einen illegitimen Streik handelt (vgl. hierzu Kap. 4, Tz 206) und ob die betroffenen Arbeitnehmer einer Gewerkschaft angehören oder nicht.

*Beispiel*: In einem Industriebetrieb fällt die Stromversorgung aus, weil die Arbeitnehmer des Elektrizitätswerkes streiken. Die Arbeitnehmer des Industriebetriebes haben in diesem Fall keinen Lohnanspruch.

Entsprechendes gilt, wenn das sonstige Verhalten der Arbeitnehmer die Betriebsstörung verursacht.

*Beispiele*: passive Resistenz der Arbeitnehmer; Drohung mit Gewalttätigkeiten durch die Arbeitnehmer (112); Arbeiter verweigern berechtigt verlangte Überstunden mit der Folge, daß die nachfolgende Schicht nicht arbeiten kann (113).

Zur Begründung wird in diesen Fällen auf die Solidarität der Arbeitnehmer hingewiesen (112).

**93** Eine weitere Ausnahme gilt, wenn die Weiterzahlung der vollen Vergütung bei Betriebsstörungen nachweisbar den *Bestand des Unternehmens* gefährden würde. Dann müssen die Arbeitnehmer eine Kürzung und notfalls den völligen Fortfall des Lohnes hinnehmen, um den Betrieb als Grundlage der gemeinsamen Zusammenarbeit zu erhalten (112). In diesem Falle muß dann die Arbeitslosenversicherung einspringen, um den Lebensunterhalt der Arbeitnehmer sicherzustellen.

Die obigen Grundsätze über die Verteilung des Betriebsrisikos sind nicht zwingender Natur, sondern können von den Parteien abgeändert werden. Von dieser Möglichkeit ist z. B. im Baugewerbe Gebrauch gemacht worden, wo durch Tarifvertrag eine Schlechtwettergeld-Regelung eingeführt wurde (neben der Zahlung von Schlechtwettergeld nach §§ 83–89 Arbeitsförderungsgesetz AFG).

*Fall 8*: Betriebsstörungen (114)

A ist als Arbeiter bei der Brotfabrik B beschäftigt, die ihre Backöfen mit Gas betreibt. Infolge eines von der Gewerkschaft durchgeführten Streiks der Arbeitnehmer der städtischen Gaswerke war der Gasdruck 3 Wochen lang so niedrig, daß die Brotfabrik ihre Produktion vorübergehend einstellen mußte und die Arbeiter, darunter auch A, nicht beschäftigen konnte. Für diese Zeit lehnt B eine Lohnzahlung ab. A hat sich während des Streiks wie üblich bei B zur Arbeit eingefunden, ist aber von der Betriebsleitung jedesmal nach Hause geschickt worden.

Hat A einen Lohnanspruch für die 3 Wochen?

*Lösung:*

Die Vorschriften des § 323 BGB (nachträgliche Unmöglichkeit, weder vom Arbeitgeber noch vom Arbeitnehmer zu vertreten) oder des § 615 BGB (Annahmeverzug des Arbeitgebers) sind hier nicht anwendbar. Nach § 323 würde die Lohnzahlungspflicht des Arbeitgebers entfallen; nach § 615 müßte der Arbeitgeber in jedem Falle, auch wenn der Grund nicht bei ihm, sondern im Betrieb liegt, zahlen.

Nicht genügender Gasdruck und dadurch bedingte Einstellung der Produktion ist ein typisches Betriebsrisiko. Nach herrschender Lehre sind in diesem Falle nicht die Regeln des BGB anzuwenden, sondern eigene arbeitsrechtliche Überlegungen („Sphärentheorie").

Danach trägt das Betriebsrisiko grundsätzlich der Arbeitgeber. Falls nichts anderes vereinbart ist, hat er den Lohn weiterzuzahlen.

Das gilt aber nicht, wenn die Betriebsstörung auf das Verhalten der Arbeitnehmer selbst zurückzuführen ist. Dies ist bei der durch Streik verursachten Stillegung des Betriebes von B der Fall. Dabei ist es gleichgültig, daß die Betriebsstörung nicht durch einen Streik im eigenen Betrieb verursache wurde, sondern durch einen Streik der Arbeitnehmer eines anderen Betriebes.

B braucht also den Lohn für die 3 Wochen nicht zu zahlen.

### 3.2.2.3. Sicherung des Lohnes

#### 3.2.2.3.1. Schutz vor Lohnpfändung

Nach geltendem Recht kann ein Gläubiger wegen einer ausstehenden Forderung die Pfändung betreiben. Voraussetzung hierfür ist ein vollstreckbarer Titel (z. B. ein rechtskräftiges Urteil). Gepfändet werden können u. a. Zahlungsansprüche, also auch Lohnansprüche. Bei einer Lohnpfändung sind jedoch einige Besonderheiten zu beachten, die in den §§ 850 a–850 i ZPO niedergelegt sind. Diese Bestimmungen sollen verhindern, daß das Einkommen des Arbeitnehmers bei einer Lohnpfändung so stark geschmälert wird, daß für ihn selbst zur Bestreitung des notwendigen Lebensunterhalts nichts mehr übrig bleibt.

94 Pfändbar sind grundsätzlich *alle in Geld zahlbaren Vergütungen*, die dem Arbeitnehmer zustehen, nach Abzug der Steuern und der Sozialversicherungsbeiträge.

Nach den Vorschriften der §§ 850 a ff. ZPO ist zu unterscheiden zwischen Unterhaltsansprüchen, die von Verwandten, Ehegatten, früheren Ehegatten oder von der Mutter eines nicht ehelichen Kindes gegen den Arbeitnehmer geltend gemacht werden, und sonstigen Ansprüchen gegen den Arbeitnehmer.

95 **Unterhaltsansprüche von Verwandten etc.** Hier ist das gesamte Netto-Arbeitseinkommen des Arbeitnehmers pfändbar (§ 850 d). Dem Arbeitnehmer ist so viel zu belassen, wie er für seinen notwendigen Unterhalt benötigt. Die Höhe dieses Betrages setzt das Vollstreckungsgericht fest. Zum Einkommen rechnen in diesem Falle auch die Hälfte der Vergütungen für Mehrarbeit, zusätzliche Urlaubsgelder und Weihnachtsgratifikationen; sie sind zu 50 % pfändbar.

96 **Sonstige Ansprüche.** Hier sind vom Nettoeinkommen zunächst gewisse unpfändbare Bezüge abzuziehen, z. B. die Hälfte der Mehrarbeitsvergütung, ein evtl. zusätzliches Urlaubsgeld, ferner Aufwandsentschädigungen, Trennungsgelder, Weihnachtsgratifikationen (bis max. 195,– DM), Heirats- und Geburtsbeihilfen usw. (§ 850 a). Ferner sind die unpfändbaren Beträge abzuziehen, bei ledigen Arbeitnehmern z. Zt. 338 DM/Monat bzw. 78 DM/Woche, bei unterhaltspflichtigen Arbeitnehmern je nach Zahl der Unterhaltsberechtigten bis zu 832 DM/Monat bzw. 192 DM/Woche (§ 850 c). Erst das sich dann ergebende Einkommen ist pfändbar, wobei der pfändbare Betrag sich aus einer dem Gesetz beigegebenen Tabelle ergibt. Die Tabelle stellt darauf ab, wieviele Unterhaltsberechtigte vorhanden sind.

*Beispiel*: Bei einem Nettolohn von monatlich 1.200,– sind bei einem ledigen Arbeitnehmer 603,– pfändbar, bei einem verheirateten Arbeitnehmer mit 2 Kindern nur 165,–.

### 3.2.2.3.2. Schutz bei Konkurs des Arbeitgebers

97 **Konkursordnung.** Auch bei Konkurs des Arbeitgebers wird der Lohnanspruch des Arbeitnehmers durch entsprechende Bestimmungen abgesichert. Nach neuerem Recht sind zu unterscheiden.

- Lohn- und Gehaltsansprüche der Arbeitnehmer für die *letzten 6 Monate vor Eröffnung* des Konkursverfahrens. Diese Ansprüche zählen seit dem 20. 7. 74 zu den sogen. Masseschulden, die vorweg vor allen anderen Forderungen zu befriedigen sind (§ 59 Abs. 1 Ziffer 3 KO). In diese Gruppe fallen auch die Vergütungen für Auszubildende, die Entschädigung aus einer Wettbewerbsabrede (vgl. Tz 170), die Ansprüche auf Leistungen aus einer betrieblichen Altersversorgung (jeweils für die letzten 6 Monate).
- Lohn- und Gehaltsansprüche der Arbeitnehmer für die Zeit *nach Eröffnung* des Konkursverfahrens, wenn also der Konkursverwalter das Arbeitsverhältnis fortsetzt. Die dann entstehenden Lohnforderungen sind ebenfalls Masseschulden und vor allen anderen Konkursforderungen zu befriedigen (§ 59 Abs. 1 Ziffer 1 KO).
- Lohn- und Gehaltsansprüche der Arbeitnehmer für das *letzte Jahr vor Eröffnung* des Konkurses. Diese Ansprüche gelten, soweit sie nicht Masseschulden sind (vgl. oben), als sogen. bevorrechtigte Konkursforderungen (§ 61 KO). Sie sind an erster Stelle, noch vor den Forderungen der Staatskasse wegen rückständiger Steuern, aus der Konkursmasse zu befriedigen, die nach Abzug der Masseschulden und der Massekosten verbleibt.

98 **Konkursausfallgeld.** Außerdem hat der Arbeitnehmer neuerdings bei Eröffnung des Konkursverfahrens über das Vermögen des Arbeitgebers einen Anspruch auf ein sogen. Konkursausfallgeld gegen das Arbeitsamt (§ 141 a AFG). Dieser Anspruch dürfte in der Praxis größere Bedeutung erlangen als die Sonderregelungen der KO, insbesondere dann, wenn die Konkursmasse zur Befriedigung der rückständigen Lohnforderungen nicht ausreicht.

Der Anspruch erstreckt sich auf ein Ausfallgeld in Höhe der rückständigen Lohn- und Gehaltsansprüche der letzten 3 Monate des Arbeitsverhältnisses, die der Eröffnung des Konkursverfahrens vorausgehen. (Ist das Arbeitsverhältnis bereits vor Eröffnung des Konkursverfahrens beendet worden, so wird also Konkursausfallgeld für volle 3 Monate vor

Beendigung des Arbeitsverhältnisses gezahlt, auch wenn diese 3 Monate länger als 3 Monate vor Eröffnung des Konkursverfahrens liegen). Für noch länger zurückliegende Lohnforderungen ist der Arbeitnehmer auf den Arbeitgeber angewiesen. Das Konkursausfallgeld wird in Höhe des Nettolohnes ausgezahlt, und zwar vom Arbeitsamt (außerdem werden die rückständigen Beiträge zur Sozialversicherung abgedeckt). Mit der Antragstellung beim Arbeitsamt gehen alle Ansprüche auf Arbeitsentgelt gegen den Arbeitgeber für die letzten 3 Monate auf die Bundesanstalt für Arbeit über.

**Fragen zu 3.2.2:**

1. Wann ist die Arbeitsvergütung fällig?
2. Wann verjähren Lohnansprüche?
3. Welche Ausnahmen gibt es von dem Grundsatz, daß der Arbeitslohn erst gezahlt wird, nachdem die Arbeit geleistet worden ist?
4. Was ist unter Leistungsstörungen zu verstehen?
5. Wie ist die Lohnzahlungspflicht des Arbeitgebers geregelt
   a) bei Annahmeverzug des Arbeitgebers?
   b) bei (nachträglicher) Unmöglichkeit der Arbeit?
6. Wann ist Annahmeverzug des Arbeitgebers gegeben? Spielt dabei die Verschuldensfrage eine Rolle?
7. Was ist unter Unmöglichkeit der Arbeit zu verstehen? Inwieweit ist hier die Verschuldensfrage von Bedeutung?
8. Was bedeutet Verschulden i. S. von § 276 BGB?
9. Erläutern Sie die Begriffe: direkter Vorsatz, bedingter Vorsatz, grobe Fahrlässigkeit, leichte Fahrlässigkeit.
10. Welche Regelungen gelten, wenn die Unmöglichkeit der Arbeit weder vom Arbeitgeber noch vom Arbeitnehmer zu vertreten ist?
11. Wie ist der Lohnanspruch des Arbeitnehmers bei unverschuldeter Erkrankung geregelt?
12. Welche Voraussetzungen müssen erfüllt sein, wenn der Arbeitnehmer einen Anspruch aus § 616 Abs. 1 BGB geltend machen will?
13. Wann liegt eine Betriebsstörung vor?
14. Was besagt die Sphärentheorie? Weshalb ist die Sphärentheorie entwickelt worden?
15. Welche Bestimmungen bestehen
    a) zum Schutz des Arbeitnehmers vor Lohnpfändung?
    b) zum Schutz des Arbeitnehmers bei Konkurs des Arbeitgebers?

### 3.2.3. Nebenpflichten

Wie bei anderen Schuldverhältnissen besteht auch beim Arbeitsverhältnis eine allgemeine gegenseitige Sorgfaltspflicht: Beide Vertragsparteien sind verpflichtet, die Interessen des anderen Partners über die Erfüllung der Hauptpflichten hinaus nach besten Kräften zu fördern. Man spricht in diesem Zusammenhang von Treuepflicht und Fürsorgepflicht, wobei der Arbeitnehmer als Träger der Treuepflicht und der Arbeitgeber als Träger der Fürsorgepflicht angesehen wird.

Die Treue- und Fürsorgepflichten können sich aus den vertraglichen Abmachungen der Parteien oder aus besonderen gesetzlichen Vorschriften ergeben (vgl. unten); zumeist beruhen sie jedoch auf dem Grundsatz von Treu und Glauben, wie er in § 242 BGB niedergelegt ist. Danach ist der Schuldner verpflichtet, die Leistung so zu bewirken, wie Treu und Glauben mit Rücksicht auf die Verkehrssitte es erfordern.

#### 3.2.3.1. Treuepflicht des Arbeitnehmers

99 **Begriff.** Allgemein erfordert die Treuepflicht, daß der Arbeitnehmer sich so gut er kann für die Entwicklung des Betriebes einsetzt und alles unterläßt, was sich für den Betrieb schädigend auswirken könnte (115). Die Treuepflicht umfaßt mithin Handlungs- und Unterlassungspflichten. Die Treuepflicht hindert den Arbeitnehmer aber nicht, seine eigenen Interessen mit den gesetzlich zulässigen Mitteln zu fördern, auch auf Kosten des Arbeitgebers (115).

*Beispiele*: Ein Arbeitnehmer fordert eine Lohnerhöhung und versucht dies durch Androhung der Kündigung durchzusetzen; er tut sich mit seinen Arbeitskollegen zur Erreichung bestimmter Ziele zusammen; er tritt einer Gewerkschaft bei.

100 Pflichten des Arbeitnehmers im einzelnen:

*Unterlassungspflichten.* Der Arbeitnehmer hat alles zu unterlassen, was den Betriebsablauf stören könnte, z. B. Hänseleien, Streitereien. Politische Gespräche am Arbeitsplatz sind zulässig, es darf aber dadurch nicht zu Differenzen zwischen den Arbeitnehmern und damit zu einer Störung des Betriebsablaufes kommen; insoweit wird das Grundrecht der freien Meinungsäußerung gem. Art. 5 GG durch die vertragliche Treuepflicht eingeschränkt (116). Parteipolitische Propaganda im Betrieb ist unzulässig; hingegen ist der Gewerkschaft eine Werbung für ihre Organisation im Betrieb erlaubt (117).

Die Unterlassungspflichten sind nicht auf den Bereich des Arbeitsplatzes beschränkt. Auch außerhalb des Betriebes darf der Arbeitnehmer Dritten gegenüber keine Mitteilungen machen, die den Ruf des Unternehmers oder des Arbeitgebers schädigen könnten (118), gleichgültig, ob es sich dabei um wahre oder unrichtige Tatsachen handelt (115). Das bedeutet nicht, daß der Arbeitnehmer strafbare Handlungen oder andere Mißstände (z. B. Verstoß gegen Arbeitsschutzvorschriften) nicht anzeigen darf, sofern dies begründet ist (118).

Bestimmte Bereiche der Unterlassungspflicht sind konkret durch Gesetz geregelt. Es sind dies: die Verschwiegenheitspflicht in Bezug auf geschäftliche und betriebliche Geheimnisse (§ 17 UWG); das Verbot, Schmiergelder anzunehmen (§ 12 UWG); das Verbot (für kaufmännische Angestellte), während des Arbeitsverhältnisses in Wettbewerb zum Arbeitgeber zu treten (§§ 60, 76 HGB; wegen des Wettbewerbsverbotes nach Beendigung des Arbeitsverhältnisses vgl. Tz 170).

*Handlungspflichten.* Sie sind gegenüber den Unterlassungspflichten von geringerer Bedeutung. Zu nennen ist vor allem die Pflicht des Arbeitnehmers, drohende oder bereits eingetretene Maschinenschäden, Material- und Werkzeugfehler usw. abzustellen oder zu melden. Schäden, die von Arbeitskollegen verursacht werden, z. B. kleinere Diebstähle, sind im allgemeinen nicht meldepflichtig. Meldepflicht besteht hier nur für Aufsichtspersonen, ferner in den Fällen (für alle Arbeitnehmer), wo ein unverhältnismäßig hoher Schaden droht oder Wiederholungsgefahr besteht (119).

Zu den Handlungspflichten gehört ferner die Pflicht des Arbeitnehmers zur Ableistung von Mehrarbeitsstunden bei dringenden Arbeiten (vgl. hierzu Tz 56). Darüber hinaus ist der Arbeitnehmer in Notfällen aufgrund seiner Treuepflicht verpflichtet, vorübergehend auch andere Tätigkeiten zu übernehmen, wenn dies zur Abwendung von Schäden notwendig ist (vgl. Tz 48).

101 **Umfang.** Der Umfang der Treuepflicht ist unterschiedlich, je nach der Stellung des Arbeitnehmers im Betrieb, nach der Art der Tätigkeit und nach der Dauer der Betriebszugehörigkeit. Sie ist bei Führungskräften, die einen besseren Überblick über den Betrieb haben und das besondere Vertrauen des Arbeitgebers besitzen, größer als bei den übrigen Angestellten und Arbeitern (120). Sie umfaßt bei kaufmännischen Angestellten andere, weitergehende Pflichten als bei gewerblichen Arbeitern (121). Für Arbeitnehmer, die bereits längere Zeit dem Betrieb angehören, bestehen stärkere Treuepflichten als bei Aushilfs- und Eintagesarbeitskräften (121).

102 **Verletzung der Treuepflicht.** Verletzt der Arbeitnehmer die ihm obliegende Treuepflicht, so wird er schadensersatzpflichtig, sofern ihm ein Verschulden nachgewiesen werden kann (vgl. hierzu Tz 126). Der Arbeitgeber kann außerdem das Arbeitsverhältnis kündigen, in besonders schweren Fällen sogar fristlos (vgl. hierzu Tz 146 ff. und Tz 163 ff.).

*Fall 9*: Treuepflicht des Arbeitnehmers (122)

L ist Leiter der Zweigstelle einer Sparkasse in einer kleinen Stadt. In seiner Freizeit betätigt er sich aktiv für die FKK-Bewegung. Die Gegner der FKK-Bewegung, die in der Stadt von großem Einfluß sind, beginnen die Sparkasse zu meiden; es entsteht nachweislich ein nicht unerheblicher Rückgang der Geschäfte der Sparkasse.

L wird von der Geschäftsleitung aufgefordert, seine öffentliche Werbung für die FKK-Bewegung unverzüglich einzustellen. Muß er dieser Aufforderung Folge leisten?

*Lösung:*

Grundsätzlich ist es nicht Sache des Arbeitgebers, Einfluß auf die private Betätigung seiner Arbeitnehmer zu nehmen (vgl. Art. 2 GG). Insoweit ist es Privatsache des L, wenn er sich in seiner Freizeit aktiv für die FKK-Bewegung einsetzt.

Im vorliegenden Fall trifft L allerdings eine besondere, gesteigerte Treuepflicht gegenüber seiner Arbeitgeberin. Das ergibt sich aus seiner exponierten Stellung bzw. aus seiner Tätigkeit als Filialleiter (anders, wenn L Lehrling in der Sparkasse wäre). Insbesondere sein Auftreten in der Öffentlichkeit darf nicht dazu führen, daß die Geschäfte der Sparkasse beeinträchtigt werden. L ist deshalb verpflichtet, dem Verlangen der Sparkasse zu folgen. Er muß die sich daraus ergebende Einschränkung seiner privaten Betätigung hinnehmen. Stellt L seine Werbetätigkeit für die FKK-Bewegung nicht ein, so kann die Sparkasse das Arbeitsverhältnis mit ihm fristgemäß kündigen. Ob auch Schadensersatzansprüche möglich sind, bleibe hier dahingestellt (vgl. diesbezüglich Tz 107–109).

### 3.2.3.2. Fürsorgepflicht des Arbeitgebers

Der Treuepflicht des Arbeitnehmers entspricht die Fürsorgepflicht des Arbeitgebers.

103 **Begriff.** Die Fürsorgepflicht verlangt vom Arbeitgeber, auf die Belange der Arbeitnehmer Rücksicht zu nehmen. Sie zwingt den Arbeitgeber, auf das Wohl seiner Arbeitnehmer zu

achten (123). Aber auch die Fürsorgepflicht geht nicht so weit, daß deshalb die berechtigten Interessen des Betriebes zurückstehen müssen, wenn sie mit den gesetzlich zulässigen Mitteln wahrgenommen werden können.

*Beispiele*: Ein Betrieb kann Rationalisierungsmaßnahmen durchführen, auch wenn dadurch Entlassungen notwendig werden; es kann Kurzarbeit eingeführt werden, auch wenn damit Verdiensteinbußen für die Arbeitnehmer verbunden sind.

**104** Im einzelnen sind zu nennen:

- *Fürsorge für Leben und Gesundheit der Arbeitnehmer*: Nach §§ 617, 618 BGB bzw. 62 HGB ist der Arbeitgeber verpflichtet, die Arbeitsräume einschl. der erforderlichen Nebenräume sowie die Maschinen und Werkzeuge so einzurichten und zu unterhalten, daß der Arbeitnehmer gegen Gefahren für Leben und Gesundheit soweit wie möglich geschützt ist (sogen. Betriebs- bzw. Gefahrenschutz). Entsprechendes gilt für die Gestaltung der Arbeit (Schutz vor Überanstrengung). Die Verpflichtung des Arbeitgebers geht kraft ausdrücklicher gesetzlicher Bestimmung aber nur soweit, als die Natur der Arbeit es gestattet. Ein absoluter Schutz kann nicht verlangt werden; es wird nicht immer möglich sein, die Einwirkungen von Lärm, Staub, Wasser, Dämpfen, Nässe usw. völlig einzudämmen.

  Wegen der Einschaltung des Betriebsrates vgl. Kap. 5, Tz 252.

  Die oben genannten vertraglichen Schutzpflichten werden ergänzt und verstärkt durch die Unfallverhütungsvorschriften der Berufsgenossenschaften. Diese Vorschriften sind *öffentlich-rechtlicher* Natur, ihre Einhaltung wird von den technischen Aufsichtsbeamten der Berufsgenossenschaften überwacht. Die Aufsichtsbeamten können bei Gefahr im Verzuge sofort vollziehbare Anordnungen zur Beseitigung von Unfallgefahren treffen; folgt der Arbeitgeber diesen Anordnungen nicht, können Ordnungsstrafen verhängt werden (§ 714 Abs. 2 RVO). Vgl. auch Tz 115.

  Hinzuweisen ist ferner für gewerbliche Arbeitnehmer auf die Schutzvorschriften der §§ 120 a GewO. Obwohl diese Vorschriften inhaltlich mit den Vorschriften der §§ 617, 618 BGB, 62 HGB übereinstimmen, handelt es sich hier nicht nur um vertragliche Pflichten des Arbeitgebers, sondern auch um *öffentlich-rechtliche* Pflichten gegenüber dem Staat: Die Einhaltung der Schutzvorschriften wird durch die Gewerbeaufsichtsämter überwacht, die mit den amtlichen Befugnissen der Ortpolizeibehörde ausgestattet sind. Sie können Verfügungen erlassen, Zwangsgelder festsetzen usw. (§ 139 b GewO).

  Für Gewerbebetriebe ist außerdem die am 1. 5. 76 in Kraft getretene Verordnung über Arbeitsstätten (Arbeitsstättenverordnung) zu beachten, die den Arbeitgeber verpflichtet, die Arbeitsstätte nach dieser Verordnung, den sonst geltenden Arbeitsschutz- und Unfallverhütungsvorschriften und nach den allgemein anerkannten sicherheitstechnischen, arbeitsmedizinischen und hygienischen Regeln sowie den sonstigen gesicherten arbeitswissenschaftlichen Erkenntnissen einzurichten und zu betreiben.

- *Fürsorge für das Eigentum der Arbeitnehmer:* Nach herrschender Meinung erstreckt sich die vertragliche Fürsorgepflicht des Arbeitgebers nicht nur auf die in den §§ 617, 618 BGB, 62 HGB genannten Rechtsgüter Leben und Gesundheit, sondern auch auf das Eigentum des Arbeitnehmers, das er berechtigterweise in den Betrieb mitbringt (sogen. eingebrachte Sachen). Soweit es sich um Sachen handelt, die für die Arbeit und das Leben im Betrieb erforderlich sind, ist der Arbeitgeber verpflichtet, hierfür geeignete Aufbewahrungsmöglichkeiten zu schaffen.

*Beispiele:* Schränke bzw. Ablagemöglichkeiten für Straßen- und Berufskleidung, für persönliche Gebrauchsgegenstände wie Feuerzeug, Uhr, angemessener Geldbetrag; Fahrradständer für sichere Unterbringung von Fahrrädern.

Es kann aber auch hier kein absoluter Schutz verlangt werden. Der Arbeitgeber braucht keine unbedingte Garantie dafür zu leisten, daß die betreffenden Gegenstände nicht gestohlen oder beschädigt werden, sondern er ist nur verpflichtet, geeignete Maßnahmen für eine sichere Aufbewahrung zu treffen. Nur eine schuldhafte Verletzung dieser Pflicht macht ihn schadensersatzpflichtig (125).

*Beispiel* (126): Einem Arbeitnehmer wird das Fahrrad aus einem betriebseigenen Fahrradständer gestohlen. Der Betrieb hatte es versäumt, für eine Bewachung des Fahrradständers zu sorgen bzw. diesen nicht eingezäunt. Der Betrieb haftet für den dem Arbeitnehmer entstanden Schaden. Ist der Fahrradständer bewacht oder eingezäunt, so hat der Arbeitgeber seiner Fürsorgepflicht genügt. Kommt das Fahrrad dennoch abhanden, haftet der Arbeitgeber nicht.

Keine Schadensersatzpflicht besteht für den Arbeitgeber, wenn der Arbeitnehmer Sachen in den Betrieb mitbringt, die mit dem Arbeitsverhältnis in keinerlei Zusammenhang stehen, und diese Sachen verloren gehen, z. B. Schmuckstücke oder sonstige Wertgegenstände, oder besonders hohe Geldbeträge.

Ob der Arbeitgeber auch verpflichtet ist, Parkplätze für die PKW der Arbeitnehmer zur Verfügung zu stellen, hängt von den Umständen des Einzelfalles ab, z. B. von dem vorhandenen Platz, von den Einrichtungskosten, von der Zahl der Fahrzeuge, von der Nähe öffentlicher Verkehrsmittel bzw. der Notwendigkeit der Benutzung des eigenen PKW usw. Stellt ein Betrieb einen Parkplatz zur Verfügung, so muß er ihn verkehrssicher halten, auch wenn der Parkplatz freiwillig geschaffen wurde. Dem Arbeitgeber obliegen dann die Sicherungsmaßnahmen, die technisch nach der Örtlichkeit möglich und zumutbar sind (127), d. h. er muß dafür sorgen, daß keine gefährlichen Schlaglöcher vorhanden sind, daß die Beleuchtung ausreicht, daß die Streupflicht erfüllt wird usw. Es hieße aber die Fürsorgepflicht überspannen, wollte man den Arbeitgeber verpflichten, die auf dem Werksparkplatz abgestellten Fahrzeuge der Arbeitnehmer schlechthin vor jedem Schaden zu bewahren (127). Die Arbeitnehmer müssen vielmehr solche Risiken selbst tragen, die sie auch beim sonstigen Gebrauch ihres Fahrzeugs treffen (z. B. Beschädigungen durch Dritte).

- *Beachtung sozialversicherungsrechtlicher Vorschriften*: Der Arbeitgeber ist verpflichtet, die bei ihm tätigen Arbeitnehmer rechtzeitig bei der zuständigen Krankenkasse anzumelden und die fälligen Beiträge zur Kranken-, Renten- und Arbeitslosenversicherung pünktlich abzuführen (§§ 393 RVO; 1396 RVO bzw. § 118 AVG, § 176 AFG). Schuldner der Sozialversicherungsbeiträge ist nicht der Arbeitnehmer, sondern der Arbeitgeber.
- *Ausstellung eines Zeugnisses*: Bei Beendigung des Arbeitsverhältnisses hat der Arbeitgeber dem Arbeitnehmer ein Zeugnis auszustellen (§ 630 BGB). Hinzuweisen ist ferner auf die Verpflichtung des Arbeitgebers, seinem ausgeschiedenen Arbeitnehmer durch die Erteilung von Auskünften für sein weiteres Fortkommen behilflich zu sein (wegen Einzelheiten vgl. Tz 169).

105 **Verletzung der Fürsorgepflicht.** Verletzt der Arbeitgeber seine Fürsorgepflicht, so wird er schadensersatzpflichtig, wenn ihn ein Verschulden trifft. Der Arbeitgeber haftet auch für ein Verschulden seiner leitenden Angestellten gem. § 278 BGB (vgl. Tz 118 ff.).

*Fall 10*: Fürsorgepflicht des Arbeitgebers (128)

In einem Privattheater löst sich während einer Probe eine Kulisse von der Aufhängung und stürzt auf die Bühne. Es wird aber niemand verletzt. Ein ähnlicher Vorgang hat sich bereits vor 2 Wochen ereignet. Der Bühnenarbeiter B weigert sich nunmehr weiterzuarbeiten; er verweist darauf, daß das Gleiche jeden Augenblick erneut passieren könne. Der Arbeitgeber droht B, ihn wegen beharrlicher Arbeitsverweigerung fristlos zu entlassen. B hingegen verlangt den vollen Lohn für die Zeit, in der er wegen der Gefährdung nicht habe arbeiten können. Wer hat recht?

*Lösung:*

Gem. § 618 BGB ist der Arbeitgeber verpflichtet, Räume und Gerätschaften so einzurichten, daß vermeidbare Gefahren für Leben und Gesundheit der Arbeitnehmer nicht entstehen. Dieser Verpflichtung ist der Arbeitgeber offensichtlich nicht in ausreichendem Maße nachgekommen. Solange er seine Fürsorgepflicht verletzt, ist B berechtigt, die Arbeit zu verweigern. Eine fristlose Entlassung wegen unzulässiger Arbeitsverweigerung kommt deshalb nicht in Frage (vgl. hierzu auch Tz 164). Während der Zeit, in der B berechtigterweise die Arbeit verweigert, befindet sich der Eigentümer des Theaters in Annahmeverzug; er muß dem B für diese Zeit gem. § 615 BGB den vollen Lohn zahlen (vgl. Tz 77 ff.).

### Fragen zu 3.2.3.:

1. Was versteht man unter der Treuepflicht des Arbeitnehmers? Nennen Sie einige Pflichten des Arbeitnehmers, die sich aus der Treuepflicht ergeben!
2. Was versteht man unter der Fürsorgepflicht des Arbeitgebers? Nennen Sie einige Pflichten des Arbeitgebers, die sich aus der Fürsorgepflicht ergeben!
3. Wovon hängt der Umfang der Treuepflicht des Arbeitnehmers ab?
4. Erstreckt sich die vertragliche Fürsorgepflicht des Arbeitgebers auch auf die Sachen, die der Arbeitnehmer in den Betrieb mitbringt?
5. Welche Rechtsfolgen ergeben sich bei schuldhafter Verletzung der Treuepflicht bzw. bei schuldhafter Verletzung der Fürsorgepflicht?
6. Was ist unter Gefahrenschutz bzw. Betriebsschutz zu verstehen? Welche Vorschriften sind hierbei zu beachten? Wie wird die Einhaltung dieser Vorschriften siehergestellt?

## 3.3. Haftung

Die Vertragspartner sind verpflichtet, die von ihnen im Arbeitsvertrag übernommenen Haupt- und Nebenpflichten ordnungsgemäß zu erfüllen. Kommt einer der Vertragspartner diesen Verpflichtungen nicht nach und entsteht dadurch dem anderen Vertragspartner ein Schaden, so wird derjenige, der seine Pflichten schuldhaft verletzt, schadensersatzpflichtig.

### 3.3.1. Voraussetzungen und Umfang des Schadensersatzanspruches

106 **Anspruchsgrundlagen.** Eine Schadensersatzpflicht für den Arbeitgeber oder für den Arbeitnehmer kann sich ergeben

- aus dem bestehenden rechtsgültigen Arbeitsvertrag;
- aus sogen. unerlaubten Handlungen (§§ 823 ff. BGB).

Beide Anspruchsgrundlagen können nebeneinander bestehen. Der Geschädigte kann dann nach seiner Wahl aus Arbeitsvertrag oder aus unerlaubter Handlung gegen den Schädiger vorgehen. Selbstverständlich kann er den Schaden aber nur einmal ersetzt bekommen.

Während die vertraglichen Ansprüche auf einer Verletzung der zwischen *Arbeitgeber und Arbeitnehmer* bestehender *besonderen* Rechtsbeziehungen beruhen, die mit Wissen und Wollen beider Beteiligten zustande gekommen sind, entstehen die Ansprüche aus unerlaubter Handlung durch eine Verletzung der *allgemeinen* zwischen *allen Personen* bestehenden Rechtsbeziehungen, die jeder beachten muß (129).

107 **Haftung aus Vertrag.** Ein Schadensersatzanspruch aus Arbeitsvertrag setzt voraus

1. daß tatsächlich eine Verletzung von vertraglich übernommenen Haupt- oder Nebenpflichten vorliegt.

   In Frage kommen hier Vertragsbruch und Schlechterfüllung. Vertragsbruch liegt vor, wenn die vereinbarte Leistung nicht (= Nichtleistung bzw. Unmöglichkeit) oder verspätet erbracht wird (= Verzug).

   *Beispiele* für Vertragsbruch durch den Arbeitnehmer: Ein Arbeitnehmer erscheint infolge eigenen Verschuldens nicht wie vereinbart zur Arbeit; er verläßt unerlaubt den Arbeitsplatz, ohne zu kündigen bzw. ohne die Kündigungsfrist einzuhalten; er fehlt unentschuldigt bei der Arbeit. – Ein Arbeitnehmer kommt laufend zu spät zur Arbeit oder verläßt ohne Grund vorzeitig seinen Arbeitsplatz.

   *Beispiele* für Vertragsbruch durch den Arbeitgeber: Der Arbeitgeber zahlt den Lohn nicht oder mit Verspätung, so daß der Arbeitnehmer einen Kredit aufnehmen muß; der Arbeitgeber stellt dem Arbeitnehmer keine geeigneten Aufbewahrungsmöglichkeiten für die eingebrachten Sachen zur Verfügung, obwohl dies ohne weiteres möglich wäre.

   Schlechtleistung ist gegeben, wenn der eine Vertragspartner seinen vertraglichen Haupt- oder Nebenpflichten zwar nachkommt, sie aber nicht so erfüllt, wie es dem Vertrag entspricht.

   *Beispiele* für Schlechtleistung durch den Arbeitnehmer: schlechte Ausführung der Arbeit (Ausschuß, Murks); Beschädigung von Maschinen; zu langsames Arbeiten; Nichteinhaltung von Mitteilungspflichten (z. B. daß eine Maschine heißläuft, daß das Material ungeeignet ist, daß der Antransport stockt); mangelnde Beaufsichtigung und Anleitung von Arbeitnehmern durch einen dazu verpflichteten Vorgesetzten.

   *Beispiele* für Schlechtleistung durch den Arbeitgeber: Eine Firma stellt den Arbeitnehmern zwar einen Fahrradstand zur Verfügung, dieser ist aber nicht bewacht bzw. nicht eingezäunt, so daß Fahrräder gestohlen werden. – Nicht ausreichende Belüftung und Beleuchtung von Arbeitsräumen, obgleich eine Verbesserung technisch ohne weiteres möglich wäre. – Die zur Verfügung gestellten Maschinen sind nicht in einwandfreiem Zustand.

2. daß durch die Verletzung der Vertragspflichten beim Vertragspartner ein Schaden entstanden ist (= ursächlicher Zusammenhang zwischen Haftungsgrund und Schaden).

   Die Verletzung der Vertragspflichten muß aller Erfahrung nach die Ursache dafür gewesen sein, daß der Schaden eintrat. Vertragsverletzung und Schaden müssen in einem adäquaten Zusammenhang stehen (130). Adäquat ist der Zusammenhang nur dann, wenn die Vertragsverletzung im allgemeinen und nicht nur unter ganz bestimmten Umständen geeignet ist, den Schaden herbeizuführen (131). Wäre der Schaden auch eingetreten, wenn der Vertrag ordnungsgemäß erfüllt worden wäre, so sind keine Schadensersatzansprüche möglich.

3. daß der Schädiger schuldhaft gehandelt hat.

   Als Verschulden kommen dabei Vorsatz sowie grobe und leichte Fahrlässigkeit in Betracht (§ 276 BGB). Wegen Einzelheiten vgl. Tz 81. Zu beachten ist, daß für Arbeitnehmer bei bestimmten Tätigkeiten Sonderregelungen bestehen (= schadensgeneigte Arbeit, vgl. Tz 128 ff.).

Zu beachten ist außerdem, daß eine Haftungsminderung eintritt, wenn der Gesohädigte den eingetretenen Schaden durch sein Verhalten schuldhaft mit herbeigeführt hat (sogen. Mitverschulden gem. § 254 BGB). In diesem Falle mindert sich die Schadensersatzpflicht entsprechend dem Grad des Mitverschuldens (u. U. bis herunter auf Null).

108 **Haftung aus unerlaubter Handlung.** Ein Schadensersatzanspruch aus unerlaubter Handlung setzt voraus:

1. daß ein Eingriff in ein geschütztes fremdes Rechtsgut vorliegt. Wegen weiterer Einzelheiten vgl. §§ 823 ff. BGB.

   *Beispiele* im Zusammenhang mit dem Arbeitsverhältnis: Tötung eines Arbeitnehmers durch Arbeitsunfall; Verletzung des Körpers oder der Gesundheit eines Arbeitnehmers durch Arbeitsunfall; Zerstörung oder Beschädigung des Eigentums eines Arbeitnehmers im Betrieb; Beschädigung einer Maschine oder Vergeudung von Material durch einen Arbeitnehmer.

2. daß durch den Eingriff bei einer anderen Person (dem Geschädigten) ein Schaden entsteht (= ursächlicher Zusammenhang zwischen unerlaubter Handlung und Schaden). Vgl. hierzu Tz 107.
3. daß der Eingriff widerrechtlich ist.

   I. d. R. ist jeder Eingriff in ein fremdes Rechtsgut widerrechtlich. Ausnahmen bestehen nur bei Notwehr (§ 227 BGB), bei Notstand (§ 229 BGB), bei Einwilligung des Verletzten (z. B. bei einer Operation), bei zulässigen Verwaltungsakten der Behörden. Wegen der Rechtswidrigkeit von Arbeitskämpfen vgl. Kap. 4, Tz 206.

4. daß der Schädiger schuldhaft gehandelt hat (vgl. Tz 81).

109 **Schaden.** Unter Schaden wird jeder Nachteil verstanden, den ein Ereignis bzw. ein Umstand für die Gesamtgüterlage einer Person (auch für die ideellen Güter, wie Ehre, Empfinden usw.) erzeugt (132). Um den Schaden zu ermitteln, müssen zwei Situationen miteinander verglichen werden: die Situation, die durch das Schadensereignis geschaffen wurde, d. h. die Situation nach Eintritt des Schadens, und die Situation, die vorher bestand.

Der Schaden kann bestehen in einer Verminderung vorhandener Vermögenswerte oder darin, daß Vorteile, die sonst eingetreten wären, ausbleiben (entgangener Gewinn). Praktisch bedeutsam ist die Unterscheidung von Personenschaden und Sachschaden. Dabei gelten als Personenschaden alle Schäden aus Tötung und Verletzung einer Person; der Personenschaden schließt auch den sogen. immateriellen Schaden (= Schmerzensgeld) mit ein.

### 3.3.2. Haftung des Arbeitgebers

#### 3.3.2.1. Haftung des Arbeitgebers gegenüber Arbeitnehmern

##### 3.3.2.1.1. Haftung für Personenschäden im Zusammenhang mit Arbeitsunfällen

Bei Personenschäden, die durch Arbeitsunfall herbeigeführt werden, ist die Haftung des Arbeitgebers stark eingeschränkt.

110 **Haftung der Berufsgenossenschaft.** Maßgebend sind hier die Vorschriften der Reichsversicherungsordnung (§§ 636 ff. RVO). Danach ist der Unternehmer (= Arbeitgeber) den in seinem Unternehmen tätigen Versicherten, deren Angehörigen und Hinterbliebenen

wegen eines durch Arbeitsunfall herbeigeführten Personenschadens in der Regel nicht persönlich schadensersatzpflichtig. Der Unfall ist der für den Unternehmer zuständigen Berufsgenossenschaft zu melden. Für den Unternehmer tritt dann die Berufsgenossenschaft ein.

Diese Sonderregelung für Personenschäden bei Arbeitsunfällen wird damit begründet, daß alle Arbeitnehmer kraft Gesetz gegen Unfall versichert sind (§§ 539 ff. RVO). Die Beiträge zur Unfallversicherung werden allein von den Arbeitgebern aufgebracht. Träger der Unfallversicherung sind die Berufsgenossenschaften, sie erfüllen gleichsam die Funktion einer Haftpflichtversicherung der Unternehmer. Der Vorteil der Regelung besteht darin, daß der verletzte Arbeitnehmer im Regelfall eine Entschädigung von der Berufsgenossenschaft erhält, unabhängig von der finanziellen Leistungsfähigkeit des Unternehmers und ohne auf eine u. U. langwierige Leistungsklage gegen den Arbeitgeber angewiesen zu sein (133).

111 **Arbeitsunfall.** Unter Arbeitsunfall im engeren Sinne wird ein Unfall verstanden, den ein unfallversicherter Arbeitnehmer in ursächlichem Zusammenhang mit seiner beruflichen Tätigkeit erleidet (§ 548 RVO). Die Tätigkeit muß einem betrieblichen Zweck gedient haben. Im weiteren Sinne umfaßt der Begriff Arbeitsunfall auch Unfälle auf einem mit der versicherten Tätigkeit zusammenhängenden Weg von und nach dem Ort der Tätigkeit (sogen. Wegeunfall, § 550 RVO). Schließlich gelten auch bestimmte Berufskrankheiten, die von der Bundesregierung durch Rechtsverordnung festgestellt werden, als Arbeitsunfall (§ 551 RVO).

112 Zu beachten ist, daß die Berufsgenossenschaft nur für *Personenschäden* bei Arbeitsunfällen aufkommt. Für Sachschäden, die im Zusammenhang mit einem Arbeitsunfall entstehen, haftet sie nicht. Hier ist der Arbeitnehmer auf Ansprüche gegen den Arbeitgeber persönlich angewiesen (vgl. Tz 117).

113 **Ausschluß weiterer Ansprüche.** Die Leistungen der Berufsgenossenschaft nach Eintritt des Arbeitsunfalles bestehen in Heilbehandlung, Übergangsgeld, Berufshilfe, Renten (an den verletzten Arbeitnehmer und an Hinterbliebene). Ist die Berufsgenossenschaft für den Personenschaden eingetreten, so sind gem. § 636 RVO alle weiteren Ansprüche auf Ersatz des Personenschadens, die evtl. nach anderen gesetzlichen Vorschriften möglich sind, ausgeschlossen. Der Arbeitnehmer kann dann z. B. keine zusätzlichen Schadensersatzansprüche aus Vertrag (§ 618 BGB) oder aus unerlaubter Handlung (§ 823 BGB) gegen den Arbeitgeber geltend machen. Diese Regelung ist für den Arbeitnehmer mit einem Nachteil verbunden: Von der Berufsgenossenschaft erhält er kein Schmerzensgeld, und vom Arbeitgeber kann er es nicht (mehr) fordern.

114 Der verletzte Arbeitnehmer hat auch dann Anspruch gegen die Berufsgenossenschaft auf Ersatz des Personenschadens, wenn er selbst den Unfall leicht oder grob fahrlässig verursacht hat. Sogar bei Vorsatz des Arbeitnehmers bleibt sein Anspruch gegen die Berufsgenossenschaft bestehen. Der Anspruch ist erst dann ausgeschlossen, wenn der verletzte Arbeitnehmer den Arbeitsunfall absichtlich herbeigeführt hat (§ 553 RVO). Absichtlich handelt der Arbeitnehmer, wenn es ihm darauf ankommt, den Arbeitsunfall herbeizuführen, um dadurch einen Anspruch gegen die Berufsgenossenschaft zu erlangen (134). Diese Absicht fehlt z. B. beim verhinderten Selbstmörder.

115 **Regreßanspruch der Berufsgenossenschaft.** Hat der Unternehmer den Arbeitsunfall vorsätzlich oder grob fahrlässig herbeigeführt, so kann die Berufsgenossenschaft gegen ihn einen Regreßanspruch geltend machen für alles, was sie infolge des Arbeitsunfalles aufwenden mußte (§ 640 Abs. 2 RVO). Zu beachten ist, daß die Nichtbeachtung von Unfallverhütungsvorschriften allgemein grobe Fahrlässigkeit bedeutet; Berufung auf Unkenntnis ist nicht möglich.

116 **Ausnahmen.** Von der Regel, daß für Personenschäden im Zusammenhang mit Arbeitsunfällen grundsätzlich die Berufsgenossenschaft eintritt und nicht der Arbeitgeber, gibt es zwei Ausnahmen: Der Arbeitgeber haftet dann persönlich auch für Personenschäden, wenn er den Unfall vorsätzlich herbeigeführt hat oder wenn der Unfall bei Teilnahme am allgemeinen Verkehr entstanden ist (§ 636 RVO). Nur in diesen Fällen sind Schmerzensgeldansprüche des Arbeitnehmers aus § 823 BGB möglich. Teilnahme am allgemeinen Verkehr liegt vor, wenn die Fahrt nicht rein betrieblichen Zwecken diente, d. h. wenn sie auch ohne das bestehende Arbeitsverhältnis durchgeführt worden wäre bzw. wenn kein Zusammenhang mit der versicherten Tätigkeit besteht.

*Beispiele*: Ein Arbeitgeber nimmt einen Arbeitnehmer nach Beendigung der Arbeit aus Gefälligkeit in seinem Auto mit; ein Arbeitgeber unternimmt mit mehreren Arbeitnehmern nach Feierabend eine Spritztour. – Dagegen liegt ein organischer Zusammenhang mit der versicherten Tätigkeit vor, wenn der Arbeitgeber den Arbeitnehmer mit dem Wagen nach Hause bringt, weil dieser, z. B. nach Ableistung von Überstunden, keine öffentlichen Verkehrsmittel mehr erreicht (135).

### 3.3.2.1.2. Haftung für Sachschäden

117 Für Sachschäden aller Art (nicht nur für Sachschäden im Zusammenhang mit Arbeitsunfällen, sondern auch für sonstige Sachschäden, z. B. Verlust oder Beschädigung von eingebrachten Sachen) haftet der Arbeitgeber persönlich aus Vertrag bzw. aus unerlaubter Handlung, wenn die Anspruchsvoraussetzungen gegeben sind (vgl. hierzu Tz 107 und 108).

*Fall 11*: Haftung des Arbeitgebers bei Arbeitsunfall

Der Arbeitgeber A wird sowohl vom Betriebsrat als auch von der zuständigen Berufsgenossenschaft darauf aufmerksam gemacht, daß er an einer Maschine, an der die Arbeiterin H arbeitet, eine Schutzvorrichtung anbringen müsse, da sonst die Gefahr bestehe, daß die Arbeiterin sich verletze. A beachtet diese Hinweise nicht. Es ereignet sich ein Unfall, bei dem H vier Finger der rechten Hand verliert. Ihre Arbeitskleidung wird beschädigt. Rechtslage?

*Lösung:*

1. Ansprüche der H gegen A

Es handelt sich bei dem Unfall um einen Arbeitsunfall. Für A tritt deshalb gem. § 636 RVO die zuständige Berufsgenossenschaft ein, soweit es den Personenschaden betrifft. Die Berufsgenossenschaft zahlt anstelle von A die Behandlungs- und Arztkosten, ein Übergangsgeld ab 7. Woche (sofern H dann noch arbeitsunfähig ist), evtl. auch eine Unfallrente, aber kein Schmerzensgeld.

Weitere Ansprüche der H gegen A wegen des Personenschadens (z. B. aus §§ 618, 823 BGB) sind gem. § 636 RVO ausgeschlossen. Insbesondere sind keine Schmerzensgeldansprüche der H aus § 823 BGB möglich.

Für den Sachschaden kommt die Berufsgenossenschaft nicht auf. Hier hat H einen Schadensersatzanspruch gegen A aus Vertrag (Verletzung der Fürsorgepflicht, § 618 BGB) und/oder aus § 823 BGB.

2. Ansprüche der Berufsgenossenschaft gegen A

A hat den Arbeitsunfall grob fahrlässig herbeigeführt (= Nichtbeachtung der Hinweise des Betriebsrates bzw. der Berufsgenossenschaft). Die Berufsgenossenschaft hat deshalb einen Regreßanspruch gegen A gem. § 640 RVO; sie kann allerdings darauf verzichten (§ 640 Abs. 2 RVO).

### 3.3.2.2. Haftung des Arbeitgebers für von seinen Arbeitnehmern verursachte Schäden

Eine Schadensersatzpflicht des Arbeitgebers für seine Arbeitnehmer gegenüber Dritten kann sich u. U. ergeben

- aus § 278 BGB (= Haftung für sogen. Erfüllungsgehilfen);
- aus § 831 BGB (= Haftung für sogen. Verrichtungsgehilfen).

#### 3.3.2.2.1. Haftung für Erfüllungsgehilfen

118 **Begriff.** Erfüllungsgehilfe ist derjenige, der für einen anderen mit dessen Willen tätig wird, um eine Verpflichtung aus einem bestehenden Schuldverhältnis zu erfüllen. Aufgrund des vorliegenden Schuldverhältnisses wäre an sich der Schuldner persönlich verpflichtet, die versprochene Leistung zu erbringen; er tut dies aber nicht, sondern setzt dafür seinen Erfüllungsgehilfen ein.

*Beispiel*: A wird im Friseurgeschäft des F vom Gesellen G rasiert. Das Schuldverhältnis (hier: Werkvertrag) besteht zwischen A und F. F erfüllt aber nicht selbst die Verpflichtung, A zu rasieren, sondern bedient sich hierfür des Gesellen G.

119 **Haftung des Arbeitgebers.** Die Haftung gem. § 278 BGB besagt, daß der Arbeitgeber ein Verschulden seiner Arbeitnehmer, die für ihn als Erfüllungsgehilfen tätig werden, im gleichen Umfang zu vertreten hat wie eigenes Verschulden. Der Arbeitgeber kann sich also für den Fall, daß einer seiner Arbeitnehmer schuldhaft einem Geschäftspartner einen Schaden zugefügt hat, nicht damit herausreden, daß er selbst den Schaden gar nicht verursacht habe.

120 **Voraussetzungen.** Grundsätzlich gilt die Haftung nach § 278 BGB nur innerhalb bestehender Schuldverhältnisse (136). Der Arbeitgeber haftet also für seine Arbeitnehmer gem. § 278 BGB nur gegenüber solchen Personen, mit denen er vertraglich, z. B. durch Werkvertrag, verbunden ist. Bestehen keine vertraglichen Beziehungen zwischen dem Arbeitgeber und dem Geschädigten, so haftet der Arbeitgeber nicht nach § 278 BGB, u. U. aber nach § 831 BGB (vgl. Tz 122 ff.).

Weitere Haftungsvoraussetzung ist, daß der Erfüllungsgehilfe den Schaden schuldhaft verursacht hat. Als Verschuldensformen kommen dabei wie in anderen Fällen auch Fahrlässigkeit und Vorsatz in Frage (vgl. hierzu Tz 81). Die Beweislast für das Verschulden des Erfüllungsgehilfen hat der Geschädigte.

Ferner wird vorausgesetzt, daß der Schaden in einem inneren Zusammenhang mit der Erfüllung des Schuldverhältnisses steht. Der Schaden muß bei Ausführung der dem Arbeitnehmer übertragenen Verpflichtung entstanden sein. Der Arbeitgeber haftet deshalb nicht gem. § 278 BGB, wenn sich der Arbeitnehmer nur bei Gelegenheit der Erfüllung des Schuldverhältnisses schuldhaft verhält.

*Beispiele*: Haftung des F in obigem Beispiel, wenn G den A so unglücklich schneidet, daß dieser den Arzt aufsuchen muß. – Haftung des Elektromeisters für seinen Gesellen, wenn dieser beim Anbringen einer Lampe das Eigentum des Kunden beschädigt. Hingegen keine Haftung aus § 278 BGB, wenn der Geselle bei der Montage eine Uhr stiehlt.

121 **Regreßanspruch des Arbeitgebers.** Hat der Arbeitgeber für das Verschulden seines Erfüllungsgehilfen einzustehen, so kann er aus dem Arbeitsvertrag mit dem Arbeitnehmer einen Rückgriffsanspruch geltend machen (wegen schuldhafter Verletzung der Sorgfalts- bzw. Treuepflicht durch den Arbeitnehmer).

### 3.3.2.2.2. Haftung für Verrichtungsgehilfen

122 **Begriff.** Verrichtungsgehilfe ist, wem von einem anderen, von dessen Weisungen er mehr oder minder abhängig ist, eine Tätigkeit übertragen worden ist. Der Geschäftsherr (hier: der Arbeitgeber) muß die Tätigkeit des Handelnden (hier: des Arbeitnehmers) jederzeit beschränken, untersagen oder nach Zeit und Umfang bestimmen können (137). Auf die Art der Tätigkeit kommt es nicht an, sondern nur darauf, daß der Verrichtungsgehilfe bei Ausführung der Verrichtung vom Willen des Arbeitgebers abhängig ist.

123 **Haftung des Arbeitgebers.** Gem. § 831 BGB haftet der Arbeitgeber für jeden Schaden, den sein Arbeitnehmer als sein Verrichtungsgehilfe einem anderen zufügt. Der Haftung nach § 831 BGB liegt die Vermutung zugrunde, daß der Arbeitgeber bei der Auswahl oder Leitung seiner Hilfspersonen oder bei der Beschaffung der erforderlichen Geräte und Vorrichtungen nicht sorgfältig genug vorgegangen ist (= Verschulden des Arbeitgebers), so daß ein evtl. Schaden ihm anzulasten ist.

124 **Voraussetzungen.** Im Unterschied zu § 278 BGB ist bei § 831 BGB nicht erforderlich, daß zwischen dem Arbeitgeber und dem Geschädigten ein Schuldverhältnis besteht. Ein Arbeitnehmer kann also gleichzeitig Erfüllungsgehilfe und Verrichtungsgehilfe des Arbeitgebers sein; er kann aber auch nur Verrichtungsgehilfe sein. Weiterhin ist nicht erforderlich, daß der Verrichtungsgehilfe den Schaden schuldhaft verursacht hat. Voraussetzung ist lediglich, daß der Schaden dem anderen widerrechtlich zugefügt wurde, d. h. daß der Tatbestand einer unerlaubten Handlung vorliegt (z. B. Körperverletzung, Verletzung des Eigentums). Außerdem wird verlangt, daß der Schaden in Ausführung der dem Arbeitnehmer übertragenen Verrichtung entstanden ist, nicht nur gelegentlich der Verrichtung. Wie beim Erfüllungsgehilfen muß auch beim Verrichtungsgehilfen die Handlung, die den Schaden verursacht hat, zum Aufgabenkreis des Verrichtungsgehilfen gehören.

125 **Entlastungsmöglichkeit.** Die Haftung des Arbeitgebers für seinen Verrichtungsgehilfen wird eingeschränkt durch die dem Arbeitgeber eingeräumte Möglichkeit, einen Entlastungsbeweis zu führen. Gem. § 831 Satz 2 BGB braucht der Arbeitgeber nicht zu haften, wenn er nachweisen kann, daß er bei der Auswahl des Arbeitnehmers und, sofern er Vorrichtungen und Geräte zu beschaffen oder die Ausführung der Arbeit zu leiten hat, bei der Beschaffung oder Leitung die im Verkehr erforderliche Sorgfalt beobachtet hat. Bei einem Großbetrieb muß nachgewiesen werden, daß eine Organisationsform vorhanden ist, die eine ausreichende Beaufsichtigung gewährleistet (138).

*Fall 12*: Haftung des Arbeitgebers für Erfüllungs- und Verrichtungsgehilfen

Elektromeister E erhält vom Kunden K den Auftrag, in der Wohnung des K eine Lichtleitung zu reparieren. E schickt seinen Gesellen G. Dieser verletzt, als er sich auf dem Wege zur Wohnung des K befindet, mit der Trittleiter einen Passanten P. In der Wohnung des K beschädigt G bei der Reparatur der Lichtleitung infolge leichter Fahrlässigkeit ein wertvolles Gemälde. Inwieweit haftet E für G gegenüber K und P?

*Lösung:*

1. Haftung des E gegenüber K.

Zwischen K und E besteht ein Werkvertrag (§§ 631 ff. BGB). Die sich hieraus für E ergebenden Verpflichtungen erfüllt allerdings E nicht persönlich, sondern er bedient sich hierfür seines Gesellen G. Dieser ist sein Erfüllungsgehilfe. G hat den Schaden bei K schuldhaft herbeigeführt; der Schaden ist entstanden, als G die ihm übertragenen Arbeiten ausführte. E muß deshalb für G haften gem. § 278 BGB i. V. mit §§ 631 ff. BGB Werkvertrag.

E haftet darüber hinaus für G gegenüber K auch aus § 831 BGB. Denn G ist gleichzeitig Verrichtungsgehilfe des E. Es genügt, daß G dem K einen Schaden zugefügt hat und daß dieser Schaden bei Ausführung der dem G übertragenen Verrichtung entstanden ist; das Verschulden des G spielt hier keine Rolle. – Allerdings dürfte es im vorliegenden Fall dem E wohl möglich sein, den Entlastungsbeweis gem. § 831 Satz 2 BGB zu führen, so daß eine Haftung aus § 831 BGB entfällt.

2. Haftung des E gegenüber P

Zwischen E und P bestehen keinerlei vertragliche Beziehungen, so daß eine Haftung gem. § 278 BGB Erfüllungsgehilfe nicht in Frage kommt.

Denkbar ist aber ein Anspruch des P gegen E aus § 831 BGB. E hat G zu einer Verrichtung bestellt. In Ausführung dieser Verrichtung (= auf dem Wege in die Wohnung des K) hat G den P verletzt. Sollte es allerdings auch hier E möglich sein, den Entlastungsbeweis zu führen, so entfällt die Haftung gem. § 831 BGB.

Hinweis: Unabhängig von den oben behandelten Ansprüchen haben sowohl K als auch P einen Schadensersatzanspruch gegen G aus unerlaubter Handlung (§ 823 BGB).

### 3.3.3. Haftung des Arbeitnehmers

#### 3.3.3.1. Haftung des Arbeitnehmers gegenüber dem Arbeitgeber

##### 3.3.3.1.1. Allgemeine Haftung

126 **Umfang der Haftung.** Grundsätzlich haftet jeder Arbeitnehmer (Arbeiter wie Angestellter) für jeden Schaden, den er schuldhaft herbeigeführt hat, unbeschränkt (139). Als Verschulden genügt dabei bereits leichte Fahrlässigkeit.

Hinweis: Neben der Forderung nach Schadensersatz kann der Arbeitgeber die ordentliche, u. U. auch die außerordentliche Kündigung aussprechen (vgl. hierzu Tz 146 ff. und Tz 163 ff.).

127 **Mitverschulden des Arbeitgebers.** Die Haftung des Arbeitnehmers mindert sich, wenn den Arbeitgeber ein Mitverschulden bei der Entstehung des Schadens trifft.

*Beispiele* für Mitverschulden des Arbeitgebers (139): Überforderung des Arbeitnehmers nach der Person (Facharbeit durch Hilfsarbeiter), nach der Sache (ungewohnte Spezialarbeit), nach der Zeit

(Überstunden); schlechte äußere Arbeitsbedingungen (Beleuchtung), schlechte Hilfsmittel (Werkzeuge), schlechtes Material; ungenügende Anleitung und Überwachung der Arbeitnehmer durch den Arbeitgeber.

### 3.3.3.1.2. Haftungsbeschränkung bei schadensgeneigter Arbeit

Die allgemeine Regelung, wonach der Arbeitnehmer schon bei leichter Fahrlässigkeit für jeden Schaden aufkommen muß, den er verursacht hat, ist bei Vertragsbruch des Arbeitnehmers durchaus vertretbar. Bei Schlechterfüllung und unerlaubter Handlung des Arbeitnehmers sind aber Fälle denkbar, wo eine Haftung für leichte Fahrlässigkeit unangemessen und hart erscheint. Hingewiesen sei auf die Arbeitnehmer, die mit teuren Maschinen bzw. Materialien umzugehen haben; schon bei kleinen, menschlich verständlichen Unaufmerksamkeiten müßten diese Arbeitnehmer mit großen Schadensersatzforderungen rechnen, die sie aus ihren Einkommen nicht befriedigen könnten. Lehre und Rechtsprechung haben deshalb eine Sonderregelung entwickelt, die in bestimmten Fällen bei Schlechterfüllung und unerlaubter Handlung angewendet werden soll: Die Haftungsbeschränkung bei gefahrengeneigter bzw. *schadensgeneigter Arbeit*. Begründet wird diese Regelung neuerdings unter Hinweis auf das Betriebsrisiko (140), das in der Regel vom Arbeitgeber zu tragen ist; früher wurde auf die Fürsorgepflicht des Arbeitgebers verwiesen.

128 **Begriff.** Von schadensgeneigter Arbeit spricht man, wenn die vom Arbeitnehmer zu leistende Arbeit infolge ihrer Eigenart eine besonders hohe Wahrscheinlichkeit mit sich bringt, daß dem Arbeitnehmer gelegentlich einmal ein Versehen unterläuft, auch wenn er in aller Regel bei seiner Arbeit die erforderliche Sorgfalt anwendet (141). Schadensgeneigte Arbeit liegt insbesondere vor, wenn zugleich die Gefahr besteht, daß der durch ein solches Versehen verursachte Schaden sehr groß ist und außer Verhältnis zu dem Arbeitseinkommen des Arbeitnehmers steht (142).

Bei der Beurteilung der Frage, ob schadensgeneigte Arbeit vorliegt, sind jeweils die *Umstände des Einzelfalles* zu würdigen (143). Es gibt – von einigen wenigen Ausnahmen abgesehen (z. B. Geldtransporte) – keine schadensgeneigten Arbeiten an sich (144); kaum eine Berufstätigkeit ist generell schadensgeneigt, jede kann es aber im Einzelfall werden (145). Entscheidend sind stets die oben genannten Kriterien.

*Beispiele*: Das Fahren eines KfZ auf der Autobahn oder auf sonstigen verkehrsreichen Straßen gilt als schadensgeneigte Arbeit; das Fahren auf einer verkehrsarmen, übersichtlichen Nebenstraße mit guter Fahrbahn und bei gutem Wetter ist nicht gefahrgeneigt (146). Auch die Nebentätigkeiten (z. B. Ölwechsel, kleinere Reparaturen) sind keine gefahrengeneigten Arbeiten. – Hat ein Bankkassierer an einem Schalter mit lebhaftem Publikumsverkehr laufend kleine und kleinste Beträge anzunehmen und auszuzahlen, so ist die Arbeit gefahrgeneigt; das Zahlen von Geld ohne Zeitdruck und Ablenkung hingegen ist keine gefahgeneigte Arbeit (147).

129 **Haftung des Arbeitnehmers.** Bei schadensgeneigter Arbeit wird die traditionelle Zweiteilung der Fahrlässigkeit (vgl. Tz 81) ersetzt durch eine Dreiteilung in grobe, mittlere (normale) und leichte Fahrlässigkeit.

- Bei grober Fahrlässigkeit und Vorsatz soll der Arbeitnehmer den Schaden *voll* übernehmen. Grobe Fahrlässigkeit liegt insbesondere vor, wenn Rechts- oder Sicherheitsvorschriften vom Arbeitnehmer gröblich verletzt werden.

*Beispiele* für grobe Fahrlässigkeit: unvorsichtiges Überholen oder Zurücksetzen durch einen Kraftfahrer; Überfahren einer roten Ampel; Verletzung der Vorfahrt; Alkohol am Steuer über die zulässige Promillegrenze hinaus; Außerachtlassung eindeutiger Warnungen.

- Kann dem Arbeitnehmer nur leichte Fahrlässigkeit zur Last gelegt werden, so besteht regelmäßig *keine* Schadensersatzpflicht des Arbeitnehmers gegenüber dem Arbeitgeber.
- Liegt das Ausmaß des Verschuldens zwischen leichter und grober Fahrlässigkeit, so sollen Arbeitgeber und Arbeitnehmer den Schaden *gemeinsam* tragen (sogen. Quotelung).

*Beispiel* für mittlere Fahrlässigkeit: Ein Fernfahrer läßt auf einem Parkplatz im Ausland einen größeren für den Arbeitgeber kassierten Geldbetrag im verschlossenen Fahrerhaus zurück.

**130** Die Beschränkung der Haftung des Arbeitnehmers bei schadensgeneigter Arbeit auf grobes Verschulden tritt nur ein, wenn der Schaden bei Ausübung der vertragsgemäßen Arbeit entstanden ist. Deshalb haftet z. B. ein Kraftfahrer auch für leichte Fahrlässigkeit, wenn er das Geschäftsfahrzeug für (erlaubte) private Fahrten benutzt.

Zu beachten ist ferner, daß die Haftungsverlagerung zwischen Arbeitnehmer und Arbeitgeber bei schadensgeneigter Arbeit einen verletzten Dritten grundsätzlich nichts angeht. Sie gilt nur im Verhältnis zwischen Arbeitgeber und Arbeitnehmer, nicht gegenüber Dritten (148). Ein verletzter Dritter behält also seine Schadensersatzansprüche gegen den Arbeitnehmer (z. B. aus § 823 BGB), auch wenn der Arbeitnehmer den Schaden nur leicht fahrlässig verursacht hat. – Damit der Arbeitnehmer in solchen Fällen trotz schadensgeneigter Arbeit nicht den Schaden trägt, billigt ihm die Rechtsprechung hier einen Anspruch auf Schadloshaltung gegen den Arbeitgeber (wenn er den Dritten entschädigt hat) bzw. einen Anspruch auf Freistellung zu (148).

Schließlich soll nach der Rechtsprechung des BAG die volle Haftung des Arbeitnehmers auch bei gefahrgeneigter Arbeit wieder eintreten, wenn der Arbeitnehmer haftpflichtversichert ist (149), allerdings nur in Höhe der vorhandenen Deckung.

*Fall 13*: Haftung des Arbeitnehmers bei schadensgeneigter Arbeit (150)

Ein Raupenfahrer gerät bei Rodungsarbeiten mit der Raupe in ein nicht erkennbares Sumpfloch, aus dem er das Gerät mit eigener Kraft nicht herausbekommen kann. Er nimmt daher die Bergung mit Hilfe einer Seilwinde vor. Dazu befestigt er das Seil an einem in der Nähe stehenden Hochspannungsmast. Dieser Mast wird bei den Bergungsarbeiten beschädigt. Der Arbeitgeber des Raupenfahrers leistet dem Eigentümer des Mastes Schadensersatz und fordert vom Raupenfahrer Erstattung der dafür aufgewandten Summe. Zu Recht?

*Lösung:*

Es ist zunächst zu prüfen, ob schadensgeneigte Arbeit vorliegt. Im vorliegenden Falle ist ein besonderer Tatbestand gegeben: Der Schaden ist nicht bei der gewöhnlichen (vermutlich schadensgeneigten) Arbeit des Arbeitnehmers entstanden, sondern anläßlich eines Sonderfalles, der mit der normalen Tätigkeit des Raupenfahrers gar nichts zu tun hatte. Von einem „gelegentlichen Versehen" kann nicht die Rede sein.

Trotzdem sind die Grundsätze über schadensgeneigte Arbeit auch hier anzuwenden. Der Arbeitnehmer befand sich in einer Zwangslage, schnell handeln zu müssen, um einen Schaden abzuwenden, ohne daß er viel Zeit zum Überlegen und Überprüfen der Möglichkeiten hatte. Jede Entscheidung konnte falsch sein. In einer solchen Situation ist dem Grunde nach die gleiche Lage gegeben wie bei dem, was man eigentlich schadensgeneigte Arbeit nennt.

Geht man davon aus, daß im vorliegenden Fall die Sonderregelung bei schadensgeneigter Arbeit Anwendung finden soll, so ist als nächstes zu prüfen, wie das Verhalten des Raupenfahrers einzustufen ist.

Hier wird man an die Sorgfalt seiner Überlegungen keine hohen Anforderungen stellen dürfen: Schnelles Handeln ist regelmäßig risikobehaftetes Handeln. Was man als grob fahrlässig bezeichnen muß, wenn dem Handelnden genügend Zeit zum Überlegen zur Verfügung steht, kann leichtes Verschulden sein, wenn er schnell handeln muß.

Bei Anwendung dieser Grundsätze wird man dem Raupenfahrer nur leichte Fahrlässigkeit vorwerfen können. Da die Grundsätze über schadensgeneigte Arbeit Anwendung finden sollen, braucht er die Schadensersatzsumme dem Arbeitgeber nicht zu erstatten.

#### 3.3.3.1.3. Manko-Haftung

Unter Manko-Haftung des Arbeitnehmers versteht man die Haftung des Arbeitnehmers für Fehlbeträge in einer von ihm geführten Kasse oder für Fehlbestände in einem ihm anvertrauten Warenbestand. Betroffen sind in der Hauptsache Filialleiter und Lagerverwalter.

131 Grundsätzlich haften diese Arbeitnehmer für alle Fehlbeträge bzw. Fehlbestände, vorausgesetzt, sie haben das Manko verursacht und verschuldet. Die Haftung ergibt sich aus dem bestehenden Arbeitsvertrag bzw. aus unerlaubter Handlung. Eine besondere Vereinbarung ist nicht erforderlich. Als Verschulden genügt bereits leichte Fahrlässigkeit.

Die Haftung des Arbeitnehmers kann wegen mitwirkenden Verschuldens (§ 254 BGB) des Arbeitgebers gemildert oder ausgeschlossen sein (151), z. B. bei Mängeln in der Organisation des Betriebes, bei fehlender Überwachung durch den Arbeitgeber, bei Überlastung des Arbeitnehmers.

132 In der Praxis werden häufig besondere Mankovereinbarungen getroffen. Dadurch soll erreicht werden, daß der Arbeitnehmer für jedes Manko haftet, auch wenn ihn kein Verschulden trifft. Solche Mankoabreden sind aber nur zulässig, wenn dem Arbeitnehmer für diese umfangreiche Haftung ein angemessener wirtschaftlicher Ausgleich gewährt wird (152); ohne einen solchen Ausgleich ist die Abrede sittenwidrig und gem. § 138 BGB nichtig (vgl. hierzu auch Tz 42). Als angemessener Ausgleich gilt ein Zuschlag zum Gehalt, der in etwa die Fehlbeträge ausgleicht, die erfahrungsgemäß zu erwarten sind (153).

#### 3.3.3.2. Haftung des Arbeitnehmers gegenüber Arbeitskollegen

133 **Personenschäden.** Soweit es sich um einen Arbeitsunfall handelt, haftet i. d. R. der Arbeitnehmer nicht persönlich.

*Beispiel*: Ein Arbeitnehmer verletzt einen Arbeitskollegen während der Arbeit durch unvorsichtiges Hantieren mit Werkzeug oder Material.

Nach § 637 RVO sind die im selben Betrieb tätigen Betriebsangehörigen dem Unternehmer gleichgestellt. Auch für den Arbeitnehmer tritt also die Berufsgenossenschaft ein, genauso wie sie für den Arbeitgeber eintritt. Voraussetzung ist, daß der Unfall durch eine betrieblichen Zwecken dienende Tätigkeit verursacht wurde. Auch hier wird nur der Personenschaden ersetzt. Weitere Schadensersatzansprüche des Verletzten gegen den Arbeitnehmer, z. B. aus § 823 BGB, sind ausgeschlossen.

Das Rückgriffsrecht der Berufsgenossenschaft gem. § 640 RVO gilt entsprechend, d. h. bei grober Fahrlässigkeit (= Nichtbeachtung von Unfallverhütungsvorschriften) kann sie vom Arbeitnehmer alles zurückverlangen, was sie infolge des Arbeitsunfalles aufwenden mußte. Die Berufsgenossenschaft kann aber auf diesen Regreßanspruch mit Rücksicht auf die wirtschaftliche Lage des Arbeitnehmers verzichten (§ 640 Abs. 2 RVO).

Die Berufsgenossenschaft haftet nicht für den Arbeitnehmer, wenn dieser den Arbeitsunfall des Arbeitskollegen vorsätzlich herbeigeführt hat oder wenn der Unfall bei Teilnahme am allgemeinen Verkehr entstanden ist. In diesen Fällen muß der Arbeitnehmer persönlich für den Personenschaden aufkommen.

134 **Sachschäden.** Für Sachschäden, die im Zusammenhang mit Arbeitsunfällen auftreten, tritt die Berufsgenossenschaft nicht ein. Hier haftet der Arbeitnehmer bei Verschulden persönlich aus § 823 BGB gegenüber dem geschädigten Arbeitskollegen. Das gleiche gilt bei sonstigen Sachschäden, die nicht Folge von Arbeitsunfällen sind, z. B. bei Streitereien.

**Fragen zu 3.3.:**

1. Woraus können Schadensersatzansprüche abgeleitet werden? Nennen Sie die beiden wichtigsten Anspruchsgrundlagen!
2. Welche Voraussetzungen müssen erfüllt sein, damit ein Schadensersatzanspruch aus Arbeitsvertrag geltend gemacht werden kann?
3. Was ist unter Vertragsbruch und Schlechterfüllung zu verstehen?
4. Was ist unter Schaden zu verstehen?
5. Welche Voraussetzungen müssen erfüllt sein, damit ein Schadensersatzanspruch aus unerlaubter Handlung geltend gemacht werden kann?
6. Was ist unter einem Arbeitsunfall im Sinne der RVO zu verstehen?
7. Wie ist die Haftungsfrage bei Arbeitsunfällen geregelt?
8. Wann haftet die Berufsgenossenschaft nicht?
9. Was ist unter dem Begriff „Teilnahme am allgemeinen Verkehr" zu verstehen?
10. Kann der bei einem Arbeitsunfall verletzte Arbeitnehmer Schmerzensgeld vom Arbeitgeber verlangen?
11. Wer ist Erfüllungsgehilfe, wer ist Verrichtungsgehilfe?
12. Unter welchen Voraussetzungen haftet der Arbeitgeber für seinen Arbeitnehmer aus § 278 BGB (Erfüllungsgehilfe) bzw. aus § 831 BGB (Verrichtungsgehilfe)?
13. Was ist unter Mitverschulden (§ 254 BGB) zu verstehen?
14. Was versteht man im Arbeitsrecht unter dem Begriff „schadensgeneigte Arbeit"?
15. Welche Besonderheiten bezügl. der Haftung des Arbeitnehmers gelten bei schadensgeneigter Arbeit? Womit werden diese Sonderregelungen begründet?
16. Kann sich ein Arbeitnehmer auch Dritten gegenüber auf die Haftungsbeschränkung bei schadensgeneigter Tätigkeit berufen?
17. Was ist unter Manko-Haftung zu verstehen?
18. Was besagt § 637 RVO?

## 3.4. Beendigung des Arbeitsverhältnisses

### 3.4.1. Überblick über die Möglichkeiten zur Beendigung des Arbeitsverhältnisses

Das Arbeitsverhältnis ist ein auf Dauer angelegtes Schuldverhältnis; es wird nicht, wie z. B. der Kaufvertrag, durch einmaligen Austausch der Leistungen beendet. Vielmehr ist hierfür ein besonderes Ereignis erforderlich.

135 Das Arbeitsrecht kennt folgende Möglichkeiten:

3.4.1.1. Beendigung des Arbeitsverhältnisses durch *Fristablauf* (§ 620 BGB). Das ist der Fall, wenn der Arbeitsvertrag von vornherein für eine feste Zeit abgeschlossen bzw. zu einem bestimmten Zeitpunkt befristet wird oder wenn sich der Endtermin aus den Umständen ergibt.

*Beispiele* (154): A stellt B am 5. 7. für die Dauer von 3 Monaten als Kraftfahrer ein. – B wird bis zum 30. 9. als Schweißer eingestellt. – E wird als Krankenvertretung (oder Urlaubsvertretung) für K eingestellt.

Da befristete Arbeitsverhältnisse ohne besondere Erklärung enden, sind die Kündigungsschutzvorschriften (vgl. Tz 152 ff.) auf sie nicht anwendbar. Der Kündigungsschutz wird also umgangen, wenn der Arbeitgeber mit dem Arbeitnehmer lauter befristete Arbeitsverhältnisse abschließt, derart, daß sich das neue Arbeitsverhältnis jeweils nahtlos an die vorhergehenden Arbeitsverhältnisse anschließt. Solche sogen. Kettenarbeitsverträge sind zwar grundsätzlich zulässig, aber nur dann, wenn ein sachlicher Grund hierfür vorliegt (155). Sachliche Gründe können sein: Erprobung (= Probearbeitsverhältnis, vgl. Tz 38 und 39); Einstellung zur Aushilfe, zur Vertretung oder für eine bestimmte Arbeit; Beschäftigung auf einem demnächst wegfallenden Arbeitsplatz u. a. Liegt ein sachlicher Grund nicht vor, so ist das Arbeitsverhältnis als unbefristetes Arbeitsverhältnis anzusehen, und es bedarf einer Kündigung, um es zu beenden (156).

Hinweis: Auch ein befristetes Arbeitsverhältnis kann jederzeit fristlos gekündigt werden, wenn ein wichtiger Grund vorliegt (vgl. hierzu Tz 164). Auch können die Parteien vereinbaren, daß eine fristgemäße Kündigung vor Zeitablauf möglich sein soll.

3.4.1.2. Beendigung des Arbeitsverhältnisses durch *Kündigung*, d. h. durch einseitige Erklärung des Arbeitgebers oder des Arbeitnehmers, die zur Beendigung des Arbeitsverhältnisses führt. Dabei sind bestimmte Voraussetzungen und Formen zu beachten. Die Kündigung kann als fristgemäße und als fristlose Kündigung erfolgen (vgl. hierzu Tz 146 ff. und Tz 163 ff.). Bei einer Kündigung durch den Arbeitgeber besteht für den Arbeitnehmer unter bestimmten Voraussetzungen ein besonderer Kündigungsschutz (vgl. Tz 152 ff.).

3.4.1.3. Beendigung des Arbeitsverhältnisses durch *Vertrag*, d. h. im gegenseitigen Einvernehmen (sogen. Aufhebungsvertrag, § 305 BGB). Beide Parteien müssen sich darüber einig sein, daß das Arbeitsverhältnis sofort oder zu einem bestimmten Termin sein Ende finden soll. Ein solcher Aufhebungsvertrag ist keine Kündigung, so daß Kündigungsfristen und Kündigungsschutzbestimmungen nicht zu beachten sind.

*Beispiel*: A ist bei B tätig. Er erhält von C am 2. 3. ein günstiges Stellenangebot zum 1. 4., kann jedoch bei B erst am 1. 7. ausscheiden. Er bittet B, das Arbeitsverhältnis vorzeitig beenden zu dürfen (= Angebot). B stimmt diesem Wunsch zu (= Annahme).

3.4.1.4. Beendigung des Arbeitsverhältnisses durch *Tod des Arbeitnehmers* (vgl. hierzu § 613 Satz 1 BGB, wonach der Arbeitnehmer seine Dienste höchstpersönlich zu leisten hat).

Hingegen endet das Arbeitsverhältnis nicht durch Tod des Arbeitgebers. Ausnahmen: wenn sich dies aus den Umständen und aus der Art des Arbeitsverhältnisses ergibt, z. B. bei einer Privatsekretärin, Privatpflegerin, bei einem Diener (157).

3.4.1.5. Beendigung des Arbeitsverhältnisses durch *Anfechtung* oder Berufung auf die *Nichtigkeit* des Arbeitsverhältnisses (vgl. Tz 40 bzw. 42). Anfechtung und Nichtigkeit sind nicht mit der Kündigung des Arbeitsverhältnisses zu verwechseln.

3.4.1.6. Beendigung des Arbeitsverhältnisses durch Urteil oder Beschluß des *Arbeitsgerichts* (vgl. hierzu Tz 157).

3.4.1.7. Beendigung des Arbeitsverhältnisses durch sogen. lösende *Aussperrung* durch den Arbeitgeber.

Hingegen endet das Arbeitsverhältnis nicht durch sogen. suspendierende Aussperrung, auch nicht durch Streik der Arbeitnehmer (wegen Einzelheiten vgl. Kap. 4, Tz 207 und 211).

**136** Keine selbständigen Beendigungsgründe sind: Vertragsbruch oder Schlechterfüllung (in diesen Fällen kann aber eine Kündigung gerechtfertigt sein); Betriebsübergang (nach § 613 a BGB tritt der neue Inhaber in die Rechte und Pflichten aus den im Zeitpunkt des Überganges bestehenden Arbeitsverhältnissen ein); Konkurs einer der beiden Parteien (bei Konkurs des Arbeitgebers kann jedoch das Arbeitsverhältnis von jedem Vertragspartner unter Einhaltung der Kündigungsfristen gekündigt werden, § 22 KO, wobei der Konkursverwalter zusätzlich die üblichen Kündigungsschutzvorschriften zu beachten hat); Einberufung zum Grundwehrdienst oder zu einer Wehrübung (das Arbeitsverhältnis ruht während des Wehrdienstes, vgl. im übrigen Tz 158).

### 3.4.2. Beendigung des Arbeitsverhältnisses durch Kündigung

#### 3.4.2.1. Kündigungserklärung

**137** **Begriff.** Die Kündigung ist eine einseitige empfangsbedürftige Willenserklärung mit dem Inhalt, daß das Arbeitsverhältnis entweder sofort oder nach Ablauf einer bestimmten Frist beendet sein soll. Einseitig heißt, daß kein Vertrag vorliegt, sondern daß die Willenserklärung einer Partei (des Arbeitnehmers oder des Arbeitgebers) ausreicht, um das Arbeitsverhältnis aufzulösen. Die Zustimmung des anderen Vertragspartners ist nicht erforderlich. Empfangsbedürftigkeit bedeutet, daß die Willenserklärung erst wirksam wird, wenn sie dem anderen Vertragspartner zugeht.

**138** **Zugang.** Wird die Kündigung mündlich oder fernmündlich ausgesprochen, so ist sie zugegangen, wenn sie der Empfänger gehört hat. Wird die Kündigung schriftlich ausgesprochen, so ist sie zugegangen, wenn der Empfänger die Möglichkeit hatte, von dem Kündigungsschreiben unter normalen Umständen Kenntnis zu nehmen (§ 130 BGB).

*Beispiele* (158): Einem Arbeitnehmer wird die Kündigung durch Boten überbracht. Der Arbeitnehmer weigert sich, den Brief anzunehmen. Dennoch ist die Kündigung zugegangen, da der Arbeitnehmer die Möglichkeit hatte, von ihr Kenntnis zu nehmen. – Das gleiche gilt, wenn die Kündigung schriftlich durch die Post zugestellt wird. Steckt der Briefträger den Brief zur normalen Tageszeit in den Briefkasten, so ist die Kündigung zugegangen, und zwar auch dann, wenn der Arbeitnehmer nicht zu Hause, sondern verreist ist. Der Arbeitnehmer muß selbst dafür Sorge tragen, daß an seine Adresse gerichtete Post ihn auch erreicht. – Eine Kündigung durch Einschreibebrief gilt als zugegangen, wenn der Brief dem Arbeitnehmer oder einer zuständigen Person ausgehändigt wurde. Nimmt der Postbote das Kündigungsschreiben unter Hinterlassung eines Benachrichtigungszettels wieder mit, weil er niemanden angetroffen hat, so gilt die Kündigung als nicht zugegangen.

Da die Kündigung erst wirksam wird, wenn sie dem anderen Partner zugeht, ist eine Kündigung mit rückwirkender Kraft grundsätzlich nicht möglich, auch dann nicht, wenn der Grund, auf den die Kündigung gestützt wird, in der Vergangenheit liegt.

139 **Form.** Die Kündigung unterliegt keinen gesetzlichen Formvorschriften, sie kann daher auch mündlich erklärt werden. Um Verständigungs- und Beweisschwierigkeiten zu vermeiden, ist jedoch stets die schriftliche Kündigung zu empfehlen. Durch Tarifvertrag oder Betriebsvereinbarung kann die Schriftform vorgeschrieben sein (vgl. hierzu Kap. 4, Tz 184); auch einzelvertraglich kann die Schriftform vereinbart werden. In diesen Fällen hat die Kündigung schriftlich zu erfolgen, andernfalls ist sie wegen Verstoßes gegen Formvorschriften nichtig (§ 125 BGB, vgl. auch Tz 42).

140 **Angabe des Kündigungsgrundes.** Gesetzlich ist die Angabe des Kündigungsgrundes nur in zwei Fällen vorgeschrieben: auf Verlangen bei der außerordentlichen Kündigung (vgl. Tz 165) und bei der Auswahl der Arbeitnehmer im Zusammenhang mit einer betriebsbedingten Kündigung (vgl. Tz 155). Durch Tarifvertrag oder Arbeitsvertrag kann jedoch festgelegt werden, daß auch in anderen Fällen der Kündigungsgrund anzugeben ist. Mitteilungspflichten können sich ferner u. U. aufgrund der Treue- bzw. Fürsorgepflicht ergeben. – Besteht auf die Mitteilung der Kündigungsgründe ein Anspruch, so kann die schuldhafte Verletzung der Mitteilungspflicht zum Schadensersatz führen.

141 **Nachschieben von Kündigungsgründen.** Es ist möglich, nachträglich auch noch andere Kündigungsgründe anzugeben. Voraussetzung ist jedoch, daß diese Gründe schon vor Ausspruch der Kündigung vorgelegen haben (auch wenn sie dem Kündigenden damals noch nicht bekannt waren).

142 **Rücknahme.** Ist die Kündigung zugegangen und damit wirksam geworden, kann sie nicht mehr einseitig zurückgenommen werden. Vielmehr muß in diesen Fällen das Arbeitsverhältnis einverständlich erneuert bzw. fortgesetzt werden (159).

143 **Umdeutung.** Für den Fall, daß eine Kündigung aus irgendeinem Grunde unwirksam ist, ist eine Umdeutung möglich, sofern diese dem Willen des Kündigenden entspricht (was i. d. R. zutreffen dürfte).

*Beispiele* (160): Eine Kündigung kann in eine einverständliche Auflösung des Arbeitsverhältnisses umgedeutet werden; eine nicht fristgemäße Kündigung kann in eine fristgemäße umgedeutet werden; eine unwirksame fristlose Kündigung kann als Kündigung zum nächst zulässigen Termin gedeutet werden. – Allerdings ist es nicht möglich, eine unzulässige ordentliche Kündigung in eine fristlose Kündigung umzudeuten.

144 **Anhörung des Betriebsrates.** Gem. § 102 Abs. 1 BetrVG hat der Arbeitgeber vor jeder Kündigung, also auch vor einer außerordentlichen Kündigung, den Betriebsrat zu hören. Eine ohne Anhörung des Betriebsrates vom Arbeitgeber ausgesprochene Kündigung ist unwirksam (§ 102 Abs. 1 Satz 3), mögen die Gründe für die Kündigung auch noch so berechtigt sein. – Hat der Betriebsrat gegen eine ordentliche Kündigung Bedenken, so hat er diese unter Angabe der Gründe dem Arbeitgeber spätestens innerhalb einer Woche schriftlich mitzuteilen; äußert er sich innerhalb dieser Frist nicht, gilt seine Zustimmung zur Kündigung als erteilt (§ 102 Abs. 2 Satz 1 und 2). Hat der Betriebsrat gegen eine außerordentliche Kündigung Bedenken, so hat er diese unter Angabe der Gründe dem Arbeitgeber unverzüglich, spätestens jedoch innerhalb von 3 Tagen, schriftlich mitzuteilen (§ 102 Abs. 2 Satz 3). – Wegen Einzelheiten des Anhörungsverfahrens vgl. Kap. 5, Tz 256.

145 Sowohl beim Nachschieben von Kündigungsgründen als auch bei der Umdeutung einer fristlosen in eine fristgemäße Kündigung stellt sich die Frage, ob der Betriebsrat erneut gehört werden muß. Nach herrschender Meinung ist dies beim Nachschieben von Kündigungsgründen nicht erforderlich (161). Hingegen ersetzt die Anhörung vor einer fristlosen Kündigung wegen der unterschiedlichen Rechtsfolgen nicht die Anhörung vor einer fristgemäßen Kündigung, so daß bei einer Umdeutung einer fristlosen Kündigung eine erneute Anhörung erforderlich ist (162).

## 3.4.2.2. Ordentliche Kündigung

### 3.4.2.2.1. Kündigungsfristen

Bei der ordentlichen Kündigung müssen vom Kündigenden bestimmte Fristen eingehalten werden. Zu unterscheiden ist zwischen den gesetzlich vorgeschriebenen Kündigungsfristen und den tarifvertraglich oder einzelvertraglich vereinbarten Kündigungsfristen.

#### 3.4.2.2.1.1. Gesetzliche Kündigungsfristen

Die gesetzlichen Kündigungsfristen sind in § 622 BGB geregelt. Für Angestellte ist außerdem das Gesetz über die Fristen für die Kündigung von Angestellten (AngKSchG von 1926) von Bedeutung.

##### 3.4.2.2.1.1.1. Angestellte

146 Kündigt der *Angestellte*, so beträgt für ihn die gesetzliche Kündigungsfrist *6 Wochen (= 42 Kalendertage) zum Quartalschluß*, ohne Rücksicht auf Lebensalter und Zugehörigkeit zum Unternehmen (§ 622 Abs. 1 BGB).

Die Kündigung muß also dem Arbeitgeber spätestens am 17./18. 2. (zum 31. 3.) bzw. am 19. 5. (zum 30. 6.) bzw. am 19. 8. (zum 30. 9.) bzw. am 19. 11. (zum 31. 12.) zugehen. Fällt der letzte Tag, an dem noch hätte gekündigt werden können, auf einen Sonnabend, Sonntag oder gesetzlichen Feiertag, so muß die Kündigung spätestens am Tag vor dem Feiertag zugehen (163).

Wird die Kündigungsfrist versäumt, so gilt die Kündigung im Zweifel zum nächstzulässigen Termin (= Umdeutung).

147 Kündigt der *Arbeitgeber*, so muß er ebenfalls eine Kündigungsfrist von 6 Wochen zum Quartalsende einhalten. Beschäftigt der Arbeitgeber jedoch mehr als 2 Angestellte, die das 25. Lebensjahr vollendet haben und deren Arbeitsverhältnis bereits eine gewisse Zeit besteht (sogen. ältere Angestellte), so erhöht sich gem. AngKSchG die von ihm zu beachtende Kündigungsfrist bei einer

| Beschäftigungsdauer des Angestellten von ... | und einem Lebensalter des Angestellten nach Vollendung des ... | auf |
|---|---|---|
| mind. 5 Jahren | 30. Lebensjahres | 3 Monate |
| mind. 8 Jahren | 33. Lebensjahres | 4 Monate |
| mind. 10 Jahren | 35. Lebensjahres | 5 Monate |
| mind. 12 Jahren | 37. Lebensjahres | 6 Monate |

jeweils zum Quartalsschluß.

*Beispiel* (164): Ein am 1. 10. 35 geborener Angestellter ist seit dem 15. 8. 54 beschäftigt. Er soll am 31. 7. 68 fristgemäß gekündigt werden. Seine Beschäftigungszeit zählt erst von der Vollendung des 25. Lebensjahres an, also ab 1. 10. 60. Zwischen diesem Tag und dem 31. 7. 68 liegt eine Beschäftigungszeit von 7 Jahren und 10 Monaten. Die Kündigungsfrist beträgt somit 3 Monate zum Quartalsschluß. Die Kündigung am 31. 7. ist daher erst zum 31. 12. 68 möglich. Am 30. 6. hätte ihm noch zum 30. 9. 68 gekündigt werden können.

### 3.4.2.2.1.1.2. Arbeiter

**148** Hier beträgt die gesetzliche Kündigungsfrist für *beide Seiten* 2 Wochen = 14 Kalendertage. Ein Endtermin (z. B. Wochenende, Monatsende) ist nicht vorgeschrieben; die Kündigung kann daher an jedem Tag erfolgen. Bei der Berechnung der 2-Wochen-Frist wird der Tag, an dem die Kündigung ausgesprochen wird, nicht mitgerechnet, d. h. die Kündigungsfrist beginnt einen Tag später (§ 187 BGB).

*Beispiel*: Die Kündigung eines Arbeiters wird an einem Donnerstag ausgesprochen. Das Arbeitsverhältnis wird erst mit Ablauf des Donnerstags der übernächsten Woche beendet.

Endet die Kündigungsfrist an einem Samstag, Sonntag oder anerkannten Feiertag, so tritt an die Stelle dieses Tages der nächste Werktag (§ 193 BGB). Innerhalb der 2-Wochen-Frist liegende Feiertage verlängern die Kündigungsfrist nicht.

**149** Auch hier bestehen zugunsten bestimmter Arbeiter, die das 35. Lebensjahr vollendet haben und deren Arbeitsverhältnis eine gewisse Zeit besteht (sogen. ältere Arbeiter), verlängerte Kündigungsfristen, die der ***Arbeitgeber*** bei einer Kündigung zu beachten hat (§ 622 Abs. 2 BGB). Die Kündigungsfristen betragen dann bei einer

| Beschäftigungsdauer des Arbeiters von ... | und einem Lebensalter nach Vollendung des ... | jeweils |
|---|---|---|
| 5 Jahren | 40. Lebensjahres | 1 Monat*) |
| 10 Jahren | 45. Lebensjahres | 2 Monate*) |
| 20 Jahren | 55. Lebensjahres | 3 Monate**) |

*) zum Monatsende
**) zum Quartalsende

### 3.4.2.2.1.2. Vertraglich vereinbarte Kündigungsfristen

**150** **Tarifvertrag.** Die gesetzlichen Kündigungsfristen können durch Tarifvertrag (nicht durch Betriebsvereinbarung!) verkürzt, aber auch verlängert werden (§ 622 Abs. 3 BGB). Verkürzt werden können nicht nur die übliche 6-Wochen-Frist bei Angestellten und die 2-Wochen-Frist bei Arbeitern, sondern auch die gesetzlichen längeren Kündigungsfristen für ältere Arbeiter. Dagegen ist eine Verkürzung der im AngKSchG von 1926 vorgesehenen Kündigungsfristen für ältere Angestellte durch Tarifvertrag nicht möglich. Eine Grenze nach unten besteht für die Abkürzung der Kündigungsfristen nicht; es kann daher auch tarifvertraglich eine Kündigungsfrist von wenigen Tagen oder sogar eine völlig entfristete Kündigung vereinbart werden (165). – Die tarifvertraglich geregelten Kündigungsfristen gelten auch zwischen nicht tarifgebundenen Arbeitgebern und Arbeitnehmern, sofern dies im Arbeitsvertrag vereinbart wird (§ 622 Abs. 3 Satz 2 BGB). Wegen Tarifbindung vgl. Kap. 4, Tz 188.

151 **Einzelvertrag.** Durch Einzelvertrag können die gesetzlichen Kündigungsfristen für beide Vertragspartner nur verlängert werden; jedoch darf dann die Kündigungsfrist für den Arbeitnehmer nicht länger als für den Arbeitgeber sein (§ 622 Abs. 5 BGB). Eine Verkürzung der Kündigungsfristen ist durch Einzelvertrag nicht möglich, bis auf zwei Ausnahmen: bei Angestellten kann die Frist einzelvertraglich auf 1 Monat zum Monatsschluß verkürzt werden (§ 622 Abs. 1 Satz 2 BGB); ferner ist es zulässig, im Arbeitsvertrag auf den jeweiligen Tarifvertrag Bezug zu nehmen, der u. U. kürzere Kündigungsfristen enthält (vgl. oben Tz 150); letztere Möglichkeit gilt sowohl für Arbeiter wie für Angestellte.

### 3.4.2.2.2. Allgemeiner Kündigungsschutz

Bei einer Kündigung durch den Arbeitgeber besteht für den Arbeitnehmer ein besonderer Kündigungsschutz. Rechtsgrundlage ist das Kündigungsschutzgesetz von 1951/1969. Durch dieses Gesetz wird das Kündigungsrecht des Arbeitgebers eingeschränkt; das Kündigungsrecht des Arbeitnehmers bleibt hiervon unberührt.

152 **Anwendungsbereich.** Das Kündigungsschutzgesetz gilt nur für Arbeitnehmer, die das 18. Lebensjahr vollendet haben und deren Arbeitsverhältnis im selben Betrieb oder Unternehmen bei Zugang der Kündigung ohne Unterbrechung länger als 6 Monate bestanden hat (§ 1 Abs. 1 KSchG; bezügl. Beginn des Arbeitsverhältnisses vgl. Tz 26 ff.). Unter das Kündigungsschutzgesetz fallen alle Betriebe und Verwaltungen des privaten und des öffentlichen Rechts, soweit dort i. d. R. mehr als 5 Arbeitnehmer beschäftigt werden (§ 23 Abs. 1 KSchG). Das Gesetz findet auch Anwendung auf leitende Angestellte, z. B. Geschäftsführer, Betriebsleiter und ähnliche Angestellte, soweit sie zur selbständigen Einstellung und Entlassung von Arbeitnehmern berechtigt sind (doch kann sich der Arbeitgeber hier, wenn seine ordentliche Kündigung sozial ungerechtfertigt ist, stets durch eine Abfindung freikaufen, § 14 KSchG; bei anderen Arbeitnehmern ist das nur möglich, wenn eine den Betriebszwecken dienliche weitere Zusammenarbeit nicht mehr gewährleistet ist, § 9 Abs. 1 KSchG). Keine Anwendung findet das Kündigungsschutzgesetz hingegen auf Vorstandsmitglieder einer juristischen Person (z. B. einer AG oder GmbH) und auf Personen, die zur Vertretung einer Personengesellschaft berufen sind (z. B. Gesellschafter einer OHG).

Für Arbeitnehmer, die nicht unter das Kündigungsschutzgesetz fallen, und die sich gegen eine Kündigung des Arbeitgebers wehren wollen, bleibt nur der Hinweis auf § 138 bzw. 242 BGB.

153 **Sozial gerechtfertigte Kündigung.** Das Kündigungsschutzgesetz besagt, daß die Kündigung eines Arbeitnehmers nur zulässig ist, wenn die Kündigung sozial gerechtfertigt ist. Sozial gerechtfertigt ist eine Kündigung, wenn sie

- durch Gründe in der Person des Arbeitnehmers (sogen. personenbedingte Kündigung) oder

- durch Gründe im Verhalten des Arbeitnehmers (sogen. verhaltensbedingte Kündigung) oder
- durch dringende betriebliche Erfordernisse, die einer Weiterbeschäftigung des Arbeitnehmers entgegenstehen (sogen. betriebsbedingte Kündigung)

bedingt ist (§ 1 Abs. 2 Satz 1 KSchG). Der Arbeitgeber hat die Tatsachen zu beweisen, die die Kündigung erforderlich machen. Nur in diesen drei Fällen darf der Arbeitgeber kündigen (während für die ordentliche Kündigung des Arbeitnehmers keine Gründe erforderlich sind!). Stets ist zu prüfen, ob aufgrund des vorgetragenen Sachverhaltes wirklich eine Kündigung gerechtfertigt ist oder ob nicht andere Maßnahmen angebrachter gewesen wären (166), z. B. Versetzung im Betrieb, Streckung der Arbeit usw.

*Beispiele* für Gründe in der *Person* des Arbeitnehmers (167): mangelnde Qualifikation des Arbeitnehmers, so daß häufig Fehler gemacht werden; Nachlassen der Leistungsfähigkeit, so daß der Arbeitnehmer nur noch beschränkt einsatzfähig ist, hierfür aber ein Bedarf nicht besteht (jedoch muß der Arbeitgeber, insbesondere bei einem langjährigen Mitarbeiter, das normale Nachlassen der Leistungsfähigkeit infolge fortschreitenden Alters in Kauf nehmen); langanhaltende Krankheit, wenn im Zeitpunkt der Kündigung noch nicht abzusehen ist, ob der Arbeitnehmer seine Arbeit alsbald wieder aufnehmen kann (der Arbeitgeber muß sich, bevor er kündigt, erkundigen, wann etwa mit der Genesung des Arbeitnehmers zu rechnen sein wird); ferner häufige Erkrankungen in der Vergangenheit, wenn anzunehmen ist, daß sich der Gesundheitszustand auch in Zukunft nicht bessern wird, so daß weiter mit häufigen krankheitsbedingten Fehlzeiten zu rechnen ist.

*Beispiele* für Gründe im *Verhalten* des Arbeitnehmers: Vertragsverletzungen, sofern sie schuldhaft vom Arbeitnehmer verursacht worden sind und eine gewisse Schwere haben (z. B. häufiges Zuspätkommen, fehlerhafte Arbeit, zu langsames Arbeiten, häufige Schadensfälle, Verweigerung von Mehrarbeit, sofern der Arbeitnehmer hierzu verpflichtet ist); ständiger Streit mit Arbeitskollegen; u. U. auch außerdienstliches Verhalten (z. B. eine strafbare Handlung, durch die die Vertrauensgrundlage zerstört wird). Hinweis: Vor Ausspruch einer verhaltensbedingten Kündigung muß stets eine Abmahnung des Arbeitnehmers erfolgt sein.

*Beispiele* für dringende *betriebliche Erfordernisse*: Rationalisierungsmaßnahmen, Absatzmangel, Rohstoffversorgungsschwierigkeiten, Kreditschwierigkeiten, Schließung einer unrentablen Abteilung, Betriebsstillegung, Umstellung der Produktion usw.

154 **Erweiterung des Kündigungsschutzes.** Ist im Betrieb ein *Betriebsrat* vorhanden (zur Frage der Errichtung von Betriebsräten vgl. Kap. 5, Tz 218), so besteht ein zusätzlicher Kündigungsschutz für die Arbeitnehmer.

Der Betriebsrat hat nach dem neuen Betriebsverfassungsgesetz die Möglichkeit, der Kündigung unter bestimmten Voraussetzungen zu widersprechen. Gem. § 102 Abs. 3 BetrVG i. V. m. § 1 Abs. 2 Satz 2 KSchG ist auch die personen-, verhaltens- und betriebsbedingte Kündigung sozial ungerechtfertigt, wenn ihr der Betriebsrat widerspricht, weil

- der Arbeitgeber bei der Auswahl des zu kündigenden Arbeitnehmers soziale Gesichtspunkte nicht oder nicht ausreichend berücksichtigt hat;
- die Kündigung gegen eine Richtlinie nach § 95 BetrVG verstößt (vgl. Kap. 5, Tz 253);
- der Arbeitnehmer an einem anderen Arbeitsplatz im selben Betrieb oder in einem anderen Betrieb des Unternehmens weiterbeschäftigt werden kann;
- die Weiterbeschäftigung des Arbeitnehmers nach zumutbaren Umschulungs- oder Fortbildungsmaßnahmen möglich ist oder
- eine Weiterbeschäftigung des Arbeitnehmers unter geänderten Arbeitsbedingungen möglich ist und der Arbeitnehmer sein Einverständnis hiermit erklärt hat.

Vgl. hierzu auch Kap. 5, Tz 256 f. Die Beweislast liegt beim Arbeitnehmer: Er muß, falls er sich auf den Widerspruch des Betriebsrates beruft, beweisen, daß die Widerspruchsgründe tatsächlich gegeben sind. Der Widerspruch des Betriebsrates führt zu einer Verbesserung der Rechtsstellung des gekündigten Arbeitnehmers in zweierlei Hinsicht (168): Der Widerspruch macht die Kündigung sozialwidrig, und der Arbeitnehmer kann seine Weiterbeschäftigung bis zum Ende des Kündigungsschutzprozesses verlangen (vgl. Tz 157).

Die durch das BetrVG geschaffene Regelung hat zur Folge, daß bei begründetem Widerspruch des Betriebsrates die Kündigung sozialwidrig ist, auch wenn an sich ein Kündigungsgrund vorliegt, der die Kündigung rechtfertigen würde (169).

*Beispiel* (169): Arbeiter A hat mit seinen Arbeitskollegen ständig Streit. Seine Kündigung wäre daher durch sein Verhalten bedingt und sozial gerechtfertigt. Hat aber der Betriebsrat der Kündigung widersprochen, weil A auf einem anderen Arbeitsplatz, wo er nicht mit Kollegen zusammenarbeiten muß, weiterbeschäftigt werden kann, so ist die Kündigung trotz des Verhaltens von A sozialwidrig.

155 **Beachtung sozialer Gesichtspunkte.** Selbst wenn eine ordentliche Kündigung durch dringende betriebliche Erfordernisse gerechtfertigt ist und der Betriebsrat keine Möglichkeit des Widerspruchs gem. § 1 Abs. 2 Satz 2 KSchG hat, kann die betriebsbedingte Kündigung trotzdem noch sozial ungerechtfertigt sein, wenn der Arbeitgeber bei der Auswahl der zu kündigenden Arbeitnehmer soziale Gesichtspunkte nicht oder nicht ausreichend berücksichtigt hat (§ 1 Abs. 3 KSchG).

Das gilt allerdings nicht, wenn betriebstechnische, wirtschaftliche oder sonstige berechtigte betriebliche Bedürfnisse die Weiterbeschäftigung eines oder mehrerer bestimmter Arbeitnehmer bedingen und damit der Auswahl nach sozialen Gesichtspunkten entgegenstehen.

*Beispiele* für soziale Gesichtspunkte: Alter, Familienstand, Zahl der unterhaltsberechtigten Personen, Dauer der Betriebszugehörigkeit, Vermögensverhältnisse.

Der Arbeitgeber hat dem gekündigten Arbeitnehmer auf Verlangen die Gründe mitzuteilen, die zu der getroffenen sozialen Auswahl geführt haben. Der Arbeitnehmer muß beweisen, daß die Kündigung sozial ungerechtfertigt ist.

156 **Kündigungsschutzklage.** Hält der Arbeitnehmer die ihm erklärte Kündigung für sozial ungerechtfertigt, so kann er innerhalb von 3 Wochen nach Zugang der Kündigung Klage beim Arbeitsgericht auf Feststellung erheben, daß das Arbeitsverhältnis durch die Kündigung nicht aufgelöst ist (§ 4 KSchG). Macht der Arbeitnehmer von dieser Möglichkeit keinen Gebrauch, so gilt die Kündigung als von Anfang an rechtswirksam (sofern sie nicht aus anderen Gründen, vgl. Tz 158, unwirksam ist).

157 **Möglichkeiten für den Arbeitnehmer.** Kommt das Arbeitsgericht zu der Feststellung, daß die Kündigung sozial gerechtfertigt ist, so ist das Arbeitsverhältnis mit Ablauf der Kündigungsfrist beendet. Stellt das Gericht fest, daß die Kündigung sozialwidrig ist, so wird das Arbeitsverhältnis durch die Kündigung nicht beendet. Der Arbeitnehmer hat dann folgende Möglichkeiten:

- Er kann verlangen, wieder an seiner alten Arbeitsstelle beschäftigt zu werden. Für die Zwischenzeit kann er Zahlung der Vergütung verlangen, die er verdient hätte, wenn er weitergearbeitet hätte (§ 11 KSchG, § 615 BGB). Er muß sich jedoch anrechnen lassen, was er durch anderweitige Arbeit verdient hat bzw. was er hätte verdienen können, wenn er es nicht unterlassen hätte, eine ihm zumutbare Arbeit anzunehmen, bzw. was ihm infolge Arbeitslosigkeit von der Arbeitslosenversicherung gezahlt worden ist (§ 11 KSchG).

- Ist der Arbeitnehmer inzwischen ein neues Arbeitsverhältnis eingegangen, so muß er binnen 1 Woche nach Rechtskraft des Urteils entscheiden, ob er in sein früheres Arbeitsverhältnis zurückkehren oder bei seinem neuen Arbeitgeber bleiben will. Lehnt er die Fortsetzung des Arbeitsverhältnisses gegenüber dem alten Arbeitgeber ab, so erlischt das alte Arbeitsverhältnis mit Zugang der Erklärung. Ersatz des Lohnausfalls kann der Arbeitnehmer dann aber nur für die Zeit zwischen Entlassung und Beginn des neuen Arbeitsverhältnisses verlangen. Will er in sein altes Arbeitsverhältnis zurückkehren, so muß er das neue Arbeitsverhältnis so bald wie möglich kündigen (§ 12 KSchG).

- Ist dem Arbeitnehmer die Fortsetzung des Arbeitsverhältnisses beim alten Arbeitgeber nicht mehr zuzumuten (z. B. aufgrund des Verhaltens des Arbeitgebers vor, bei oder nach der Kündigung oder im Prozeß), so kann der Arbeitnehmer beantragen, daß das Arbeitsgericht das Arbeitsverhältnis auflöst und den Arbeitgeber zur Zahlung einer Abfindung verurteilt (§ 9 KSchG). (Die gleiche Entscheidung hat das Arbeitsgericht auf Antrag des Arbeitgebers zu treffen, wenn Gründe vorliegen, die eine den Betriebszwecken dienliche weitere Zusammenarbeit zwischen Arbeitgeber und Arbeitnehmer nicht erwarten lassen, § 9 Abs. 1 Satz 2 KSchG).

  Als Abfindung ist ein Betrag bis zu 12 Monatsverdiensten festzusetzen, bei älteren Arbeitnehmern, die bereits längere Zeit dem Betrieb angehören, sogar bis zu 15 bzw. 18 Monatsverdiensten (§ 10 KSchG). Die Abfindungen sind nicht steuerpflichtig und nicht sozialversicherungspflichtig.

- Besteht ein Betriebsrat und hat der Betriebsrat der Kündigung widersprochen (vgl. Tz 154), so kann der Arbeitnehmer vom Arbeitgeber verlangen, daß der Arbeitgeber ihn zu den bisherigen Arbeitsbedingungen bis zum rechtskräftigen Abschluß des Rechtsstreites weiterbeschäftigt (§ 102 Abs. 5 Satz 1 BetrVG). Verweigert der Arbeitgeber die Weiterbeschäftigung, so gerät er in Annahmeverzug und ist deshalb zur Fortzahlung des Lohnes verpflichtet. – Unter bestimmten Voraussetzungen kann der Arbeitgeber auf Antrag vom Arbeitsgericht von der Verpflichtung zur Weiterbeschäftigung entbunden werden (vgl. § 102 Abs. 5 Satz 2 BetrVG).

Zu beachten ist, daß die letztgenannte Alternative nur besteht, wenn die Widerspruchsmöglichkeit gem. § 102 Abs. 3 BetrVG für den Betriebsrat gegeben ist und der Betriebsrat von der Widerspruchsmöglichkeit auch Gebrauch gemacht hat. Deshalb macht es einen großen Unterschied, ob der Betriebsrat Bedenken gegen eine Kündigung äußert, weil der Arbeitnehmer an seinem alten Arbeitsplatz weiterbeschäftigt werden kann, oder ob der Betriebsrat einer Kündigung widerspricht, weil der Arbeitnehmer an einem anderen Arbeitsplatz im selben Betrieb weiterbeschäftigt werden kann; nur im 2. Fall kann der Arbeitnehmer die Weiterbeschäftigung verlangen (170).

### 3.4.2.2.3. Besonderer Kündigungsschutz

158 Für bestimmte Gruppen von Arbeitnehmern besteht ein besonderer Kündigungsschutz.

Zu nennen sind insbesondere folgende Bestimmungen:

1. Die ordentliche Kündigung gegenüber einer Arbeitnehmerin während der Schwangerschaft und bis zum Ablauf von 4 Monaten nach der Entbindung ist unzulässig, wenn dem Arbeitgeber zur Zeit der Kündigung die Schwangerschaft oder Entbindung bekannt war oder innerhalb zweier Wochen nach Zugang der Kündigung mitgeteilt wurde (§ 9 MuSchG).
2. Die Kündigung eines Schwerbeschädigten durch den Arbeitgeber bedarf der Zustimmung der Hauptfürsorgestelle (§ 14 SchwBeschG).
3. Ein Berufsausbildungsverhältnis kann grundsätzlich nicht gekündigt werden. Ausnahmen vgl. § 15 BerBildG.
4. Während des Grundwehrdienstes oder während einer Wehrübung darf der Arbeitgeber das Arbeitsverhältnis nicht ordentlich kündigen; unzulässig ist auch eine Kündigung vor oder nach dem Wehrdienst aus Anlaß des Wehrdienstes (§ 2 ArbPlSchG). Entsprechend § 78 Ersatzdienst G.
5. Die ordentliche Kündigung eines Mitglieds des Betriebsrates während seiner Amtszeit ist unzulässig (§ 15 Abs. 1 KSchG). Auch nach Beendigung der Amtszeit ist die Kündigung innerhalb eines Jahres ausgeschlossen.
   Ein besonderer Kündigungsschutz besteht außerdem für die Mitglieder des Wahlvorstandes und für Wahlbewerber (§ 15 Abs. 2 KSchG).
6. Bei Massenentlassungen (§ 17 KSchG) besteht eine Entlassungssperre. Sie müssen dem Arbeitsamt vorher vom Arbeitgeber angezeigt werden. Die Entlassungen werden frühestens 1 Monat nach Eingang der Anzeige beim Arbeitsamt wirksam (§ 18 KSchG), auch wenn die Kündigungsfrist früher abläuft (z. B. bei Arbeitern). Im Einzelfall kann sogar eine Sperrfrist von 2 Monaten festgesetzt werden.
7. Die ordentliche Kündigung durch den Arbeitgeber ist ausgeschlossen, wenn der Arbeitnehmer durch Tarifvertrag, Betriebsvereinbarung oder Einzelvertrag für unkündbar erklärt wurde (hingegen ist eine außerordentliche Kündigung auch in diesen Fällen noch möglich, sofern ein wichtiger Grund vorliegt, vgl. Tz 164).

### 3.4.2.2.4. Änderungskündigung

159 Eine einseitige Änderung der Vertragsbedingungen ist weder dem Arbeitgeber noch dem Arbeitnehmer möglich. Zulässig ist aber eine sogen. Änderungskündigung. Dabei wird die Kündigung des alten Arbeitsverhältnisses mit dem Angebot eines neuen Arbeitsverhältnisses zu geänderten Vertragsbedingungen verbunden.

*Beispiel*: Ein Arbeitgeber kündigt das Arbeitsverhältnis mit einem Arbeitnehmer fristgemäß zum 30. 6. Er bietet jedoch dem Arbeitnehmer gleichzeitig an, das Arbeitsverhältnis fortzusezen, wenn der Arbeitnehmer bereit ist, zu einem um 0,30 DM/Std. niedrigeren Stundenlohn zu arbeiten.

160 **Wirkungen.** Ist der Arbeitnehmer mit den geänderten Vertragsbedingungen nicht einverstanden, so führt die Änderungskündigung zur Beendigung des Arbeitsverhältnisses wie eine normale ordentliche Kündigung; nimmt der Arbeitnehmer hingegen das Angebot an, so wird die Kündigung hinfällig, und das Arbeitsverhältnis wird zu dem geänderten Lohn, im übrigen aber zu unveränderten Arbeitsbedingungen, fortgesetzt (171).

161 **Voraussetzungen.** Die Änderungskündigung ist eine echte Kündigung. Sie muß deshalb auch den Anforderungen an eine normale Kündigung entsprechen. So muß der Betriebsrat vor Ausspruch der Kündigung gehört werden; die gesetzlichen bzw. vertraglich vereinbarten Kündigungsfristen sind einzuhalten; die Kündigung muß sozial gerechtfertigt sein.

Zu beachten ist, daß es bei der Prüfung der sozialen Rechtfertigung der Änderungskündigung nicht auf die Kündigung als solche ankommt, sondern darauf, ob die mit ihr erstrebte Änderung der Arbeitsbedingungen sozial gerechtfertigt und dem Arbeitnehmer zumutbar ist (172). Als Rechtfertigungsgründe gelten nur Gründe in der Person oder im Verhalten des Arbeitnehmers sowie dringende betriebliche Erfordernisse einschl. Verstoß gegen soziale Auswahlgesichtspunkte.

162 **Möglichkeiten für den Arbeitnehmer.** Wird die Änderungskündigung ausgesprochen, so kann der Arbeitnehmer sie zunächst annehmen unter dem Vorbehalt, daß er die soziale Berechtigung der vorgeschlagenen Änderung der Arbeitsbedingungen vom Arbeitsgericht nachprüfen lassen wolle (§ 2 KSchG). Der Arbeitnehmer muß dann innerhalb von 3 Wochen Feststellungsklage beim Arbeitsgericht erheben. Stellt das Gericht fest, daß die Änderungskündigung tatsächlich sozial ungerechtfertigt ist, gilt das Arbeitsverhältnis mit den bisherigen Arbeitsbedingungen weiter; ist die Kündigung sozial gerechtfertigt, gelten die neuen Arbeitsbedingungen. Auf jeden Fall behält der Arbeitnehmer aber seinen Arbeitsplatz.

*Fall 14*: Änderungskündigung (Geltungsbereich des KSchG, soziale Auswahl) (173)

Die X-AG betreibt 45 kleine, zentral geleitete Filialen im ganzen Bundesgebiet. Ein Betriebsrat besteht nicht. Der Verkäufer V, seit sieben Jahren in A (Filiale mit 3 Arbeitnehmern) beschäftigt, soll nach B versetzt werden, wo eine neue Filiale gegründet worden ist. V lehnt das ab, weil er seinen Kindern die Umschulung nicht zumuten will. Er meint, man solle einen unverheirateten Kollegen nach B schicken. Die X-AG kündigt daraufhin das Arbeitsverhältnis mit V unter Einhaltung der Kündigungsfrist, bietet ihm aber gleichzeitig, da er ein guter Verkäufer ist, den Abschluß eines neuen Arbeitsvertrages über eine Tätigkeit in B an.

1. Ist eine Änderungskündigung zulässig?
2. Was kann V tun?

*Lösung:*

**Zu 1:** Vorweg ist zu prüfen, ob die Änderungskündigung ordnungsgemäß erfolgt ist. Da ein Betriebsrat nicht besteht, ist eine vorherige Anhörung gem. § 102 Abs. 1 BetrVG nicht erforderlich. Es besteht auch kein besonderer Kündigungsschutz für V, z. B. als Betriebsratsmitglied u. a. (vgl. hierzu Tz 158). Die Kündigung ist also insoweit in Ordnung.

Es bleibt die Frage, ob die Änderungskündigung sozial gerechtfertigt ist. Grundsätzlich gelten für Änderungskündigungen die gleichen Kündigungsschutzvorschriften wie für normale ordentliche Kündigungen. Allerdings gilt das Kündigungsschutzgesetz nur in Betrieben mit mehr als 5 Arbeitnehmern. In der Filiale in A sind lediglich 3 Arbeitnehmer beschäftigt. Entscheidend ist deshalb, ob die Filiale, in der V tätig ist, ein selbständiger Betrieb i. S. des Kündigungsschutzgesetzes ist oder ob die Filialen der X-AG als einheitlicher Betrieb zu gelten haben. Das Kündigungsschutzgesetz stellt auf die einheitliche Organisation bzw. einheitliche Leitung ab. Laut Text werden alle Filialen der X-AG zentral geleitet, sie bilden also zusammen einen Betrieb. Somit ist das Kündigungsschutzgesetz im vorliegenden Fall anwendbar.

Bei der Prüfung der sozialen Berechtigung kommt es nicht auf die Kündigung als solche an, sondern darauf, ob die angestrebte Änderung der Vertragsbedingungen sozial gerechtfertigt ist. Die X-AG könnte im vorliegenden Falle auf dringende betriebliche Erfordernisse hinweisen: V ist in A entbehrlich, wird aber in B benötigt.

Allerdings könnte V, selbst wenn nachgewiesenermaßen dringende betriebliche Erfordernisse seitens der X-AG vorliegen, vorbringen, daß die X-AG soziale Gesichtspunkte nicht oder nicht ausreichend berücksichtigt habe, z. B. daß ein unverheirateter Kollege ohne größere Schwierigkeiten nach B versetzt werden könnte. Er müßte dies aber beweisen. Gelingt ihm das, so ist die Änderungskündigung als sozial ungerechtfertigte Kündigung anzusehen.

**Zu 2:** V ist deshalb zu raten, die Änderungskündigung zunächst anzunehmen unter dem Vorbehalt, daß er sie beim Arbeitsgericht auf ihre soziale Berechtigung nachprüfen lassen wolle. Er müßte dann innerhalb von 3 Wochen nach Zugang der Kündigung die Kündigungsschutzklage beim Arbeitsgericht erheben. Auf diese Weise wären ihm die neuen Arbeitsbedingungen und der Arbeitsplatz in B auf jeden Fall sicher, er könnte in Ruhe prozessieren. Der Nachteil wäre aber, daß er bis zur Entscheidung des Arbeitsgerichts in B arbeiten müßte.

Hinweis: Noch besser stünde sich V, wenn die X-AG einen Betriebsrat hätte und dieser der Kündigung widersprochen hätte (§ 102 Abs. 3 BetrVG). Dann könnte V nämlich vom Arbeitgeber verlangen, daß dieser ihn bis zum rechtskräftigen Abschluß des Arbeitsgerichtsprozesses an seinem alten Arbeitsplatz in A weiterbeschäftigt.

### 3.4.2.3. Außerordentliche Kündigung

163 Bei der außerordentlichen Kündigung brauchen weder die gesetzlichen noch die vertraglich vereinbarten Kündigungsfristen beachtet zu werden. Es ist jedoch möglich, eine selbst gesetzte (kürzere) Frist einzuhalten, ohne daß dadurch die außerordentliche Kündigung zu einer ordentlichen Kündigung wird.

*Beispiel* (174): Ein Buchhalter ist 15 Jahre bei einer Firma beschäftigt. Die ordentliche Kündigung ist im Arbeitsvertrag ausgeschlossen. Nachdem er Firmengelder veruntreut hat, soll er am 5. 3. fristlos entlassen werden. Um ihm jedoch einen möglichst reibungslosen Übergang in ein neues Arbeitsverhältnis zu ermöglichen, kündigt ihm der Arbeitgeber erst zum 31. 3. („Sozialfrist").

164 **Voraussetzungen.** Rechtsgrundlage für alle Arbeitsverhältnisse ist § 626 BGB. Danach ist eine fristlose Kündigung nur zulässig, wenn ein „wichtiger Grund" gegeben ist. Das ist der Fall, wenn Tatsachen vorliegen, aufgrund derer dem Kündigenden unter Berücksichtigung aller Umstände des Einzelfalles und unter Abwägung der Interessen beider Vertragsteile die Fortsetzung des Arbeitsverhältnisses bis zum Ablauf der Kündigungsfrist nicht mehr zugemutet werden kann (§ 626 Abs. 1 BGB).

Die Zumutbarkeitsfrage läßt sich nur aufgrund einer umfassenden Interessenabwägung im Einzelfall beurteilen (175). Allgemein läßt sich für die fristlose Kündigung durch den Arbeitgeber nur sagen, daß der wichtige Grund gewichtiger sein muß als die betriebs-, personen- oder verhaltensbedingten Gründe, die gem. § 1 Abs. 2 KSchG eine ordentliche Kündigung rechtfertigen (175). Wirtschaftliche und technische Gründe können zwar dringende betriebliche Erfordernisse i. S. von § 1 KSchG sein, sind aber kein wichtiger Grund i. S. von § 626 BGB. Entsprechendes gilt für die fristlose Kündigung durch den Arbeitnehmer. Auch er kann sich i. d. R. nicht auf wirtschaftliche Gründe berufen (z. B. auf die Möglichkeit, einen besser bezahlten Arbeitsplatz zu bekommen), um die sofortige Auflösung des Arbeitsverhältnisses zu rechtfertigen (176). Der Kündigungsgrund muß so gewichtig sein, daß dem Kündigenden die Fortsetzung des Arbeitsverhältnisses bis zum Ablauf der normalen Kündigungsfrist nicht zuzumuten ist. Der gleiche Vorfall kann deshalb die außerordentliche Kündigung bei einem Arbeitnehmer mit langer Kündigungsfrist u. U. eher rechtfertigen als bei einem Arbeitnehmer, dessen Kündigungsfrist nur ein paar Tage beträgt (177).

*Beispiele* für eine Kündigung aus wichtigem Grund durch den Arbeitgeber: Diebstahl, Betrug, Unterschlagung oder sonstige schwere Straftatbestände zum Nachteil des Arbeitgebers (178); unbefugtes Verlassen des Arbeitsplatzes durch den Arbeitnehmer (fehlt der Arbeitnehmer mehrere Tage unbefugt, ist die fristlose Entlassung gerechtfertigt; fehlt er nur 1 Tag oder noch kürzere Zeit, ist die fristlose Entlassung nur gerechtfertigt, wenn besondere Umstände vorliegen, z. B. Termindruck, Verstoß gegen ausdrückliches Verbot); wiederholte Unpünktlichkeit des Arbeitnehmers; eigenmächtiger Antritt oder Verlängerung des Urlaubs (179); beharrliche Arbeitsverweigerung (d. h. wenn der Arbeitnehmer wiederholt und trotz Abmahnung gegen seine Pflichten verstoßen hat; hierunter fällt auch Nichtaufnahme der Arbeit bei wildem Streik trotz mehrfacher Aufforderung, vgl. Kap. 4, Tz 210); schwere Verstöße gegen die betriebliche Ordnung (Trunkenheit im Dienst, Streit mit Arbeitskollegen).

*Beispiele* für eine Kündigung aus wichtigem Grund durch den Arbeitnehmer: grobe Beleidigungen und tätliche Angriffe durch den Arbeitgeber (180); Nichtzahlung des Lohnes durch den Arbeitgeber (wenn es sich um einen größeren Betrag handelt); Verletzung der sonstigen Vertragspflichten durch den Arbeitgeber (z. B. wenn er den Arbeitnehmer nicht bei der Krankenkasse anmeldet usw.) (179).

165 **Angabe des Kündigungsgrundes.** Der fristlos Gekündigte kann verlangen, daß ihm der Grund der Kündigung unverzüglich schriftlich mitgeteilt wird (§ 626 Abs. 2 BGB). Geschieht das nicht, so wird die fristlose Kündigung dadurch nicht unwirksam, u. U. sind aber Schadensersatzansprüche möglich (wenn z. B. der Gekündigte in Unkenntnis des wahren Kündigungsgrundes einen aussichtslosen Kündigungsschutzprozeß anstrengt) (181).

166 **Kündigungserklärungsfrist.** Liegt ein wichtiger Grund zur fristlosen Kündigung vor, so kann diese nur innerhalb von 2 Wochen ausgesprochen werden. Die kündigende Partei ist darlegungs- und beweisbelastet dafür, daß die außerordentliche Kündigung innerhalb der 2-Wochen-Frist ausgesprochen worden ist. Die Frist beginnt in dem Zeitpunkt, in dem der Kündigungsberechtigte von den für die Kündigung maßgebenden Tatsachen Kenntnis erlangt (§ 626 Abs. 2 BGB). Durch diese Vorschrift soll erreicht werden, daß möglichst bald Klarheit darüber geschaffen wird, ob ein bestimmter Vorfall zum Anlaß für eine außerordentliche Kündigung genommen werden soll; ein „Horten“ von Kündigungsgründen ist nicht möglich (182). Werden mehrere hintereinander liegende Vorfälle zum Anlaß für eine außerordentliche Kündigung genommen, so muß das letzte Glied in der Kette innerhalb der 2-Wochen-Frist liegen (183). Wird die Frist versäumt, so gilt der Kündigungsgrund nicht als wichtiger Grund i. S. von § 626 BGB, mag er auch noch so schwerwiegend sein; eine trotzdem ausgesprochene fristlose Kündigung ist unwirksam (184). Sie kann aber in eine fristgemäße Kündigung zum nächstzulässigen Termin umgedeutet werden (unterliegt dann allerdings den Anforderungen des § 1 Abs. 2 bzw. Abs. 3 KSchG).

167 **Klage.** Will der Arbeitnehmer die außerordentliche Kündigung nicht gelten lassen, so kann er beim Arbeitsgericht Klage erheben, daß die Kündigung rechtsunwirksam sei. Arbeitnehmer, die unter das Kündigungsschutzgesetz fallen, müssen die Klage innerhalb einer Frist von 3 Wochen einreichen (§ 13 Abs. 1 Satz 2 KSchG); für andere Arbeitnehmer besteht keine bestimmte Klagefrist. Stellt das Gericht fest, daß die außerordentliche Kündigung unbegründet ist, so stehen dem Arbeitnehmer die gleichen Möglichkeiten offen, die auch bei der sozial ungerechtfertigten ordentlichen Kündigung durch den Arbeitgeber gegeben sind (vgl. die ersten drei unter Tz 157 genannten Möglichkeiten).

168 Hinweis: Die fristlose Kündigung durch den Arbeitgeber ist in einigen wichtigen Fällen an die Zustimmung Dritter gebunden:

- die fristlose Entlassung eines Mitgliedes des Betriebsrates, der Jugendvertretung, eines Wahlvorstandes oder eines Wahlbewerbers ist erst nach vorheriger Zustimmung des Betriebsrates zulässig (§ 15 KSchG, § 103 BetrVG);
- die fristlose Entlassung einer schwangeren Arbeitnehmerin ist nur nach vorheriger behördlicher Zustimmung zulässig (§ 9 Abs. 3 MuSchG);
- die fristlose Entlassung eines Schwerbeschädigten ist nur mit Zustimmung der Hauptfürsorgestelle zulässig (§ 19 Abs. 3 SchwBeschG).

*Fall 15*: Fristlose Kündigung (Anhörung des Betriebsrates; Nachschieben von Kündigungsgründen; Fristen, Umdeutung in ordentliche Kündigung) (185)

S, der 40 Jahre alt und seit 3 Jahren als Schlosser bei F beschäftigt ist, wird am 18. 1. nach Anhörung des Betriebsrates fristlos entlassen, weil er am 15. 1. einen Vorgesetzten beleidigt haben soll. Am 6. 2. erhebt S Kündigungsschutzklage. Im Prozeß läßt sich der Vorwurf der Beleidigung nicht beweisen. F erklärt deshalb am 25. 2. vor dem Arbeitsgericht ohne erneute Anhörung des Betriebsrates, die Kündigung werde auch darauf gestützt, daß S am 10. 1. unentschuldigt 1 Std. zu spät zur Arbeit gekommen sei, obwohl er schon mehrfach wegen Unpünktlichkeit verwarnt worden sei. Das habe er, F, erst jetzt von dem zuständigen Meister erfahren. S kann das nicht bestreiten. Wie wird das Arbeitsgericht entscheiden?

*Lösung:*

1. Zunächst hat das Gericht zu prüfen, ob die außerordentliche Kündigung des S ordnungsgemäß erfolgt ist. a) War die Zustimmung Dritter zur Kündigung erforderlich, wie z. B. bei Betriebsratsmitgliedern, schwangeren Arbeitnehmerinnen, Schwerbeschädigten? Lt. Sachverhalt gehört S nicht zu diesem besonders geschützten Personenkreis. b) Ist der Betriebsrat vorher gehört worden? Die lt. § 102 Abs. 1 BetrVG erforderliche Anhörung ist vor der Kündigung am 18. 1. erfolgt, nicht aber vor dem Nachschieben des Kündigungsgrundes am 25. 2. Nach herrschender Meinung ist allerdings beim Nachschieben von Kündigungsgründen eine erneute Anhörung des Betriebsrates auch nicht erforderlich (anders bei der Umdeutung einer Kündigung). Folgt man dieser Auffassung, dann ist die nachgeschobene Begründung vom 25. 2. nicht zu beanstanden.
2. Anschließend muß vom Gericht untersucht werden, ob F und S die vorgeschriebenen Fristen eingehalten haben. a) Ist die Kündigungserklärungsfrist von F eingehalten worden? Bei der angeblichen Beleidigung ist die 2-Wochen-Frist des § 626 Abs. 2 BGB gewahrt worden, bei dem nachgeschobenen Kündigungsgrund kommt es darauf an, wann F, der Kündigungsberechtigte, davon Kenntnis gehabt hat. Bekannt geworden ist die Unpünktlichkeit dem F erst am 25. 2., die Frist ist also eingehalten. (Daß der Meister schon früher von der Unpünktlichkeit gewußt hat, ist hier unerheblich; anders nur, wenn der Meister selbst zur Kündigung ermächtigt wäre). b) Hat S die Kündigungsschutzklage fristgemäß eingereicht? Da S unter das Kündigungsschutzgesetz fällt, kann er das Fehlen eines wichtigen Grundes nur vorbringen, wenn er die Klage innerhalb von 3 Wochen nach Zugang der Kündigung einreicht. Diese Frist ist hier (gerade noch) eingehalten worden.
3. Drittens ist vom Gericht zu prüfen, ob der Kündigungsgrund ausreichend ist für eine fristlose Kündigung. Bei der Beleidigung wäre das der Fall, nur kann die nicht nachgewiesen werden (Beweislast bei F). Ob die Unpünktlichkeit als Kündigungsgrund ausreicht, hängt davon ab, ob dieser Vorfall so gravierend ist, daß F die Fortsetzung des Arbeitsverhältnisses mit S für 14 Tage (Schlosser = Arbeiter) nicht zugemutet werden kann. Das ist hier sicherlich nicht der Fall, denn F kann sich wehren, indem er den Lohn nicht zahlt (vgl. Tz 82); auch hat offensichtlich der Meister die Angelegenheit nicht für so wichtig gehalten, daß er F schon früher informiert hätte. Die Unpünktlichkeit reicht also als Grund für eine fristlose Kündigung nicht aus.
4. Da eine fristlose Kündigung wegen Unpünktlichkeit nicht möglich ist, bleibt für das Gericht zu überlegen, ob die fristlose Kündigung in eine fristgemäße Kündigung zum nächstzulässigen Termin umgedeutet werden kann. Das ist grundsätzlich möglich, und auch im vorliegenden Fall will F

zweifellos das Arbeitsverhältnis mit S beenden, wie aus dem Nachschieben des Kündigungsgrundes am 25. 2. ersichtlich ist. Doch fällt die ordentliche Kündigung dann unter das Kündigungsschutzgesetz. Auch ist der Betriebsrat erneut anzuhören. Zwar genügt die wiederholte Unpünktlichkeit des S u. U. als Kündigungsgrund für eine fristgemäße Kündigung (= Gründe im Verhalten des S), doch ist die Anhörung des Betriebsrates noch nicht erfolgt.

Das Arbeitsgericht wird daher feststellen müssen, daß das Arbeitsverhältnis zwischen S und F durch die Kündigung vom 18. 1. nicht beendet worden ist. Wegen der Möglichkeiten, die sich damit für S ergeben, vgl. Tz 157.

**Fragen zu 3.4.1. und 3.4.2.:**

1. Welche Möglichkeiten zur Beendigung des Arbeitsverhältnisses gibt es?
2. Unter welchen Voraussetzungen sind befristete Arbeitsverhältnisse zulässig? Worin besteht ihre Problematik?
3. Was ist unter einer Kündigung zu verstehen?
4. Erläutern Sie folgende Begriffe: Zugang der Kündigung; Form der Kündigung; Nachschieben von Kündigungsgründen; Rücknahme der Kündigung; Umdeutung der Kündigung.
5. Was ist unter „Anhörung des Betriebsrates" zu verstehen?
6. Was ist eine ordentliche Kündigung? Wann liegt eine außerordentliche Kündigung vor?
7. Nennen Sie die gesetzlichen Kündigungsfristen
   a) für Arbeiter und für Angestellte
   b) für ältere Arbeiter und für ältere Angestellte
8. Welche Arbeitnehmer fallen unter das Kündigungsschutzgesetz?
9. Was besagt das Kündigungsschutzgesetz? Wann ist eine Kündigung sozial ungerechtfertigt?
10. Nennen Sie Beispiele für
    a) Gründe in der Person des Arbeitnehmers
    b) Gründe im Verhalten des Arbeitnehmers
    c) dringende betriebliche Erfordernisse
11. In welchen Fällen kann der Betriebsrat einer Kündigung widersprechen?
12. Inwieweit muß der Arbeitgeber bei der Kündigung soziale Gesichtspunkte beachten?
13. Wie ist die Beweislast im Kündigungsschutzprozeß geregelt?
14. Welche Möglichkeiten hat der Arbeitnehmer, wenn das Arbeitsgericht im Kündigungsschutzprozeß zu dem Ergebnis kommt, daß die Kündigung sozial ungerechtfertigt sei?
15. Für bestimmte Gruppen von Arbeitnehmern besteht ein besonderer Kündigungsschutz. Welche Arbeitnehmer sind das?
16. Was ist unter einer Änderungskündigung zu verstehen? Was ist dabei zu beachten?
17. Was ist unter einem „wichtigen Grund" im Sinne von § 626 Abs. 1 BGB zu verstehen? Nennen Sie einige Beispiele.
18. Innerhalb welcher Frist muß die außerordentliche Kündigung erklärt werden?
19. Was kann der Arbeitnehmer gegen eine fristlose Kündigung unternehmen?

### 3.4.3. Pflichten bei Beendigung des Arbeitsverhältnisses

#### 3.4.3.1. Pflichten des Arbeitgebers

169 Der Arbeitgeber hat bei Beendigung des Arbeitsverhältnisses u. a. folgende Pflichten:

3.4.3.1.1. Er muß den Arbeitnehmer, sofern dieser es verlangt, eine angemessene Zeit beurlauben, damit er sich eine neue Arbeitsstelle suchen kann (§ 629 BGB).

3.4.3.1.2. Er muß dem Arbeitnehmer die Arbeitspapiere aushändigen (z. B. Lohnsteuerkarte, Versicherungskarte, Urlaubsbescheinigung).

Es handelt sich dabei um eine Holschuld, d. h. der Arbeitnehmer muß die Papiere beim Arbeitgeber abholen. Händigt der Arbeitgeber die Papiere nicht rechtzeitig aus und kann der Arbeitnehmer nachweisen, daß ihm dadurch ein bestimmter Arbeitsplatz verlorengegangen ist, so wird der Arbeitgeber schadensersatzpflichtig (186).

3.4.3.1.3. Er muß dem Arbeitnehmer ein schriftliches Zeugnis ausstellen (§§ 630 BGB, 113 GewO, 73 HGB).
Dabei ist zwischen dem einfachen und dem qualifizierten Zeugnis zu unterscheiden.

Das *einfache Zeugnis* enthält lediglich den Namen des Arbeitnehmers, Namen und Anschrift des Arbeitgebers, Ort und Datum der Ausstellung und Art und Dauer der Beschäftigung (§ 630 Satz 1 BGB). Das qualifizierte Zeugnis, das auf Verlangen des Arbeitnehmers zu erteilen ist, enthält auch Angaben über Leistung und Führung des Arbeitnehmers (§ 630 Satz 2 BGB).

Das *qualifizierte Zeugnis* muß wahr und klar sein; es soll in den Formulierungen so eindeutig und umfassend sein, daß sich ein Dritter ein klares Bild vom Arbeitnehmer und seiner Tätigkeit machen kann (187). Es muß alle wesentlichen Tatsachen und Bewertungen enthalten, die für eine Gesamtbeurteilung des Arbeitnehmers von Bedeutung und für Dritte von Interesse sind (187). Einmalige (vorteilhafte oder nachteilige) Vorgänge gehören nicht in das Zeugnis (188). Negative Umstände oder Vorgänge dürfen nicht weggelassen werden, wenn sie notwendig sind, um ein objektives Bild vom Arbeitnehmer zu zeichnen. Zwar soll das Zeugnis wohlwollend abgefaßt sein (= Fürsorgepflicht des Arbeitgebers), die Rücksichtnahme auf das Fortkommen des Arbeitnehmers findet aber eine Grenze am Interesse künftiger Arbeitgeber an der Zuverlässigkeit und Tüchtigkeit des Arbeitnehmers (189).

*Beispiel* (190): Einem Nachtwächter, der fristlos entlassen wurde, weil er laufend Ware gestohlen hatte, kann nicht ein Zeugnis ausgestellt werden, wonach er immer pflichtgetreu und ehrlich seine Dienste verrichtet hat. Sonst kann ggf. der nächstfolgende Arbeitgeber, der den Nachtwächter aufgrund dieses guten Zeugnisses einstellt, von dem bisherigen Arbeitgeber Schadensersatz verlangen, wenn der Nachtwächter wiederum seine Stellung dazu benutzt, Diebstähle zu begehen.

Können sich die Parteien nicht über den Inhalt des Zeugnisses einigen, so kann das Arbeitsgericht nach entsprechender Aufklärung und Beweiserhebung auf Antrag des Arbeitnehmers das Zeugnis selbst formulieren.

3.4.3.1.4. Er muß anderen Arbeitgebern Auskünfte über den bisherigen Mitarbeiter erteilen, wenn dieser ihn als Reverenz angegeben hat. Hier gelten die gleichen Grundsätze wie bei der Zeugniserteilung.

### 3.4.3.2. Pflichten des Arbeitnehmers

170 Zu nennen ist vor allem die Pflicht zur Unterlassung von Wettbewerb (Wettbewerbsverbot).

Grundsätzlich ist der Arbeitnehmer nach Beendigung des Arbeitsverhältnisses zwar frei, wie er seine Arbeitskraft einsetzen will. Er kann z. B. zu einer Konkurrenzfirma gehen und dort seine Kenntnisse verwerten, oder als Selbständiger zu seinem bisherigen Arbeitgeber in Wettbewerb treten. Besteht allerdings eine sogen. *Konkurrenzklausel*, so unterliegt der Arbeitnehmer bei der Wahl der neuen Tätigkeit gewissen Einschränkungen, die sich aus dem vereinbarten Wettbewerbsverbot ergeben.

*Beispiel*: Ein Arbeitnehmer hat sich verpflichtet, für die Dauer von 2 Jahren nach Beendigung des Arbeitsverhältnisses nicht für ein Konkurrenzunternehmen (oder: auf einem bestimmten Tätigkeitsgebiet) in der Bundesrepublik (oder: in der EG, in Europa) tätig zu sein. Das Konkurrenzunternehmen kann dabei namentlich oder durch die Art des Fertigungsprogrammes bezeichnet werden.

Konkurrenzklauseln dieser Art sind grundsätzlich zulässig, sie müssen aber ausdrücklich vereinbart werden, wobei eine solche Vereinbarung nur für die Zukunft, nicht rückwirkend möglich ist. Für kaufmännische Angestellte bestehen in den §§ 74 ff. HGB detaillierte, zwingende gesetzliche Vorschriften, die bei einer Wettbewerbsabrede beachtet werden müssen. Für gewerbliche Angestellte gibt es nur eine allgemein gehaltene Vorschrift in § 133 f. GewO, für die übrigen Arbeitnehmer fehlen Regelungen überhaupt. Nach der neueren Rechtsprechung sind aber die für kaufmännische Angestellte geltenden Vorschriften sinngemäß auch auf alle anderen Arbeitnehmer anzuwenden.

Es sind deshalb folgende Gesichtspunkte zu beachten:

- Das Wettbewerbsverbot muß schriftlich abgefaßt und eine Ausfertigung dem Arbeitnehmer ausgehändigt werden. Wird die Schriftform nicht eingehalten, ist das Wettbewerbsverbot nichtig (§ 74 Abs. 1 HGB).
- Der Arbeitgeber muß dem Arbeitnehmer für die Dauer des Wettbewerbsverbotes eine Entschädigung zusagen (sogen. Karenzgeld). Fehlt die Zusage, so ist das Wettbewerbsverbot nichtig (§ 74 Abs. 2 HGB); das gilt auch für Arbeitnehmer mit Spitzenverdiensten.

  Die Karenzentschädigung muß für jedes Jahr des Verbotes mindestens die Hälfte der zuletzt vom Arbeitnehmer bezogenen vertraglichen Leistungen (= Gehalt bzw. Lohn einschl. Zulagen, Gratifikationen usw.) betragen. Sie ist am Schluß eines jeden Monats fällig. Auf die Karenzentschädigung wird angerechnet, was der Arbeitnehmer durch anderweitige Verwertung seiner Arbeitskraft erwirbt oder zu erwerben böswillig unterlassen hat (§ 74 c Abs. 1 Satz 1 HGB).

  *Beispiele*: Besteht für den Arbeitnehmer eine andere Arbeitsmöglichkeit und ist die Arbeit auch für ihn zumutbar, bleibt er aber trotzdem vorsätzlich untätig, so handelt er böswillig. Jedoch ist es ihm unbenommen, während des Verbotszeitraumes noch eine weitere oder zusätzliche Ausbildung durchzuführen (191). Auch bleibt der Arbeitgeber zur Zahlung einer Karenzentschädigung verpflichtet, wenn der Arbeitnehmer wegen seines Gesundheitszustandes oder aus sonstigen Gründen (z. B. Eintritt in die Bundeswehr) gar nicht in der Lage ist, Wettbewerb zu treiben (192).

  Eine Anrechnung erfolgt allerdings nur, wenn die Entschädigung zusammen mit dem anderweitigen Verdienst das zuletzt bezogene Entgelt um mehr als 10 % (bei Verlegung des Wohnsitzes: um mehr als 25 %) übersteigt.

*Beispiel*: Zuletzt bezogene vertragliche Leistungen des Arbeitnehmers 2.000,– DM, Karenzentschädigung also grundsätzlich 1.000,– DM. Der Arbeitnehmer verdient an der neuen Arbeitsstelle 1.900,– DM. Neues Gehalt plus Karenzentschädigung dürfen zusammen 110 % (125 %) von 2.000,– DM = 2.200,– (2.500,–) DM nicht übersteigen. Karenzentschädigung deshalb nur 300,– (600,–) DM.

- Die Vereinbarung muß Angaben über den räumlichen Geltungsbereich des Wettbewerbsverbotes sowie über Art und Umfang der beschränkten Tätigkeit enthalten.

  Räumlich: Das Wettbewerbsverbot ist nur dann verbindlich, wenn eine Konkurrenztätigkeit in dem bezeichneten Gebiet überhaupt als möglich erscheint. Andernfalls ist die Vereinbarung unverbindlich, d. h. der Arbeitnehmer kann sich daran halten (und dann die Karenzentschädigung verlangen), er kann aber auch in ein Konkurrenzunternehmen überwechseln.

  Art bzw. Umfang: Nach der Rechtsprechung ist sowohl eine allgemeine bzw. unternehmensbezogene Wettbewerbsklausel zulässig (= Tätigkeit im Konkurrenzunternehmen ist überhaupt untersagt) als auch eine partielle bzw. tätigkeitsbezogene Klausel (= Tätigkeit auf dem bisherigen Arbeitsgebiet im Konkurrenzunternehmen ist untersagt).

- Das Wettbewerbsverbot muß auf die Dauer von höchstens 2 Jahren beschränkt sein, gerechnet von der Beendigung des Arbeitsverhältnisses an. Eine über diese Zeit hinausgehende Beschränkung der Tätigkeit ist unverbindlich.

- Das Wettbewerbsverbot muß dem Schutz eines berechtigten Geschäfts- oder Betriebsgeheimnisses des Arbeitgebers dienen. Es soll sich nur auf solche Gebiete erstrecken, wo der Arbeitgeber wegen der Tätigkeit des Arbeitnehmers Anlaß hat, dessen Konkurrenz zu fürchten (193).

  Es ist also stets zu prüfen, ob der Arbeitnehmer überhaupt wichtige Betriebsgeheimnisse kennt, die für ein Konkurrenzunternehmen nützlich sein könnten. Dient das Wettbewerbsverbot nicht dazu, berechtigte Arbeitgeberinteressen zu schützen, so ist es unverbindlich (§ 74 a Abs. 1 Satz 1 HGB).

Verstößt der Arbeitnehmer gegen das Wettbewerbsverbot, so kann der Arbeitgeber auf Unterlassung der Wettbewerbstätigkeit klagen und Ersatz des Schadens verlangen, der ihm durch die verbotene Tätigkeit des Arbeitnehmers entsteht. Die Einhaltung des Wettbewerbsverbotes kann durch die Vereinbarung von Vertragsstrafen gesichert werden (§ 75 c HGB).

Das Wettbewerbsverbot wird wirksam, wenn das Arbeitsverhältnis beendet wird, es sei denn, es liegt ein wichtiger Grund zur fristlosen Kündigung vor. Hat der Arbeitgeber den wichtigen Grund zu vertreten, wird die Konkurrenzklausel unwirksam, wenn der Arbeitnehmer vor Ablauf eines Monats nach der Kündigung schriftlich erklärt, daß er sich an die Vereinbarung nicht gebunden fühle. Das Karenzgeld fällt dann fort (§ 75 Abs. 1 HGB). Hat der Arbeitnehmer den wichtigen Grund zu vertreten, bleibt das Wettbewerbsverbot bestehen, doch verliert der Arbeitnehmer den Anspruch auf das Karenzgeld (§ 75 Abs. 3 HGB).

**Fragen zu 3.4.3.:**

1. Welche Pflichten hat der Arbeitgeber bei Beendigung des Arbeitsverhältnisses?
2. Was ist ein einfaches Zeugnis, was ist ein qualifiziertes Zeugnis?

3. Darf der Arbeitgeber in einem qualifizierten Zeugnis schwerwiegende Fehler bzw. Versäumnisse des Arbeitnehmers verschweigen?
4. Was beinhaltet die sogen. Konkurrenzklausel?
5. Welche Gesichtspunkte sind bei Vereinbarung eines Wettbewerbsverbotes zu beachten? Wann ist ein Wettbewerbsverbot nichtig, wann ist es unverbindlich?
6. Was bedeuten die Begriffe: Karenzgeld, Anrechnungspflicht, unternehmens- und tätigkeitsbezogene Wettbewerbsklausel?

# 4. Tarifvertrag und Arbeitskampf

## 4.1. Tarifvertrag

Wie bereits in Kap. 1, Tz 2 ausgeführt, werden die Arbeitsbedingungen heute weitgehend durch Tarifverträge geregelt. Der Einzelvertrag ist in vielen Fällen nur noch für die Begründung des Arbeitsverhältnisses von Bedeutung; der Inhalt des Arbeitsverhältnisses ergibt sich aus dem bestehenden Tarifvertrag.

In der Bundesrepublik werden die Tarifverträge zwischen Arbeitgebern bzw. Arbeitgeberverbänden und Gewerkschaften oder zwischen deren Spitzenorganisationen ausgehandelt. Es gilt der Grundsatz der Tarifautonomie: Die Tarifvertragsparteien sollen in eigener Verantwortung die Arbeitsbedingungen festlegen. Der Staat mischt sich in die Verhandlungen grundsätzlich nicht ein. Wegen der staatlichen Schlichtung vgl. Tz 199 f.

Rechtsgrundlage für das Tarifvertragswesen ist das Tarifvertragsgesetz (TVG) von 1949, neugefaßt 1952 und 1969. Verwaltungstechnische Einzelheiten werden durch die Verordnung zur Durchführung des Tarifvertragsgesetzes von 1970 geregelt.

### 4.1.1. Begriff und Bedeutung des Tarifvertrages

171 **Begriff.** Der Tarifvertrag ist ein schriftlicher Vertrag zwischen zwei oder mehreren Tarifvertragsparteien (zum Begriff der Tarifvertragspartei vgl. Tz 175). Er enthält Regelungen, die nur die Tarifvertragsparteien betreffen (sogen. schuldrechtlicher Teil, vgl. Tz 180 ff.), und außerdem Rechtsnormen, die den Inhalt, den Abschluß und die Beendigung von Arbeitsverhältnissen sowie betriebliche und betriebsverfassungsrechtliche Fragen ordnen (sogen. normativer Teil, vgl. Tz 184 ff.). Während der schuldrechtliche Teil des Tarifvertrages ein Schuldverhältnis zwischen den Tarifvertragsparteien ist wie andere Verträge auch, haben die Bestimmungen des normativen Teils den Charakter von Rechtsnormen (§ 1 Abs. 1 TVG); sie gelten unmittelbar und zwingend für die Verträge, die Dritte, nämlich die Mitglieder der Tarifvertragsparteien, miteinander abschließen (zur Tarifwirkung vgl. Tz 188 ff.).

172 **Arten.** Es ist zu unterscheiden zwischen Mantel- oder Rahmentarifverträgen einerseits und Lohn- bzw. Gehaltstarifverträgen andererseits. Die Manteltarifverträge haben i. d. R. eine Laufzeit von mehreren Jahren; sie regeln die allgemeinen Arbeitsbedingungen (z. B. Arbeitszeit, Urlaub, Lohn- und Gehaltsgruppeneinteilung, Zuschläge für Mehr-, Nacht- und Sonntagsarbeit, Kündigungsfristen und Kündigungsgründe usw.). Demgegenüber legen die Lohn- bzw. Gehaltstarifverträge lediglich die Lohn- und Gehaltshöhe in den verschiedenen Lohngruppen fest. Da sich die wirtschaftlichen Verhältnisse kurzfristig verändern können, haben Lohn- bzw. Gehaltstarifverträge durchweg eine kürzere Laufzeit.

Daneben gibt es eine Vielzahl von Tarifverträgen über einzelne Gegenstände, z. B. über schrittweise Arbeitszeitverkürzungen, über den Schutz des Arbeitsplatzes bei Rationalisierungsmaßnahmen, ferner Tarifverträge, die gemeinsame Einrichtungen der Tarifvertragsparteien vorsehen (z. B. Urlaubs- und Ruhegeldkassen) usw (194).

173 **Bedeutung.** Die Bedeutung des Tarifvertrages liegt auf drei Gebieten.

- *Schutzfunktion:* Der Tarifvertrag schützt den einzelnen Arbeitnehmer davor, daß der Arbeitgeber einseitig aufgrund seiner wirtschaftlichen Überlegenheit die Arbeitsbedingungen festsetzt (195).

  Durch den Abschluß von Tarifverträgen ist es den Arbeitnehmern möglich, die formale rechtliche Gleichstellung auf der Ebene des Einzelvertrages in eine wirkliche (reale) Gleichstellung zu verwandeln (196).

  Damit der Tarifvertrag diese Schutzfunktion erfüllen kann, sind die Bestimmungen des normativen Teils als Mindestbedingungen mit zwingender Wirkung ausgestattet (vgl. Tz 185 f.).

- *Ordnungsfunktion:* Während der Laufzeit des Tarifvertrages können die Vertragsbedingungen für die betroffenen Arbeitgeber und Arbeitnehmer nicht verändert werden.

  Die Arbeitnehmer können sich darauf verlassen, daß Lohn, Arbeitszeit usw. unverändert bestehen bleiben, auch dann, wenn sich die Wirtschaftslage verschlechtert. Der Arbeitgeber erhält für die Laufzeit des Tarifvertrages feste Kalkulationsunterlagen. Im übrigen werden die Arbeitsverträge typisiert, für beide Teile wird der Vertragsabschluß vereinfacht.

- *Friedensfunktion:* Den Parteien ist die Vorbereitung oder Durchführung von Arbeitskampfmaßnahmen zur Änderung oder Aufhebung des Tarifvertrages während der Laufzeit des Vertrages untersagt (vgl. hierzu Tz 180).

  Nach Ablauf des Tarifvertrages sollen neue Arbeitsbedingungen grundsätzlich am Verhandlungstisch ausgehandelt werden; Arbeitskämpfe sind erst zulässig, wenn alle Verhandlungsmöglichkeiten einschl. der Schlichtung ausgeschöpft sind (vgl. Tz 196 ff. und Tz 201 ff.).

### 4.1.2. Abschluß und Beendigung des Tarifvertrages

174 Der Tarifvertrag kommt i. d. R. durch Einigung zwischen den Tarifvertragsparteien zustande. Schriftform ist zwingend vorgeschrieben (§ 1 Abs. 2 TVG). Ausnahmsweise kann ein Tarifvertrag auch im Schlichtungsverfahren zustande kommen, wenn die Parteien im voraus die Annahme des Schlichtungsvorschlages vereinbart haben (vgl. hierzu Tz 198 und 200).

175 **Tariffähigkeit.** Unter Tariffähigkeit wird die Fähigkeit verstanden, Partei eines Tarifvertrages sein zu können (197). Tariffähig sind nach geltendem Recht (§ 2 TVG)

- auf Arbeitgeberseite: einzelne Arbeitgeber, ferner Arbeitgeberverbände und Zusammenschlüsse von Arbeitgeberverbänden (Spitzenverbände).
- auf Arbeitnehmerseite: eine einzelne Gewerkschaft oder Zusammenschlüsse von Gewerkschaften (Spitzenorganisationen).

Die Verbände müssen die Merkmale der Koalition erfüllen (vgl. hierzu Kap. 2, Tz 20). Rechtsfähigkeit ist nicht erforderlich. Ausnahmsweise sind auf Arbeitgeberseite auch öffentlich-rechtliche Innungen und Innungsverbände tariffähig. Ihre Tariffähigkeit beruht auf ausdrücklicher gesetzlicher Bestimmung (§§ 54, 82 HandwO).

Die Spitzenorganisationen können nur dann Tarifverträge abschließen, wenn sie eine entsprechende Vollmacht der ihnen angeschlossenen Verbände haben oder wenn der Abschluß von Tarifverträgen zu ihren satzungsmäßigen Aufgaben gehört (§ 2 Abs. 2 und 3 TVG). Schließen Spitzenorganisationen einen Tarifvertrag ab, so haften nicht nur sie, sondern auch die angeschlossenen Verbände für die Erfüllung der gegenseitigen Verpflichtungen der Tarifvertragsparteien (§ 2 Abs. 4 TVG).

Wird der Tarifvertrag auf Arbeitgeberseite nur von einem Arbeitgeber abgeschlossen, so spricht man von einem Firmen-, Haus- oder Werkstarif. Wird der Vertrag von einem Arbeitgeberverband abgeschlossen, so wird der Tarifvertrag als Verbandstarif bezeichnet. Sind auf einer Seite mehrere Verbände oder mehrere Arbeitgeber nebeneinander Vertragspartei, so liegt ein mehrgliedriger Tarifvertrag vor.

176 **Tarifzuständigkeit.** Die Tarifvertragsparteien können die Arbeitsbedingungen nur für die Arbeitsverhältnisse regeln, für die sie sachlich und räumlich zuständig sind.

*Beispiele* (198): Die Verbände der Metallindustrie können keine Tarifverträge für den öffentlichen Dienst abschließen. Umgekehrt sind die Gewerkschaften des öffentlichen Dienstes keine Tarifpartner für die Arbeitgeber der Metallindustrie.

Maßgebend für die Tarifzuständigkeit ist die Satzung der Koalition (199). In diesem Zusammenhang ist zu beachten, daß die im DGB zusammengeschlossenen Gewerkschaften nach dem Industrieverbandsystem gegliedert sind; sie vertreten alle Arbeitnehmer eines bestimmten Wirtschaftszweiges, ohne Rücksicht auf den ausgeübten Beruf (vgl. auch Kap. 2, Tz 22). Dadurch werden Überschneidungen zwischen den DGB-Gewerkschaften weitgehend vermieden. Kommt es dennoch dazu, so wird durch ein Schiedsverfahren gem. DGB-Satzung die zuständige Gewerkschaft festgelegt (200).

*Beispiel* (198): Bei einer Aufbereitungsanlage für Uranerz kann die IG Bergbau und Energie, aber auch die IG Chemie tarifzuständig sein.

Demgegenüber ist die DAG nach dem Berufsverbandsprinzip organisiert, sie erfaßt nur Angestellte bestimmter Berufsgruppen (vgl. Tz 23). Es kann also sein, daß für einen bestimmten Bereich, z. B. für den öffentlichen Dienst, sowohl die ÖTV als auch die DAG tarifzuständig ist (zum Problem der Tarifkonkurrenz vgl. Tz 194 f.).

177 **Beginn des Tarifvertrages.** Das Tarifverhältnis beginnt mit dem Abschluß des Tarifvertrages (bzw. mit dem Zustandekommen des verbindlichen Schlichtungsvorschlages). Der Eintritt der Tarifwirkungen richtet sich hingegen nach den Bestimmungen des Tarifvertrages (vgl. hierzu Tz 193, zeitlicher Geltungsbereich).

178 **Beendigung des Tarifvertrages.** Der Tarifvertrag endet i. d. R. mit Ablauf der vereinbarten Zeit. Er kann aber auch von den Tarifvertragsparteien vorher aufgehoben werden (sogen. Aufhebungsvertrag). Die meisten Tarifverträge sehen ferner die Möglichkeit einer befristeten Kündigung vor. In besonderen Fällen, bei besonders schwerwiegenden Gründen, ist auch die fristlose Kündigung möglich (z. B. bei Irrtum oder Täuschung; wenn sich die Verhältnisse seit Vertragsabschluß so wesentlich geändert haben, daß einem Teil die Erfüllung des Vertrages nicht mehr zugemutet werden kann; bei schwerwiegenden Pflichtverletzungen eines Partners (201)).

179 **Nachwirkung.** Mit Beendigung des Tarifvertrages hört die Bindung der Tarifvertragsparteien an den schuldrechtlichen Teil des Tarifvertrages auf. Die normativen Bestimmungen des Tarifvertrages hingegen gelten weiter, bis sie durch eine andere Abmachung ersetzt werden (§ 4 Abs. 5 TVG). Das bedeutet, daß die Rechtsnormen des Tarifvertrages, die während der Laufzeit des Vertrages unmittelbares und zwingendes Recht zugunsten des Arbeitnehmers darstellen, nach Ablauf des Tarifvertrages als dispositives Recht fortgelten. Sie können daher auch durch einzelvertragliche Abmachungen ersetzt werden (202).

### 4.1.3. Inhalt des Tarifvertrages

#### 4.1.3.1. Schuldrechtlicher Teil

Der schuldrechtliche Teil des Tarifvertrages enthält die Bestimmungen, die Rechte und Pflichten der Tarifvertragsparteien gegeneinander begründen. Angesprochen sind die Parteien selbst, nicht ihre Mitglieder.

Die Pflichten der Tarifvertragsparteien umfassen (203):

- Selbstpflichten, die nur von den Tarifvertragsparteien selbst erfüllt werden können und müssen
- Einwirkungspflichten, die von den Parteien durch Einwirkung auf ihre Mitglieder zu tarifmäßigem Verhalten zu erfüllen sind; notfalls müssen hier die in der Satzung vorgesehenen Verbandszwangsmittel eingesetzt werden (Verwarnung, Vereinsstrafe, Entzug finanzieller Unterstützung, Verbandsausschluß).

180 **Friedenspflicht.** Die wichtigste Pflicht der Tarifvertragsparteien ist die Friedenspflicht. Da der Tarifvertrag dem Frieden zwischen den Tarifvertragsparteien dient (vgl. Tz 173), sollen die Vertragsparteien auf den Versuch verzichten, während der Laufzeit des Vertrages neue Forderungen bezüglich der durch Tarifvertrag geregelten Verhältnisse mit den Mitteln des Arbeitskampfes durchzusetzen (203). Sie sollen selbst keine Arbeitskämpfe veranstalten und auch nicht androhen (eine Androhung liegt bereits vor, wenn die Gewerkschaft den Beschluß faßt, eine Urabstimmung durchzuführen und für die Abstimmung das „Ja" zum Arbeitskampf zu empfehlen (204)). Sie sollen ferner ihre Mitglieder nicht zu Arbeitskämpfen anstiften und dürfen einen von den Mitgliedern begonnenen Arbeitskampf

nicht unterstützen (= Selbstpflichten). Sie sollen darüber hinaus ihre Mitglieder mit allen zur Verfügung stehenden Mitteln von der Eröffnung oder Weiterführung eines Arbeitskampfes abhalten (= Einwirkungspflichten).

Soweit die Friedenspflicht eine Einwirkung auf die Mitglieder verlangt, besteht diese Einwirkungspflicht in einer Handlungspflicht, nicht in einer Garantiepflicht (205). Die Tarifvertragspartei haftet daher nur für eine schuldhafte Verletzung ihrer Handlungspflicht, nicht aber für den Erfolg der Einwirkung oder gar für jeden Schaden, der durch Kampfhandlungen ihrer Mitglieder entsteht.

Sofern im Tarifvertrag nicht etwas anderes vereinbart wird, ist die Friedenspflicht keine absolute, sondern nur eine relative. Sie erstreckt sich nur auf die im Tarifvertrag geregelten Gegenstände. Arbeitskämpfe, die sich nicht gegen den Inhalt des Tarifvertrages selbst richten, bleiben dagegen zulässig (206). Die relative Friedenspflicht ist jedem Tarifvertrag immanent, sie braucht deshalb nicht ausdrücklich vereinbart zu werden. Es ist jedoch möglich, die Friedenspflicht zur absoluten Friedenspflicht, die jeden Arbeitskampf verbietet, zu erweitern; dazu muß aber eine besondere Vereinbarung getroffen werden.

181 **Durchführungspflichten.** Neben der Friedenspflicht sind ferner folgende Selbst- bzw. Einwirkungspflichten der Tarifvertragsparteien zu nennen: die Verpflichtung, bestimmte Einrichtungen zu errichten bzw. zu unterhalten, z. B. Schieds- und Schlichtungsstellen (vgl. Tz 197); die gegenseitige Verpflichtung, die Allgemeinverbindlichkeit von Tarifverträgen zu beantragen (vgl. hierzu Tz 190 ff.); die Regelung der Haftung bei Verletzung des Tarifvertrages; Vereinbarungen über Verbandszwangsmittel gegen tarifwidrig handelnde Verbandsmitglieder u. a. m. Diese Pflichten müssen aber ausdrücklich vereinbart werden.

182 **Rechtsfolgen bei Verletzung der schuldrechtlichen Bestimmungen.** Verletzt ein Tarifpartner seine Pflichten aus dem Tarifvertrag, so kann der andere Vertragspartner auf Erfüllung klagen bzw. Unterlassung für die Zukunft verlangen. Bis zur Rechtskraft des Urteils kann eine einstweilige Verfügung erwirkt werden. Für den Fall einer Zuwiderhandlung wird das Urteil durch Auferlegung von Haft- oder Geldstrafen vollstreckt.

*Beispiele*: Arbeitgeberverband A verklagt die Gewerkschaft G auf Errichtung der im Tarifvertrag vorgesehenen Schiedsstelle (= Klage auf Erfüllung einer Selbstpflicht); Gewerkschaft H verklagt Arbeitgeberverband B, durch Androhung des Verbandsausschlusses beim Arbeitgeber X auf eine tarifgemäße Gestaltung der Arbeitsbedingungen einzuwirken (= Klage auf Erfüllung einer Einwirkungspflicht); Arbeitgeberverband C verlangt von der Gewerkschaft K, die Zahlung von Unterstützungsgeldern an streikende Arbeitnehmer im Betrieb des U einzustellen (= Unterlassungsklage).

Neben dem Erfüllungs- bzw. Unterlassungsanspruch besteht die Möglichkeit, den Tarifvertrag zu kündigen (vgl. Tz 178).

183 Zu beachten ist, daß in bestimmten Fällen bei Verletzung schuldrechtlicher Bestimmungen durch eine Tarifvertragspartei auch die *Mitglieder* der gegenüberstehenden Tarifvertragspartei Rechte erwerben können. Das ist dann der Fall, wenn sich das Individualinteresse der Mitglieder mit dem Gesamtinteresse deckt und die schuldrechtlichen Bestimmungen des Tarifvertrages gerade auch den Schutz der Mitglieder bezwecken (207). Die schuldrechtlichen Bestimmungen sind dann als Vertrag zugunsten Dritter bzw. als Vertrag mit Schutzwirkung für Dritte anzusehen (207).

*Beispiel* (207): Verletzt eine Partei die Friedenspflicht, so können die Mitglieder der anderen Partei Schadensersatz wegen Vertragsverletzung verlangen, z. B. bei tarifwidrigem Streik oder tarifwidriger Aussperrung. – Der einzelne Arbeitgeber kann von der Gewerkschaft ein Vorgehen gegen ihre Mitglieder verlangen, wenn diese sich bei einem anderen Arbeitgeber zu untertariflichen Bedingungen einstellen lassen.

*Fall 16*: Friedenspflicht (208)

Zwischen der Gewerkschaft G und dem Arbeitgeberverband A besteht ein Lohntarifvertrag, der am 31. 12. auslaufen soll. Im Oktober des Jahres, drei Monate vor Ablauf des Lohntarifvertrages, meldet die Gewerkschaft die Forderung nach einem zusätzlichen Urlaubsgeld in Höhe eines halben Monatslohnes an. A lehnt Verhandlungen über diese Frage ab unter Hinweis darauf, daß der Lohntarifvertrag noch nicht abgelaufen sei. G ist der Ansicht, der Lohntarifvertrag enthalte keine Bestimmungen über ein Urlaubsgeld. Es kommt zu einem Streik, der allerdings von G nach zwei Tagen abgebrochen wird.

U, der dem Arbeitgeberverband angehört, verklagt die Gewerkschaft auf Ersatz des Streikschadens.

1. Ist die Gewerkschaft für den durch Streik entstandenen Schaden ersatzpflichtig?
2. Kann U die Gewerkschaft auf Schadensersatz verklagen?

*Lösung:*

**Zu 1:** Die Antwort hängt davon ab, ob G ihre tarifliche Friedenspflicht verletzt hat. Von der absoluten Friedenspflicht ist im Sachverhalt nicht die Rede; zur Erörterung steht deshalb eine evtl. Verletzung der relativen Friedenspflicht. Sie erfaßt nur die im Tarifvertrag geregelten Gegenstände. Welche das sind, ist durch Auslegung zu gewinnen. Es besteht eine Lohnregelung, und es wird ein zusätzliches Urlaubsgeld gefordert. Ob die relative Friedenspflicht verletzt wurde, hängt also davon ab, ob Lohn und zusätzliches Urlaubsgeld in einem inneren Zusammenhang stehen. Das wird im vorliegenden Fall zu bejahen sein, zumal das Urlaubsgeld an den Monatslohn gekoppelt sein soll. Somit stellt der Streik eine Verletzung der Friedenspflicht durch G dar, so daß G schadensersatzpflichtig ist.

**Zu 2:** Grundsätzlich trifft die Friedenspflicht nur die Vertragspartner G und A. Sie bezweckt aber auch den Schutz der Mitglieder der Vertragsparteien, wirkt also im vorliegenden Fall zugunsten des U (= Tarifvertrag als Vertrag zugunsten Dritter). U kann deshalb die Gewerkschaft G auf Schadensersatz verklagen.

### 4.1.3.2. Normativer Teil

Der normative Teil des Tarifvertrages umfaßt die Bestimmungen, die den Inhalt, den Abschluß und die Beendigung der Arbeitsverhältnisse zwischen Arbeitgebern und Arbeitnehmern regeln. Zum normativen Teil gehören ferner die Vorschriften, die betriebliche und betriebsverfassungsrechtliche Fragen ordnen sowie gemeinsame Einrichtungen der Tarifvertragsparteien zum Gegenstand haben (§ 1 Abs. 1 TVG).

184 Im einzelnen sind zu nennen:

4.1.3.2.1. *Inhaltsnormen:* Sie regeln den Inhalt der einzelnen Arbeitsverhältnisse.

*Beispiele*: Bestimmungen über Lohnhöhe und Zulagen, über Mehrarbeits-, Sonntags-, Feiertags- und Nachtarbeitszuschläge, über Arbeitszeit und Urlaub, über Arbeitsbefreiung bei persönlicher Verhinderung des Arbeitnehmers (vgl. Kap. 3, Tz 88 f), über vermögenswirksame Leistungen, über Kündigungsgründe und Kündigungsfristen u. a. m.

4.1.3.2.2. *Abschlußnormen:* Hierunter fallen Formvorschriften, Abschlußgebote und Abschlußverbote.

Formvorschriften können konstitutive oder nur deklaratorische Wirkung haben. Konstitutive Formvorschriften müssen eingehalten werden, anderenfalls ist der Arbeitsvertrag nichtig (§ 125 BGB, vgl. Kap. 3, Tz 42). Haben die Formvorschriften lediglich deklaratorischen Charakter, so ist der formlos abgeschlossene Vertrag gültig; jede Vertragspartei kann nur eine schriftliche Festlegung des Vertrages verlangen (vgl. hierzu auch Kap. 3, Tz 36).

Abschlußverbote verbieten den Abschluß von Arbeitsverträgen; trotzdem abgeschlossene Arbeitsverträge sind nichtig (vgl. Kap. 3, Tz 42). Beispiele: Verbot, mehr als eine bestimmte Zahl von Lehrlingen einzustellen (sogen. Lehrlingsskala); Abschlußverbote für Frauen und Jugendliche.

Abschlußgebote begründen einen Abschlußzwang für den Arbeitgeber. Beispiele: Einstellung von Schwerbeschädigten; Wiedereinstellungsklausel nach Arbeitskämpfen.

4.1.3.2.3. *Betriebsnormen:* Sie wenden sich an die Belegschaft als Ganzes.

*Beispiele*: Vorschriften über Gefahrlosstellung oder Erleichterung der Arbeit, über Errichtung von Bädern, Umkleide- und Aufenthaltsräumen, über die Bereitstellung von Unterkünften, über Anwesenheits- und Torkontrollen usw.

4.1.3.2.4. *Betriebsverfassungsrechtliche Normen:* Sie betreffen Angelegenheiten der Betriebsverfassung, haben allerdings seit der gesetzlichen Regelung des Betriebsverfassungsrechtes an Bedeutung verloren (vgl. hierzu Kap. 5).

*Beispiele*: Durch Tarifvertrag kann abweichend vom Gesetz die Zahl der freizustellenden Betriebsratsmitglieder, die Größe des Gesamtbetriebsrates, die Größe des Konzernbetriebsrates und die Größe der Gesamtjugendvertretung geregelt werden. Außerdem kann bestimmt werden, daß an die Stelle der Einigungsstelle eine tarifliche Schiedsstelle tritt. Schließlich ist es möglich, unter bestimmten Voraussetzungen und in bestimmtem Umfang von der im Gesetz vorgesehenen Organisation der Betriebsverfassung abzuweichen.

4.1.3.2.5. *Normen über gemeinsame Einrichtungen:* z. B. über Lohnausgleichskassen.

*Beispiele*: die Tarifvertragsparteien können die Satzungen der gemeinsamen Einrichtungen mit unmittelbarer und zwingender Wirkung ausstatten; sie können das Verhältnis der Arbeitgeber und der Arbeitnehmer zu den gemeinsamen Einrichtungen verbindlich regeln.

185 **Wirkung der normativen Bestimmungen.** Die Bestimmungen des normativen Teils des Tarifvertrages gelten unmittelbar und zwingend für die Arbeitsverträge zwischen Arbeitgebern und Arbeitnehmern. Sie sind unabdingbar (§ 4 Abs. 1 und 2 TVG). Allerdings besteht diese unmittelbare und zwingende Wirkung nur für die tarifgebundenen Arbeitsverhältnisse (zum Begriff der Tarifgebundenheit vgl. Tz 188).

Die unmittelbare Wirkung bedeutet, daß die Tarifvertragsbestimmungen auf die Arbeitsverhältnisse unmittelbar beherrschend einwirken (209). Die Wirkung tritt ohne Einigung, Zustimmung oder Kenntnis der tarifgebundenen Arbeitnehmer und Arbeitgeber ein (210).

Die zwingende Wirkung äußert sich darin, daß einzelvertragliche Abmachungen, die ungünstiger sind als die Tarifnormen, unwirksam sind. An die Stelle der unwirksamen einzelvertraglichen Abmachungen treten dann die Tarifvertragsbestimmungen (211).

186 **Günstigkeitsprinzip.** Nach § 4 Abs. 3 TVG sind Abweichungen vom Tarifvertrag nur zulässig, wenn sie eine Änderung zugunsten der Arbeitnehmer enthalten. Das bedeutet, daß der normative Teil des Tarifvertrages Mindestarbeitsbedingungen zum Schutz des Arbeit-

nehmers enthält, die durch Arbeitsvertrag zwar zugunsten des Arbeitnehmers verbessert, aber grundsätzlich nicht zu seinen Lasten verschlechtert werden können (212). Dem Arbeitgeber bleibt es unbenommen, durch Einzelvertrag freiwillig übertarifliche Leistungen zu vereinbaren. Es dürfen aber keine Höchstarbeitsbedingungen vereinbart werden (211).

Auch durch Betriebsvereinbarungen können tarifvertragliche Arbeitsbedingungen nicht verschlechtert werden. Günstigere Regelungen sind zwar durch Betriebsvereinbarungen grundsätzlich nicht ausgeschlossen, sind aber wegen des in § 77 Abs. 3 BetrVG festgelegten Vorranges des Tarifvertrages vor der Betriebsvereinbarung nur in engen Grenzen möglich (vgl. hierzu auch Kap. 5, Tz 244).

**187** Schuldrechtlicher und normativer Teil des Tarifvertrages sind üblicherweise im Text nicht voneinander getrennt. Sie bilden ein Ganzes. Bei einer Kündigung des Vertrages durch eine Tarifvertragspartei enden nicht nur die schuldrechtlichen Beziehungen, sondern es wird auch der normative Teil beseitigt (allerdings tritt eine Nachwirkung ein, vgl. Tz 179). Die Regelungen des normativen Teils bestimmen den Umfang der Friedenspflicht und der Durchführungspflicht (213).

### 4.1.4. Tarifwirkungen

Die normativen Bestimmungen des Tarifvertrages gelten nur für solche Personen, die

- tarifgebunden sind und
- unter den Geltungsbereich des Tarifvertrages fallen.

#### 4.1.4.1. Tarifgebundenheit

Tarifgebunden sind die Personen, die der Normsetzungsbefugnis der Tarifpartner unterliegen (214). Die Normsetzungsbefugnis beruht auf Art. 9 Abs. 3 GG. Wer tarifgebunden ist, ergibt sich aus § 3 TVG. Der Kreis der Tarifgebundenen ist durch Gesetz festgelegt, er kann von den Parteien nicht erweitert oder eingeschränkt werden.

##### 4.1.4.1.1. Tarifgebundene Personen

**188** Nach § 3 TVG sind tarifgebunden (215)

**4.1.4.1.1.1.** die Arbeitnehmer bzw. Arbeitgeber, die Mitglieder der Tarifvertragsparteien sind, also die in der Gewerkschaft organisierten Arbeitnehmer, die dem Arbeitgeberverband angehörenden Arbeitgeber (§ 3 Abs. 1 TVG).

**4.1.4.1.1.2.** der einzelne Arbeitgeber, der selbst (bei einem Firmentarif) Partei des Tarifvertrages ist (§ 3 Abs. 1 TVG).

**4.1.4.1.1.3.** Arbeitnehmer und/oder Arbeitgeber, die zu dem Zeitpunkt, als die normativen Bestimmungen wirksam wurden, Mitglieder der Tarifvertragsparteien waren, später aber aus dem Verband ausgetreten sind. Das ergibt sich aus § 3 Abs. 3 TVG, wonach die Tarifgebundenheit bestehen bleibt, bis der Tarifvertrag endet.

Durch diese Regelung soll verhindert werden, daß sich Arbeitgeber oder Arbeitnehmer durch Austritt aus dem Verband den Pflichten und Lasten des Tarifvertrages entziehen (215). Das ausgetretene Mitglied bleibt aber nur an den bestehenden Tarifvertrag gebunden; wird dieser geändert, so bedeutet dies Beendigung des Tarifvertrages und Beendigung der Tarifbindung für den Ausgetretenen.

**4.1.4.1.1.4.** Die Mitglieder der Verbände, die Spitzenorganisationen angehören, wenn die Spitzenorganisationen den Tarifvertrag im eigenen Namen abgeschlossen haben (vgl. hierzu auch Tz 175).

**4.1.4.1.1.5.** Arbeitnehmer und Arbeitgeber, die nicht organisiert sind, aber durch Allgemeinverbindlichkeitserklärung an den Tarifvertrag gebunden werden (vgl. hierzu Tz 190 ff.).

Eine besondere Tarifgebundenheit besteht bei betrieblichen und betriebsverfassungsrechtlichen Normen. Hier genügt die Tarifgebundenheit des Arbeitgebers allein (§ 3 Abs. 2 TVG). Diese Normen gelten für alle Betriebe, deren Arbeitgeber tarifgebunden sind und für alle dort beschäftigten Arbeitnehmer ohne Rücksicht auf die Gewerkschaftszugehörigkeit.

Tritt ein Arbeitgeber einem Arbeitgeber-Verband bei, so wird er damit an die von diesem Verband abgeschlossenen Tarifverträge gebunden. Auch die in den Betrieben dieses Arbeitgebers beschäftigten Arbeitnehmer fallen fortan unter den Tarifvertrag, soweit sie der vertragschließenden Gewerkschaft angehören. Unter Umständen hat aber dann die Gewerkschaft ein Recht zur außerordentlichen Kündigung (vgl. hierzu auch Tz 178), wenn ein atypisches Unternehmen durch den Beitritt zum Arbeitgeberverband die Tarifbindung an Verbandstarife erlangt, die nicht auf ein Unternehmen dieser Art zugeschnitten sind (216).

**189** Arbeitgeber und Arbeitnehmer, die nicht tarifgebunden sind, können vertraglich vereinbaren, daß das Arbeitsverhältnis dem Tarifvertrag unterliegen soll, der persönlich und sachlich dem Arbeitsverhältnis entspricht. Dabei muß festgelegt werden, ob der Tarifvertrag in einer bestimmten Fassung gemeint ist (Folge: keine automatische Anpassung des Arbeitsvertrages bei Tarifänderungen) oder der Tarifvertrag in der jeweils geltenden Fassung (Folge: automatische Anpassung des Arbeitsvertrages bei Tarifänderungen).

*Beispiel*: Ein nicht tarifgebundener Heizungsinstallateur vereinbart mit seinen Arbeitnehmern, daß für die Arbeitsverhältnisse der jeweils gültige Tarifvertrag für das Heizungsgewerbe gelten soll.

### 4.1.4.1.2. Allgemeinverbindlichkeitserklärung von Tarifverträgen

In Zeiten hoher Konjunktur und Vollbeschäftigung spielt es keine große Rolle, daß Tarifverträge grundsätzlich nur für tarifgebundene Arbeitgeber und Arbeitnehmer gelten. Faktisch werden nämlich alle Arbeitnehmer ohne Rücksicht auf die Gewerkschaftszugehörigkeit zu den Tarifvertragsbedingungen beschäftigt. In den Einzelverträgen wird regelmäßig auf den jeweils gültigen Tarifvertrag Bezug genommen. Juristisch besteht der Unterschied lediglich darin, daß die Vereinbarungen mit den nicht Tarifgebundenen nicht die zwingende Wirkung der Tarifvertragsnormen haben, so daß abweichende ungünstigere Abreden theoretisch möglich sind (217).

Anders ist die Situation bei nachlassender Konjunktur und steigenden Arbeitslosenzahlen. Auf Arbeitnehmerseite wächst dann u. U. die Bereitschaft, auch zu einem niedrigeren als dem Tariflohn zu arbeiten. Daraus entsteht eine doppelte Gefahr (218): Arbeitnehmer, die einer Gewerkschaft angehören, werden möglicherweise nicht eingestellt, sondern durch Außenseiter verdrängt (sogen. Lohndrückerei); Arbeitgeber, die nicht tarifgebunden sind, erlangen einen Wettbewerbsvorteil gegenüber den tarifgebundenen Arbeitgebern, weil sie billigere Arbeitskräfte einstellen können (sogen. Schmutzkonkurrenz).

In dieser Lage haben sowohl die Gewerkschaften als auch die Arbeitgeberverbände ein Interesse daran, möglichst alle Arbeitsverhältnisse zu den Bedingungen des Tarifvertrages zu regeln. Diesem Zweck dient die Allgemeinverbindlichkeitserklärung von Tarifverträgen.

**190** **Voraussetzungen.** Nach § 5 TVG kann ein bestehender Tarifvertrag für allgemeinverbindlich erklärt werden

- wenn die an den Tarifvertrag gebundenen Arbeitgeber mindestens 50 % der unter den Geltungsbereich des Tarifvertrages fallenden Arbeitnehmer beschäftigen (§ 5 Abs. 1 Nr. 1 TVG). Ob die Arbeitnehmer ihrerseits tarifgebunden sind, ist unerheblich. (Zum Begriff des Geltungsbereiches des Tarifvertrages vgl. Tz 193.) Ferner:
- wenn die Allgemeinverbindlichkeitserklärung im öffentlichen Interesse geboten erscheint (§ 5 Abs. 1 Nr. 2 TVG).

Es genügt nicht das natürliche Interesse der Tarifvertragsparteien an einer Ausdehnung des Tarifvertrages, um Lohndrückerei oder Schmutzkonkurrenz zu vermeiden. Vielmehr kommt es darauf an, ob bei Nichtausdehnung der Tarifgebundenheit die Gefahr besteht, daß der Arbeitsfriede gefährdet ist. Ein öffentliches Interesse liegt ferner vor, wenn die Arbeitsbedingungen der Außenseiter im Durchschnitt wesentlich unter den vergleichbaren Bedingungen in anderen Berufszweigen liegen (219).

*Beispiel* (218): Bei einem Firmentarifvertrag wird die Voraussetzung des § 5 Abs. 1 Nr. 1 stets erfüllt sein; es wird aber i. d. R. an einem öffentlichen Interesse fehlen (§ 5 Abs. 1 Nr. 2), so daß eine Allgemeinverbindlichkeitserklärung nicht möglich ist.

**191** **Verfahren.** Das Verfahren zur Erklärung der Allgemeinverbindlichkeit wird nur auf Antrag einer Tarifvertragspartei eingeleitet (§ 5 Abs. 1 TVG). Daß ein solcher Antrag gestellt werden soll, kann bereits im Tarifvertrag vereinbart sein (vgl. Durchführungspflichten, Tz 181). Zuständig für das Verfahren ist der Bundesminister für Arbeit und Sozialordnung. Dieser kann das Recht zur Allgemeinverbindlichkeitserklärung auf eine oberste Landesbehörde übertragen (§ 5 Abs. 6 TVG).

**192** **Wirkung.** Die Allgemeinverbindlichkeitserklärung bewirkt, daß die normativen Bestimmungen des Tarifvertrages nunmehr auch die Außenseiter binden (vgl. Tz 188, Ziffer 4.1.4.1.1.5.). Die Normen des Tarifvertrages gelten dann für alle Arbeitsverhältnisse und Betriebe, die in den Geltungsbereich des Tarifvertrages fallen, ohne daß es darauf ankommt, ob Arbeitgeber oder Arbeitnehmer den Tarifvertragsparteien angehören (220). Der schuldrechtliche Teil des Tarifvertrages wird von der Allgemeinverbindlichkeitserklärung allerdings nicht erfaßt.

*Beispiele* für Tarifverträge, die für allgemeinverbindlich erklärt wurden: der Bundes-Rahmentarifvertrag für das Baugewerbe, gültig ab 1. 1. 75 (für das ganze Bundesgebiet); der Manteltarifvertrag für die gewerblichen Arbeitnehmer im Einzelhandel von Schleswig-Holstein, gültig ab 1. 1. 70 (nur für Schleswig-Holstein).

### 4.1.4.2. Geltungsbereich des Tarifvertrages

Von der Tarifbindung ist der Geltungsbereich des Tarifvertrages zu unterscheiden. Die Tarifbindung besagt, welche Personen überhaupt der Normsetzungsbefugnis der Tarifvertragsparteien unterliegen. Der Geltungsbereich des Tarifvertrages besagt, für welche Arbeitsverhältnisse der Tarifgebundenen ein bestimmter Tarifvertrag gelten soll (221). Während die Tarifgebundenheit gesetzlich festgelegt ist (vgl. Tz 188), kann der Geltungsbereich des Tarifvertrages von den Parteien bestimmt werden. Sie können z. B. festlegen, daß aus dem Kreis der tarifgebundenen Personen eine bestimmte, eng umgrenzte Gruppe herausgegriffen und nur diese in die Tarifwirkung einbezogen werden soll (222).

**193** Der Geltungsbereich eines Tarifvertrages kann zeitlich, räumlich, betrieblich, fachlich und persönlich abgegrenzt werden. Im einzelnen:

4.1.4.2.1. *zeitlicher Geltungsbereich:* Die zeitliche Geltung der Tarifvertragsbestimmungen fällt i. d. R. mit der Laufzeit des Tarifvertrages zusammen. Die Bestimmungen gelten also für alle Arbeitsverhältnisse, die nach Inkrafttreten und vor Beendigung des Tarifvertrages abgeschlossen wurden. Nach Ablauf des Tarifvertrages tritt die Nachwirkung ein (vgl. Tz 179).

Inhaltsnormen, Betriebsnormen und Regelungen über gemeinsame Einrichtungen gelten auch für Arbeitsverhältnisse, die bei Inkrafttreten des Tarifvertrages schon bestanden. Formvorschriften und Abschlußgebote berühren schon bestehende Arbeitsverhältnisse nicht; Abschlußverbote lassen vorher abgeschlossene Arbeitsverträge unberührt (223).

4.1.4.2.2. *räumlicher Geltungsbereich:* Hierunter ist das Tarifgebiet zu verstehen, in dem der Tarifvertrag gelten soll (z. B. Bund, Land, Bezirk, Ort). Es können auch die Unternehmen namentlich aufgeführt werden, für die der Tarifvertrag gelten soll. Maßgebend ist dabei der Sitz der Betriebsstätte, wo die Arbeitsleistung zu erfüllen ist, nicht der Sitz des Unternehmens (wenn mehrere Betriebe vorhanden sind).

Der Tarifvertrag für den engeren Bereich geht dem Tarifvertrag mit der weiteren räumlichen Geltung vor. Örtliche Tarife verdrängen die bezirklichen, Landestarife die Bundestarife.

4.1.4.2.3. *betrieblicher Geltungsbereich:* Grundsätzlich soll für einen Betrieb nur ein Tarifvertrag gelten (Prinzip der Tarifeinheit), so daß auf ein und dasselbe Arbeitsverhältnis auch nur ein Tarifvertrag angewendet wird. Maßgebend ist hier der wirtschaftliche Hauptzweck des Betriebes, der sich aus der Organisation und Einrichtung des Betriebes ergibt (224). Ausschlaggebend ist die Produktion, die dem Betrieb das Gepräge gibt.

*Beispiel* (225): Ein Betrieb der chemischen Industrie beschäftigt außer Chemiearbeitern auch eine Gruppe von Maurern. Maßgebend ist für alle Arbeitnehmer der einschlägige Chemietarifvertrag und nicht etwa für die Maurer der Tarifvertrag für das Baugewerbe, auch wenn dieser für allgemeinverbindlich erklärt ist.

4.1.4.2.4. *fachlicher Geltungsbereich:* Hierunter versteht man den Anwendungsbereich auf die verschiedenen Gruppen von Arbeitnehmern.

*Beispiele* (226): Die Tarifpartner vereinbaren, daß ein Rahmentarifvertrag sowohl für Arbeiter wie für Angestellte gilt. – Für Arbeiter und Angestellte werden gesonderte Lohn- und Gehaltstarifverträge abgeschlossen. – Für technische und kaufmännische Angestellte werden unterschiedliche Tarife vereinbart.

**4.1.4.2.5.** *persönlicher Geltungsbereich:* Grundsätzlich gilt der Tarifvertrag für alle tarifgebundenen Arbeitnehmer, die unter den zeitlichen, räumlichen, betrieblichen und fachlichen Geltungsbereich des Vertrages fallen, so daß von einem besonderen persönlichen Geltungsbereich abgesehen werden kann. Es kommt aber vor, daß bestimmte Personen von der Geltung des Tarifvertrages ausgenommen werden, z. B. Aushilfsarbeiter, Lehrlinge.

*Fall 17*: Tarifwirkungen (227)

Zwischen der Gewerkschaft G und dem Arbeitgeberverband A ist ein Tarifvertrag abgeschlossen worden, über dessen Wirkungen Streitigkeiten bestehen:

1. Im Tarifvertrag ist vorgesehen, daß der Arbeitgeber das Recht hat, gemeinsam mit einer vom Betriebsrat zu bestimmenden Kommission stichprobenweise Torkontrollen vorzunehmen. Als eines Tages eine solche Torkontrolle durchgeführt werden soll, weigert sich der Arbeiter K, sich untersuchen zu lassen. Was die Gewerkschaft vereinbare, gehe ihn nichts an, da er ihr nicht angehöre. K verweist außerdem auf Art. 1 GG (Achtung der Menschenwürde).
2. Im Tarifvertrag ist ein zusätzliches Urlaubsgeld vorgesehen. Der Angestellte P, der vor mehreren Jahren der Gewerkschaft G angehörte, dort aber inzwischen ausgeschieden ist, verlangt für sich das Urlaubsgeld.
3. Im Tarifvertrag ist eine Abmachung über die Zuwendung vermögenswirksamer Leistungen enthalten. Arbeitgeber U tritt aus Protest gegen diese Bestimmung aus dem Arbeitgeberverband aus. Der Arbeiter B, der Mitglied der Gewerkschaft G ist, verlangt von U für sich die Anlegung der im Tarifvertrag vorgesehenen Beträge als Sparbeträge, desgleichen der Arbeiter C, der 3 Wochen nach Austritt des U aus dem Arbeitgeberverband von U eingestellt wird und ebenfalls der Gewerkschaft angehört.

*Lösungen:*

**Zu 1:** Tarifnormen über Torkontrollen betreffen die betriebliche Ordnung und gehören zur Gruppe der Betriebsnormen. Bei Betriebsnormen genügt gem. § 3 Abs. 2 TVG die Tarifgebundenheit des Arbeitgebers allein. Sie erfassen alle Arbeitnehmer, die im Betrieb des tarifgebundenen Arbeitgebers beschäftigt sind, ohne Rücksicht auf die Gewerkschaftszugehörigkeit. K muß sich also untersuchen lassen. – Im übrigen ist anerkannt, daß Torkontrollen nicht gegen Art. 1 GG verstoßen, wenn sie notwendig sind und in schonender Weise durchgeführt werden.

**Zu 2:** Die Tarifnorm über das Urlaubsgeld betrifft den Inhalt des Arbeitsverhältnisses (sogen. Inhaltsnorm). Sie gilt deshalb nur zwischen beiderseits tarifgebundenen Parteien (§ 3 Abs. 1 TVG), also nicht zugunsten des P, der schon lange nicht mehr Mitglied der vertragsschließenden Gewerkschaft G ist. P hat deshalb keinen Anspruch auf das tarifliche Urlaubsgeld.

**Zu 3:** Die Vereinbarung vermögenswirksamer Leistungen gehört ebenfalls zu den Inhaltsnormen. Arbeitgeber U muß sowohl dem B als auch dem C die Leistungen gewähren. Sein Austritt aus dem Verband läßt die Tarifbindung nicht enden (§ 3 Abs. 3 TVG), er bleibt tarifgebunden, bis der Tarifvertrag ausläuft. Die Bestimmungen des Tarifvertrages werden für alle Arbeitsverhältnisse wirksam, die nach Inkrafttreten und vor Beendigung des Vertrages abgeschlossen werden (= Arbeiter C). Inhaltsnormen gelten im übrigen auch für Arbeitsverhältnisse, die schon bei Inkrafttreten des Tarifvertrages bestanden (= Arbeiter B).

### 4.1.4.3. Tarifkonkurrenz

194 Es ist möglich, daß mehrere Tarifverträge auf ein und dasselbe Arbeitsverhältnis anwendbar sind. Tarifkonkurrenz liegt vor

- wenn Tarifgebundenheit an mehrere verschiedene Tarifverträge besteht und
- wenn das Arbeitsverhältnis gleichzeitig unter den zeitlichen, räumlichen, betrieblichen, fachlichen und persönlichen Geltungsbereich der gleichen verschiedenen Tarifverträge fällt.

*Beispiele*: Ein Arbeitgeber hat einen Tarifvertrag mit einer DGB-Gewerkschaft und einen Tarifvertrag mit der DAG abgeschlossen; beide Tarifverträge sind für allgemeinverbindlich erklärt worden. – Ein Arbeitgeber tritt aus einem Arbeitgeberverband in einen anderen über (228); der Arbeitgeber ist dann einerseits an den von dem Verband, dem er vorher angehörte, geschlossenen Tarifvertrag gebunden (§ 3 Abs. 3 TVG), andererseits tritt durch den Beitritt zu dem anderen Verband eine Tarifbindung an den von diesem geschlossenen Tarifvertrag ein (§ 3 Abs. 1 TVG). – Keine Tarifkonkurrenz liegt vor, wenn mehrere Tarifverträge einander ergänzen sollen (z. B. Manteltarifvertrag und Lohntarifvertrag). – Tarifkonkurrenz liegt auch nicht vor, wenn der Kreis der tarifgebundenen Personen bei den einzelnen Tarifverträgen unterschiedlich zusammengesetzt ist (z. B. wenn eine Industriegewerkschaft des DGB und die DAG mit demselben Arbeitgeberverband Tarifverträge abschließen) (229).

195 Für die Lösung der Tarifkonkurrenz gelten folgende Grundsätze (230):

- Es ist der Tarifvertrag anzuwenden, dessen Geltung die Tarifvertragsparteien wollen. Maßgebend ist also in erster Linie der Wille der Parteien.
- Haben die Tarifvertragsparteien keine Vereinbarung für den Fall der Tarifkonkurrenz getroffen, so gilt der Grundsatz der Tarifeinheit. Danach ist der Tarifvertrag anzuwenden, der der Tätigkeit des Betriebes am ehesten entspricht.
- Ergibt sich nach dem Prinzip der Tarifeinheit noch keine Lösung, so gilt das Spezialitätsprinzip. Es findet der Tarifvertrag Anwendung, der dem Betrieb räumlich, betrieblich, fachlich und persönlich am nächsten kommt.

  *Beispiel:* Ein Ortstarif geht dem Bezirkstarif vor.

- Ist auch dann noch keine eindeutige Lösung möglich, so soll der Tarifvertrag Anwendung finden, der die meisten Arbeitsverhältnisse im Betrieb erfaßt (Prinzip der größten Zahl).

**Fragen zu 4.1.:**

1. Was ist unter Tarifautonomie zu verstehen?
2. Was ist ein Tarifvertrag? Was ist unter einem Manteltarifvertrag zu verstehen? Was ist ein Lohntarifvertrag? Was ist ein Firmentarifvertrag?
3. Was ist mit den Bezeichnungen: Schutzfunktion, Ordnungsfunktion und Friedensfunktion des Tarifvertrages gemeint?
4. Was ist unter Tariffähigkeit zu verstehen? Wer ist tariffähig?
5. Was besagt der Begriff „Tarifzuständigkeit"?
6. Was versteht man unter Nachwirkung des Tarifvertrages?
7. Was versteht man unter dem schuldrechtlichen Teil des Tarifvertrages?

8. Was ist unter Selbstpflichten und Einwirkungspflichten der Tarifvertragsparteien zu verstehen?
9. Was beinhaltet die sogen. Friedenspflicht?
10. Welche Rechtsfolgen treten bei Verletzung der schuldrechtlichen Bestimmungen des Tarifvertrages ein?
11. Was ist unter dem normativen Teil des Tarifvertrages zu verstehen? Welche Wirkungen haben die normativen Bestimmungen?
12. Nennen Sie einige Beispiele für Inhaltsnormen, Abschlußnormen und Betriebsnormen!
13. Was besagt das Günstigkeitsprinzip?
14. Was versteht man unter Tarifgebundenheit? Wer ist tarifgebunden?
15. Welche Wirkungen hat die Allgemeinverbindlichkeitserklärung von Tarifverträgen? Welche Voraussetzungen müssen gegeben sein? Welchen Sinn hat die Allgemeinverbindlichkeitserklärung?
16. Was ist unter dem Geltungsbereich eines Tarifvertrages zu verstehen? Wo liegt der Unterschied zur Tarifbindung?
17. Wie wird verfahren, wenn Tarifkonkurrenz vorliegt?

## 4.2. Schlichtung

Wie unter 4.1. dieses Kapitels dargestellt, ist die Regelung der Arbeitsbedingungen in der Bundesrepublik grundsätzlich den Tarifvertragsparteien überlassen. Können sich die Parteien nicht einigen, so wird versucht, die Interessengegensätze im Wege der Schlichtung auszugleichen.

196 **Begriff und Wesen.** Schlichtung im engeren Sinne ist Hilfeleistung zur Beendigung einer Streitigkeit zwischen Tarifvertragsparteien, indem ein Vorschlag für einen neuen Tarifvertrag gemacht wird (231). Im weiteren Sinne umfaßt die Schlichtung auch die Hilfeleistung beim Ausgleich von Streitigkeiten zwischen Arbeitgeber und Betriebsrat über innerbetriebliche Angelegenheiten (vgl. hierzu Kap. 5, Tz 242 ff. und Tz 246 ff.).

Gegenstand der Schlichtung i. e. S. sind also Streitigkeiten zwischen Arbeitgeber bzw. Arbeitgeberverband einerseits und Gewerkschaft andererseits. Ziel der Schlichtung ist der Abschluß eines neuen Tarifvertrages; der Arbeitsfriede soll erhalten werden. Das Mittel zur Erreichung dieses Zieles ist die Hilfeleistung beim Abschluß des Tarifvertrages (232).

Die Schlichtung ist keine Rechtsprechung. Es geht dabei nicht um die Anwendbarkeit oder Auslegung geltender Rechtsnormen, sondern um die Vereinbarung neuer Regelungen, die, wenn sie zustande kommen, neues Recht schaffen (233).

Zu unterscheiden ist zwischen vereinbarter und staatlicher Schlichtung.

197 **Vereinbarte Schlichtung.** Die Tarifvertragsparteien können durch Vertrag eigene Institutionen schaffen, mit deren Hilfe sie ihre Meinungsverschiedenheiten ohne die Inanspruchnahme staatlicher Schlichtungsstellen beilegen (234). Solche Schlichtungsvereinbarungen können im Tarifvertrag selbst enthalten sein, sie gelten dann aber nur für Streitigkeiten nach Ablauf dieses Tarifvertrages. Im allgemeinen bestehen jedoch besondere Schlichtungsabkommen zwischen den Arbeitgeberverbänden und den Gewerkschaften, die alle Streitigkeiten, unabhängig von einzelnen Tarifverträgen, erfassen.

*Beispiele*: Die Muster-Schlichtungsvereinbarung von 1954, die DGB und BDA ihren Mitgliedern zur Übernahme empfohlen haben; die Schlichtungs- und Schiedsvereinbarung in der Metallindustrie von 1964/1968; die Schlichtungs- und Schiedsvereinbarung in der Chemischen Industrie von 1976.

Sämtliche Schlichtungsabkommen sehen vor, daß Streiks und Aussperrungen vor Abschluß des Schlichtungsverfahrens unzulässig sind.

198 **Verfahren.** Das Schlichtungsverfahren setzt voraus, daß Verhandlungen zwischen den Tarifvertragsparteien stattgefunden haben und daß diese gescheitert sind. Das Scheitern der Verhandlungen muß von beiden Parteien gemeinsam festgestellt werden, oder eine Partei muß der anderen schriftlich mitteilen, daß sie weitere Verhandlungen ablehne (234). Das Verfahren kann entweder auf Antrag einer oder beider Parteien eingeleitet werden oder von selbst in Gang kommen.

Die Schlichtungsstellen bestehen i. d. R. aus einem oder mehreren Beisitzern, die den streitenden Parteien angehören, und einem unparteiischen Vorsitzenden.

Kommt die Schlichtungsstelle zu keinem Einigungsvorschlag oder wird der Vorschlag von einer Tarifvertragspartei abgelehnt, so ist das Schlichtungsverfahren beendet. Eine Friedenspflicht besteht dann nicht mehr, der Arbeitskampf kann eröffnet werden (vgl. hierzu Tz 201 ff.). Kommt ein Einigungsvorschlag zustande, so liegt es im Belieben der Parteien, ob sie ihn annehmen. Akzeptieren sie den Vorschlag, so wird auf dieser Basis ein neuer Tarifvertrag von den Parteien abgeschlossen. Möglich ist allerdings auch, daß der Einigungsvorschlag verbindliche Wirkung hat, wenn die Parteien im voraus die Annahme vereinbart haben. In diesem Fall hat der Einigungsvorschlag die Wirkung eines Tarifvertrages.

199 **Staatliche Schlichtung.** Die staatliche Schlichtung findet nur dann statt, wenn eine tarifliche Schlichtungsstelle nicht vereinbart ist und sich eine oder beide Parteien an die staatliche Stelle gewandt haben, oder wenn das vereinbarte Schlichtungsverfahren ohne Erfolg geblieben ist und die Tarifpartner sich daraufhin an die staatliche Stelle gewandt haben (235). Grundsätzlich ist die staatliche Schlichtung also nachrangig gegenüber der vereinbarten Schlichtung.

Rechtsgrundlage für die staatliche Schlichtung ist das Kontrollratsgesetz Nr. 35 von 1946. Einige Länder, wie Baden und Rheinland-Pfalz, haben das Schlichtungsrecht landesrechtlich neu gestaltet. Andere Länder haben Ausführungsbestimmungen zum KRG Nr. 35 erlassen, zum Beispiel Berlin, NRW, Schleswig-Holstein und Niedersachsen, Württemberg-Baden, Württemberg-Hohenzollern.

200 **Verfahren.** Zunächst müssen die Parteien vor einer Landesschlichtungsstelle verhandeln. Der Landesschlichter ist ein Beamter der Landesarbeitsbehörde. Erst wenn dies erfolglos geblieben ist, kann die Streitigkeit mit Zustimmung beider Parteien einem Schiedsausschuß unterbreitet werden. Der Schiedsausschuß fällt einen Schiedsspruch. Dieser ist aber nur ein Vorschlag zum Abschluß eines Tarifvertrages; er bindet die Parteien nicht, es sei denn, sie haben die Annahme im voraus vereinbart.

Es besteht also weder ein Zwang zur staatlichen Schlichtung noch die Möglichkeit, den Schiedspruch des Schiedsausschusses gegen den Willen der Parteien für verbindlich zu erklären. Eine Zwangsschlichtung kennt das deutsche Recht nicht (236).

## 4.3. Arbeitskampf

Können sich die Tarifvertragsparteien nicht über den Abschluß eines neuen Tarifvertrages einigen und ist auch die vereinbarte und/oder staatliche Schlichtung ohne Ergebnis geblieben, so können die Parteien zu Kampfmaßnahmen greifen, um den Abschluß eines Tarifvertrages zu erzwingen.

### 4.3.1. Begriff, Mittel und Ziele des Arbeitskampfes

201 **Begriff.** Als Arbeitskampf werden alle kollektiven Maßnahmen bezeichnet, durch die die Arbeitgeber- oder Arbeitnehmerseite die Gegenseite absichtlich unter Druck setzt, um ein bestimmtes Ziel zu erreichen (237).

Partei des Arbeitskampfes können nur Arbeitgeber und Arbeitnehmer sein. Meistens werden die Arbeitskämpfe von tariffähigen Verbänden geführt (vgl. Tz 175). Begriffsnotwendig ist dies jedoch nicht, es können auch einzelne Arbeitgeber oder Gruppen von Arbeitnehmern (z. B. eines Betriebes oder eines Betriebsteils) Arbeitskämpfe durchführen. Keine Arbeitskämpfe sind die Auseinandersetzungen zwischen mehreren Unternehmen, z. B. um höhere Marktanteile. Auch die studentischen „Streiks" sind keine Arbeitskämpfe im Rechtssinne.

202 **Mittel.** Als Mittel des Arbeitskampfes kommen in Frage Streik, Aussperrung und Boykott.

- *Streik*: Unter Streik wird die von einer größeren Anzahl von Arbeitnehmern planmäßig und gemeinschaftlich durchgeführte Verletzung der Arbeitspflicht zur Erreichung eines gemeinschaftlichen Zieles verstanden (238). Umstritten ist, ob zum Streik begrifflich auch die Absicht gehört, nach Beendigung des Kampfes die Arbeit wieder aufzunehmen (239).

  *Beispiele*: Die Arbeitnehmer erscheinen nicht zur Arbeit (Arbeitseinstellung); die Arbeitnehmer stellen sich zwar am Arbeitsplatz ein, arbeiten aber nicht (Sitzstreik); die Arbeitnehmer arbeiten langsamer (Bummelstreik, Schlechterfüllung); Ordnungs- und Sicherheitsvorschriften werden übergenau befolgt.

  Nach dem Umfang ist zu unterscheiden zwischen Generalstreiks, Vollstreiks und Teilstreiks. Bei einem Generalstreik legen alle Arbeitnehmer eines Landes die Arbeit nieder. Bei einem Vollstreik auf Verbandsebene werden alle Arbeitgeber eines bestimmten Wirtschaftszweiges bestreikt; ein Vollstreik liegt auch vor, wenn alle Arbeitnehmer eines bestimmten Betriebes die Arbeit niederlegen. Bei einem Teilstreik werden nur einzelne Abteilungen eines Betriebes bestreikt oder – auf Verbandsebene – nur bestimmte Betriebe in Schlüsselpositionen.

  Nach der Organisation wird unterschieden zwischen gewerkschaftlich organisierten Streiks und wilden (spontanen) Streiks. Ein wilder Streik kann von der Gewerkschaft nachträglich übernommen werden und wird dann ein gewerkschaftlicher Streik.

  Ist dem Streik bereits eine Maßnahme der Gegenseite vorausgegangen, so spricht man von Abwehrstreiks (selten). Andernfalls handelt es sich um einen Angriffsstreik.

- *Aussperrung*: Als Aussperrung wird die von einem oder mehreren Arbeitgebern planmäßig durchgeführte Ausschließung mehrerer Arbeitnehmer von der Arbeit unter Verweigerung der Lohnfortzahlung bezeichnet (240). Auch mit der Aussperrung soll ein bestimmtes Ziel erreicht werden. Strittig ist, ob zur Aussperrung der Wille gehört, die ausgesperrten Arbeitnehmer nach Beendigung des Arbeitskampfes wieder zu beschäftigen.

Die Aussperrungserklärung muß wie jede einseitige empfangsbedürftige Willenserklärung dem auszusperrenden Arbeitnehmer zugehen. Das kann durch eine allgemeine Veröffentlichung oder durch an jeden einzelnen Arbeitnehmer gerichtete Schreiben erfolgen. Zu unterscheiden ist auch hier zwischen Voll- und Teilaussperrung, ferner zwischen Angriffs- und Abwehraussperrung. Eine Angriffsaussperrung ist bisher noch nicht vorgekommen (241). Die Teilaussperrung kann sich nur gegen die streikenden Arbeitnehmer oder nur gegen die arbeitswilligen Arbeitnehmer richten (vgl. hierzu auch Tz 211).

- *Boykott*: Ein Boykott liegt vor, wenn eine Partei ihre Mitglieder auffordert, die Beziehungen zur Gegenpartei ganz oder teilweise abzubrechen. Der Boykott soll den Abschluß von Arbeitsverträgen verhindern oder die Auflösung von Arbeitsverträgen erreichen (242).

*Beispiele*: Eine Gewerkschaft fordert ihre Mitglieder auf, keine Arbeitsverträge mit bestimmten Arbeitgebern abzuschließen, so daß diese keine Möglichkeit mehr haben, neue Arbeitskräfte einzustellen (sogen. Arbeitersperre). – Ein Arbeitgeberverband stellt „schwarze Listen" auf, in der einzelne Arbeitnehmer oder Mitglieder einer bestimmten Gewerkschaft aufgeführt sind, die nicht eingestellt werden dürfen (sogen. Einstellungssperre).

203 **Ziele.** I. d. R. besteht das Ziel des Arbeitskampfes darin, den Abschluß eines neuen Tarifvertrages zu erzwingen. Es sind aber auch andere Zielsetzungen möglich: Die Arbeitnehmer eines Betriebes können z. B. die Arbeit niederlegen, um der Forderung anderer Arbeitnehmer, die schon im Arbeitskampf stehen, mehr Nachdruck zu verleihen (sogen. Sympathiestreik). Denkbar ist ferner, daß ein Streik gar nicht die Durchsetzung bestimmter Forderungen zum Ziel hat, sondern mehr eine politische Demonstration ist, durch die die Arbeitnehmer gegen ihnen ungerecht erscheinende Maßnahmen oder Ereignisse protestieren wollen (politische Streiks). Wegen der Zulässigkeit von politischen und Sympathiestreiks vgl. Tz 206.

### 4.3.2. Rechtliche Beurteilung des Arbeitskampfes

#### 4.3.2.1. Zulässigkeit bzw. Rechtmäßigkeit von Arbeitskämpfen

204 **Grundgesetz.** Das Grundgesetz läßt Arbeitskämpfe grundsätzlich zu. Zwar werden Streik, Aussperrung und Boykott nicht ausdrücklich als Grundrechte garantiert, wie z. B. das Recht auf freie Meinungsäußerung. Erst die Notstandsverfassung von 1968 hat den Arbeitskampf als Begriff in das Grundgesetz eingeführt (indem in Art. 9 Abs. 3 Satz 3 GG bestimmt wird, daß Maßnahmen der Notstandsverfassung sich nicht gegen Arbeitskämpfe richten dürfen). Dennoch kann kein Zweifel bestehen, daß Arbeitskämpfe mit dem Grundgesetz vereinbar sind. Das ergibt sich aus Art. 9 Abs. 3 GG (Koalitionsfreiheit) und aus Art. 20 Abs. 1 sowie Art. 28 Abs. 1 Satz 1 GG (Bekenntnis zum sozialen Rechtsstaat). Art. 9 Abs. 3 GG garantiert nicht nur die Bildung von Koalitionen (vgl. hierzu Kap. 2, Tz 19 f.), sondern auch ihre Betätigung, wozu auch das Recht zum Arbeitskampf gehört. Das System des Aushandelns von Arbeitsbedingungen durch die Tarifpartner wäre unvollständig, wenn nicht auch für beide Partner ein Druckmittel zur Durchsetzung der jeweiligen Forderungen zur Verfügung stände (243).

205 **Länderverfassungen.** Im Unterschied zum Grundgesetz werden in einigen Länderverfassungen Streik und Aussperrung ausdrücklich erwähnt. Hingewiesen sei auf die Verfassungen der Länder Berlin, Bremen, Hessen, Rheinland-Pfalz, Saarland. In der hessischen Verfassung wird die Aussperrung für rechtswidrig erklärt.

### 4.3.2.2. Rechtswidrige Arbeitskämpfe

Wenn auch Arbeitskämpfe nach der Verfassung grundsätzlich zulässig sind, so schließt das nicht aus, daß im Einzelfall ein Arbeitskampf rechtswidrig ist. Nicht jeder Streik, nicht jede Aussperrung wird von der Rechtsordnung gebilligt.

206 Rechtsprechung und Lehre haben 6 Grundsätze entwickelt, an denen die Rechtmäßigkeit von Arbeitskämpfen zu messen ist. Sie werden unter dem Begriff Sozialadäquanz zusammengefaßt (244).

4.3.2.2.1. Der Arbeitskampf muß von tariffähigen Parteien geführt werden. Zur Tariffähigkeit vgl. Tz 175.

Deshalb sind wilde Streiks, die nicht gewerkschaftlich organisiert sind, rechtswidrig. Wilde Streiks können allerdings sozialadäquat werden, wenn die Gewerkschaft sie nachträglich billigt und fortführt (245).

Nach den DGB-Richtlinien bzw. nach den in den Satzungen der DGB-Gewerkschaften enthaltenen Regelungen sind bei der Führung von Arbeitskämpfen 7 Stufen zu unterscheiden: a) der Beschluß der Gewerkschaft zur Einleitung des Streiks; b) der Beschluß zur Streikurabstimmung; c) die Aufforderung an alle Mitglieder, an der Urabstimmung teilzunehmen; d) die Urabstimmung (bei der i. d. R. mind. 75 % der stimmberechtigten Mitglieder dem Streik zustimmen müssen); e) die Genehmigung des Streikbeschlusses durch die Organe der Gewerkschaft; f) der Streikbefehl an die Gewerkschaftsmitglieder; g) die tatsächliche Arbeitsniederlegung.

4.3.2.2.2. Das Kampfziel muß durch Tarifvertrag regelbar sein.

Der Arbeitskampf muß also auf die Gestaltung der Arbeitsbedingungen gerichtet sein oder andere, tariflich regelbare Ziele verfolgen (z. B. Abschluß eines Schiedsabkommens). Ferner muß sich der Arbeitskampf gegen den Tarifpartner richten, und die Forderungen müssen so beschaffen sein, daß der Tarifpartner sie grundsätzlich erfüllen kann (246). Deshalb sind z. B. politische Arbeitskämpfe rechtswidrig.

4.3.2.2.3. Der Arbeitskampf darf nicht gegen die Grundregeln des Arbeitsrechts verstoßen.

So sind Arbeitskämpfe, die sich gegen die Allgemeinverbindlichkeit von Tarifverträgen gem. § 5 TVG richten, rechtswidrig. Nicht sozialadäquat sind ferner Arbeitskämpfe, die Arbeitgeber und Betriebsrat gegeneinander führen, weil solche Arbeitskämpfe gem. § 74 Abs. 2 BetrVG unzulässig sind (vgl. hierzu Kap. 5, Tz 241). Rechtswidrig sind ferner Arbeitskämpfe, die gegen die Friedenspflicht verstoßen.

4.3.2.2.4. Der Arbeitskampf muß das äußerste Mittel („ultima ratio“) sein (247).

Streik und Aussperrung dürfen erst begonnen werden, wenn alle friedlichen Verhandlungsmöglichkeiten ausgeschöpft sind. Auch darf ein mögliches Schlichtungsverfahren nicht übergangen werden (248).

**4.3.2.2.5.** Der Arbeitskampf darf nicht gegen die Prinzipien fairer Kampfführung verstoßen.

So darf die Streikleitung keine Gewalt anwenden oder Gewaltanwendung dulden. Wahrheitswidrige, entstellende Propaganda ist zu unterlassen. Die Streikleitung muß für eine ausreichende Durchführung von Notarbeiten sog. Streikposten dürfen Arbeitswillige nur durch gütliches Zureden von der Arbeitsaufnahme abhalten. Der Zu- und Abtransport von Rohstoffen und Waren darf nicht verhindert werden (249).

**4.3.2.2.6.** Besondere Regeln sollen gelten, wenn es sich um Arbeitskämpfe handelt, die zur Abwehr eines rechtswidrigen Angriffs geführt werden (Abwehrstreiks, Abwehraussperrungen).

Derartige Kampfmaßnahmen sollen auch dann rechtmäßig sein, wenn sie keine tariflich regelbaren Ziele verfolgen. Begründet wird dies mit Hinweis auf den Notwehrgesichtspunkt.

*Beispiel*: Die Arbeitnehmer eines Betriebes befinden sich in einem wilden Streik. Die Betriebsleitung erklärt daraufhin die Aussperrung. Diese Maßnahme ist sozial adäquat.

### 4.3.3. Auswirkungen des Arbeitskampfes auf die Arbeitsverhältnisse

#### 4.3.3.1. Streik und Arbeitsverhältnis

207 **Rechtmäßiger Streik.** Nach h. M. werden die Arbeitsverhältnisse der *streikenden* Arbeitnehmer von einem rechtmäßigen Streik nicht berührt. Die Beteiligung an einem von der Rechtsordnung gebilligten Streik kann einzelvertraglich nicht rechtswidrig sein. Der Streik löst die Arbeitsverhältnisse nicht auf; der streikende Arbeitnehmer verletzt auch seine Arbeitspflicht nicht. Vielmehr wird das Arbeitsverhältnis durch den Streik einstweilen suspendiert: Die Arbeitspflicht des Arbeitnehmers ruht, ebenso die Lohnzahlungspflicht des Arbeitgebers. Nach Beendigung des Streiks müssen die Arbeitnehmer die Arbeit wieder aufnehmen, der Arbeitgeber muß sie weiter beschäftigen.

208 Trotz des Ruhens der Arbeitspflicht und der Lohnzahlungspflicht besteht für den streikenden Arbeitnehmer weiter Versicherungspflicht in der gesetzlichen Krankenversicherung (und damit auch Anspruch auf Leistungen der Krankenkasse), allerdings nur für die Dauer von 3 Wochen nach Streikbeginn, ohne daß Arbeitgeber oder Arbeitnehmer Beiträge entrichten. Dauert der Streik länger, kann sich der Arbeitnehmer freiwillig weiterversichern, muß dann aber die Beiträge allein aufbringen. Will er sich freiwillig weiterversichern, muß er dies binnen 3 Wochen nach seinem Ausscheiden der Krankenkasse anzeigen, z. B. durch Beitragszahlung. Meistens beantragen Gewerkschaft oder Betriebsrat die Weiterversicherung für alle streikenden Arbeitnehmer. – In der gesetzlichen Rentenversicherung ruht demgegenüber das Versicherungsverhältnis für die Dauer des Streiks. Der streikende Arbeitnehmer kann sich aber freiwillig versichern; er muß dann die Beiträge allein aufbringen. Zu beachten ist, daß die Streikzeit nicht als Ausfallzeit und auch nicht als Ersatzzeit gilt. – In der Unfallversicherung endet der Versicherungsschutz automatisch mit Streikbeginn. Eine Weiterversicherung ist hier nicht möglich. – Die streikenden Arbeitnehmer haben auch keinen Anspruch auf Arbeitslosengeld. Nach § 116 Abs. 2 AFG ruht der Anspruch bis zur Beendigung des Arbeitskampfes. Auch die Beitragspflicht ruht.

209 Diejenigen Arbeitnehmer, die sich *nicht* am Streik beteiligen, sind weiterhin zur Arbeit verpflichtet. Sie behalten auch ihren Lohnanspruch (anders, wenn der Arbeitgeber sie ausgesperrt hat, vgl. Tz 211). Beschäftigt der Arbeitgeber sie nicht, gerät er in Annahmever-

zug (§ 615 BGB, vgl. auch Kap. 3, Tz 77 ff.). Eine Ausnahme besteht nur dann, wenn der Arbeitgeber die arbeitswilligen Arbeitnehmer wegen des Streiks nicht beschäftigen kann. In diesem Fall kann er die Lohnzahlung einstellen (Sphärentheorie, vgl. Kap. 3, Tz 90 ff.).

Auch diese Arbeitnehmer haben keinen Anspruch auf Arbeitslosengeld, obgleich sie durch einen Arbeitskampf, an dem sie nicht beteiligt sind, arbeitslos geworden sind (§ 116 Abs. 3 AFG).

210 **Rechtswidriger Streik.** Arbeitnehmer, die sich an einem wilden Streik beteiligen, verletzen schuldhaft (weil erkennbar) ihre Pflichten aus dem Arbeitsverhältnis mit der Folge, daß der Arbeitgeber das Arbeitsverhältnis wegen beharrlicher Arbeitsverweigerung fristlos kündigen kann (vgl. hierzu Kap. 3, Tz 163 ff.). Der Arbeitgeber kann außerdem Schadensersatz verlangen (vgl. Kap. 3, Tz 126).

### 4.3.3.2. Aussperrung und Arbeitsverhältnis

211 **Rechtmäßige Aussperrung.** Auch die Aussperrung (Abwehraussperrung) hat i. d. R. nur suspendierende Wirkung. Auch sie bewirkt, daß die Rechte und Pflichten aus dem Arbeitsverhältnis für die Dauer der Aussperrung lediglich ausgesetzt werden. Das Arbeitsverhältnis wird aber nicht aufgelöst.

An der Rechtsstellung der rechtmäßig streikenden Arbeitnehmer ändert sich somit durch die Aussperrung nichts. Anders ist es bei den nicht am Streik teilnehmenden Arbeitnehmern. Hier kann sich der Arbeitgeber durch suspendierende Aussperrung der Lohnzahlungspflicht entziehen.

Da das Arbeitsverhältnis durch die suspendierende Aussperrung nicht aufgelöst wird, muß der Arbeitgeber nach Beendigung der Aussperrung die Arbeitnehmer weiter beschäftigen. Das Arbeitsverhältnis lebt mit allen Rechten und Pflichten wieder auf (250).

212 Nur in Ausnahmefällen soll nach neuer Rechtsprechung eine Aussperrung mit lösender Wirkung zulässig sein. So darf die Arbeitgeberseite auf länger dauernde Streiks und auf wilde Streiks mit einer lösenden Aussperrung antworten. Eine lösende Aussperrung ist ferner zulässig, wenn es dem Arbeitgeber während der Aussperrung gelingt, Arbeitsplätze durch Rationalisierung einzusparen oder anderweitig zu besetzen (251). Nur in diesen Ausnahmefällen darf der Arbeitgeber das Arbeitsverhältnis ohne Beachtung irgendwelcher Fristen beenden. Spricht der Arbeitgeber die lösende Aussperrung aus, so muß er nach Beendigung des Arbeitskampfes die ausgesperrten Arbeitnehmer „nach billigem Ermessen“ wieder einstellen. Anhaltspunkte hierfür gibt das Kündigungsschutzgesetz (vgl. Kap. 3, Tz 153 und 155). – Betriebsratsmitglieder können generell nur suspendierend und nicht lösend ausgesperrt werden.

213 **Rechtswidrige Aussperrung.** Eine rechtswidrige Aussperrung hat weder suspendierende noch lösende Wirkung. Der Arbeitgeber gerät in Annahmeverzug und muß die Vergütung fortzahlen. Eine Ausnahme besteht nur, wenn die Arbeitsverhältnisse bereits durch rechtmäßigen Streik suspendiert sind.

### 4.3.4. Schadensfolgen

214 **Rechtmäßiger Arbeitskampf.** Ein rechtmäßiger Arbeitskampf stellt keine unerlaubte Handlung i. S. von § 823 BGB dar.

Zwar wird durch *Streiks* in den eingerichteten und ausgeübten Gewerbebetrieb des Arbeitgebers eingegriffen. Die gewerbliche Betätigung des Unternehmers wird beeinträchtigt; der Betrieb wird lahmgelegt, es kann nicht mehr produziert werden. Der Unternehmer muß Ertragseinbußen hinnehmen. Bei länger andauernden Streiks können Märkte und Abnehmer verlorengehen (252). Da das Recht am eingerichteten und ausgeübten Gewerbebetrieb nach h. M. ein sonstiges Recht i. S. von § 823 BGB ist, ist der Tatbestand einer unerlaubten Handlung bei einem Streik erfüllt. Entsprechendes gilt für die *Aussperrung*: Auch hier wird ein sonstiges Recht i. S. von § 823 BGB verletzt, nämlich das Recht des Arbeitnehmers am Arbeitsplatz (253).

Es fehlt aber sowohl bei einem rechtmäßigen Streik als auch bei einer rechtmäßigen Aussperrung an der Rechtswidrigkeit (vgl. Tz 206; vgl. auch Tz 108).

Deshalb besteht für die durch den Arbeitskampf Geschädigten keine Möglichkeit, von der Gegenpartei Schadensersatz zu verlangen. Die Arbeitgeber müssen den Produktionsausfall, evtl. Gewinneinbußen usw., die durch Arbeitskämpfe entstehen, selbst tragen, genauso wie die Arbeitnehmerseite die Lohneinbußen hinnehmen muß. Auch für Schadensersatzansprüche mittelbar geschädigter Firmen bzw. Arbeitnehmer fehlt es bei einem sozialadäquaten Arbeitskampf am Tatbestand der Rechtswidrigkeit.

Die Tatsache, daß rechtmäßige Arbeitskämpfe keine Schadensersatzansprüche ermöglichen, schließt nicht aus, daß Handlungen einzelner Personen auch im Rahmen eines an sich zulässigen Arbeitskampfes eine unerlaubte Handlung darstellen und die betreffende Person zum Schadensersatz verpflichten (z. B. Ausschreitungen von Streikposten, Behinderung von Rohstoff- oder Warentransporten etc.).

215 **Rechtswidriger Arbeitskampf.** Hingegen besteht bei rechtswidrigen Arbeitskämpfen Schadensersatzpflicht aus unerlaubter Handlung, sofern Verschulden vorliegt. Schadensersatzpflichtig kann der den Arbeitskampf führende Verband sein, aber auch seine Funktionäre, ferner der einzelne Arbeitgeber bzw. Arbeitnehmer.

Die Arbeitgeberverbände, die als rechtsfähige Vereine organisiert sind, haften für unerlaubte Handlungen des Vorstandes und anderer berufener Vertreter ohne Entlastungsmöglichkeit nach § 31 BGB. Für Personen, die der Vorstand zu bestimmten Verrichtungen bestellt hat (z. B. Streikposten), haftet der Verband nach § 831 BGB (vgl. hierzu Kap. 3, Tz 122 ff.). Hier besteht Entlastungsmöglichkeit. Die gleichen Grundsätze gelten für die Gewerkschaften (254), obgleich diese nicht-rechtsfähige Vereine sind. Zum Personenkreis, der hier unter § 31 BGB fällt, gehören auch die Vorstände der Unterorganisationen (Bezirksverbände, Ortsverbände). – Verbandsfunktionäre sowie einzelne Arbeitgeber bzw. Arbeitnehmer haften bei Vorliegen der entsprechenden Voraussetzungen persönlich nach § 823 BGB.

Als Verschulden kommen wie üblich Vorsatz und Fahrlässigkeit in Frage. In der Praxis ergeben sich häufig Irrtumsprobleme, weil Organisatoren und Teilnehmer geltend machen, sie hätten den Arbeitskampf für sozialadäquat gehalten (255). Eine Befreiung vom Schuldvorwurf und damit von der Schadensersatzpflicht tritt nur ein, wenn der Irrtum entschuldbar ist (256). Das ist nur der Fall, wenn die Beteiligten trotz Anspannung aller Gewissens- und Erkenntniskräfte und trotz rechtlicher Beratung die Einsicht in das Unrecht ihres Tuns nicht gewinnen konnten (257).

*Fall 18*: Streik (wilder Streik, Streikfolgen) (258)

Unternehmer U betreibt in L eine Schuhfabrik mit rd. 500 Beschäftigten. Am 12. 12. nahmen die Zuschneider ihre Tätigkeit nicht auf; sie verlangten durch einen spontan gewählten Sprecher einen Lohnzuschlag für die Verarbeitung von Chevrolin. Als U dies bewilligte, forderten die Zuschneider außerdem die Entlassung des Obermeisters O, der in der Belegschaft sehr unbeliebt war und bereits mit mehreren Arbeitnehmern persönliche Auseinandersetzungen gehabt hatte. Dieses Verlangen lehnte U ab. Daraufhin legte die gesamte Belegschaft am 15. 12. die Arbeit nieder. Sie wurde erst am 3. 1. wieder aufgenommen. – Die zuständige Gewerkschaft Leder, Bezirksverwaltung L, hatte die Arbeitsniederlegung weder gebilligt noch übernommen. Sie zahlte jedoch ab 18. 12. an ihre Mitglieder eine Unterstützung. U ist Tarifpartner der Gewerkschaft Leder.

U verlangt Ersatz des Schadens, der durch den Produktionsausfall entstanden ist:

1. von den Arbeitnehmern, die sich an der Arbeitsniederlegung beteiligt haben;
2. von der Gewerkschaft Leder.

*Lösungen:*

**Zu 1:** Die Nichtaufnahme der Arbeit durch die Zuschneider am 12. 12. und die Arbeitsniederlegung durch die gesamte Belegschaft am 15. 12. sind als Streik anzusehen. In beiden Fällen handelte es sich um planmäßige und gemeinschaftlich durchgeführte Aktionen, mit denen ein bestimmtes Ziel erreicht werden sollte.

Allerdings war der Streik rechtswidrig: Die Gewerkschaft hatte die Arbeitsniederlegung weder gebilligt noch übernommen. Kampfziel war auch nicht die Gestaltung der Arbeitsbedingungen oder ein anderes, tariflich regelbares Ziel, sondern die Entlassung des O. Somit haben sich die streikenden Arbeitnehmer rechtswidrig verhalten.

Durch die Arbeitsniederlegung haben die Arbeitnehmer in den eingerichteten und ausgeübten Gewerbebetrieb des U eingegriffen. Sie haben ein sonstiges Recht des U i. S. von § 823 BGB verletzt und damit den Tatbestand der unerlaubten Handlung erfüllt.

U kann von den streikenden Arbeitnehmern aber nur dann Schadensersatz aus unerlaubter Handlung fordern, wenn ihnen ein Schuldvorwurf zu machen ist. Im vorliegenden Fall ist Fahrlässigkeit zu bejahen: Die Beteiligten hätten bei Anspannung aller Gewissens- und Erkenntniskräfte und bei rechtlicher Beratung die Einsicht gewinnen können, daß ihr Verhalten unzulässig war. Folgt man dieser Auffassung, so sind Schadensersatzansprüche des U gegen die streikenden Arbeitnehmer zu bejahen.

**Zu 2:** Die Zahlung einer Unterstützung an ihre Mitglieder durch die Gewerkschaft Leder stellt eine Beihilfe zur unerlaubten Handlung der wild Streikenden dar. Wären die Unterstützungen nicht gezahlt worden, so wäre der rechtswidrige Streik u. U. eher abgebrochen worden. Im übrigen liegt auch eine Verletzung der (relativen) Friedenspflicht vor: Die Gewerkschaft darf einen rechtswidrigen Streik nicht finanziell unterstützen. Die Gewerkschaft haftet deshalb gegenüber U für die Handlung des Vorstandes der Bezirksverwaltung L gem. § 31 BGB ohne Entlastungsmöglichkeit. – Hinweis: Wäre die Bezirksverwaltung nicht als Organ der Gewerkschaft Leder anzusehen, so würde die Gewerkschaft nach § 831 BGB haften mit der Möglichkeit des Entlastungsbeweises.

## Fragen zu 4.2. und 4.3.:

1. Was ist unter Schlichtung zu verstehen?
2. Erläutern Sie den Unterschied zwischen vereinbarter Schlichtung und staatlicher Schlichtung!
3. Gibt es eine Zwangsschlichtung in der Bundesrepublik?
4. Wie läuft das Schlichtungsverfahren ab
   a) bei vereinbarter Schlichtung?
   b) bei staatlicher Schlichtung?
5. Erläutern Sie die Begriffe: Streik, Aussperrung, Boykott!
6. Sind Arbeitskämpfe mit dem Grundgesetz vereinbar?
7. Nennen Sie einige Länderverfassungen, in denen Streik und Aussperrung ausdrücklich erwähnt sind!

8. Welche Voraussetzungen müssen erfüllt sein, damit ein Arbeitskampf als rechtmäßiger Arbeitskampf anzuerkennen ist?
9. Welche Auswirkungen auf die Arbeitsverhältnisse hat
   a) ein rechtmäßiger Streik?
   b) ein rechtswidriger Streik?
   c) eine rechtmäßige Aussperrung?
   d) eine rechtswidrige Aussperrung?
10. Was ist unter suspendierender bzw. lösender Wirkung zu verstehen?
11. Wann ist eine Aussperrung mit lösender Wirkung möglich?
12. Wer trägt die Schadensfolgen
    a) bei einem rechtmäßigen Arbeitskampf?
    b) bei einem rechtswidrigen Arbeitskampf?
13. Wie wirkt sich der Streik aus
    a) auf die Krankenversicherung der streikenden Arbeitnehmer?
    b) auf die Rentenversicherung der streikenden Arbeitnehmer?
    c) auf die Unfallversicherung der streikenden Arbeitnehmer?
    d) auf die Arbeitslosenversicherung der streikenden Arbeitnehmer?

# 5. Mitbestimmung der Arbeitnehmer in Betrieb und Unternehmen

**Rechtsgrundlagen.** Betriebsverfassungsgesetz 1972 mit Wahlordnung; Betriebsverfassungsgesetz 1952 i. d. F. des Betriebsverfassungsgesetzes 1972 (es gelten nur noch die §§ 76 bis 77 a, 81, 85 und 87); Gesetz über die Mitbestimmung der Arbeitnehmer in den Aufsichtsräten und Vorständen der Unternehmen des Bergbaues und der Eisen und Stahl erzeugenden Industrie (sogen. Mitbestimmungsgesetz) von 1951; Mitbestimmungsergänzungsgesetz (sogen. Holding-Novelle) von 1956; Gesetz über die befristete Fortgeltung der Mitbestimmung von 1971; Gesetz über die Mitbestimmung der Arbeitnehmer in Unternehmen mit eigener Rechtspersönlichkeit, die in der Regel mehr als 2000 Arbeitnehmer beschäftigen, von 1976.

## 5.1. Aufbau der Betriebsverfassung gem. BetrVG 1972

216 Maßgebend ist hierfür das Betriebsverfassungsgesetz von 1972. Das Gesetz gilt nur für die Privatwirtschaft, nicht für den öffentlichen Dienst (§ 130). Verwaltungen und Betriebe des Bundes, der Länder, der Gemeinden und sonstige Körperschaften des öffentlichen Rechts sind also ausgenommen; für diesen Bereich bestehen besondere Personalvertretungsgesetze. Hingegen findet das Gesetz Anwendung, wenn der Staat ein Unternehmen in einer Rechtsform des privaten Rechts betreibt, z. B. ganz oder überwiegend die Aktien einer AG hält. Ausgenommen sind ferner die Religionsgemeinschaften, d. h. ihre Verwaltungsstellen und ihre karitativen oder erzieherischen Einrichtungen (§ 118 Abs. 2). Bei sogen. Tendenzbetrieben, d. h. Unternehmen und Betrieben, die politischen, konfessio-

nellen, karitativen, erzieherischen, wissenschaftlichen oder künstlerischen Zwecken dienen oder Zwecken der Berichterstattung bzw. Meinungsäußerung, wird die Anwendung des Gesetzes eingeschränkt (§ 118 Abs. 1). Für Unternehmen der Seeschiffahrt und ihre Betriebe bestehen Sonderregelungen (§§ 114–116). In Luftfahrtunternehmen gilt das Gesetz nur für den Landbetrieb, nicht für den Flugbetrieb (§ 117). Im übrigen ist Voraussetzung für die Anwendung des Gesetzes, daß im Betrieb i. d. R. mindestens 5 wahlberechtigte Arbeitnehmer ständig beschäftigt werden, von denen 3 zum Betriebsrat wählbar sein müssen (§ 1).

Die wichtigsten Einrichtungen, die das BetrVG auf Betriebs- bzw. Unternehmensebene vorsieht, sind

- der Betriebsrat,
- der Gesamtbetriebsrat,
- die Betriebsversammlung,
- die Jugendvertretung,
- der Wirtschaftsausschuß.

### 5.1.1. Betriebsrat

217 Betriebsräte werden auf der Ebene des Betriebes errichtet. Nach § 1 BetrVG können in allen Betrieben mit mehr als 5 ständigen wahlberechtigten Arbeitnehmern Betriebsräte gewählt werden.

**Betrieb.** Der Begriff des Betriebes wird im BetrVG nicht definiert. Es gilt deshalb der allgemeine arbeitsrechtliche Betriebsbegriff. Man versteht darunter eine organisatorische Einheit von Arbeitskräften und Arbeitsmitteln, mit deren Hilfe ein Unternehmer fortgesetzt einen bestimmten arbeitstechnischen Zweck verfolgt (259).

*Merkmale* (260): Eine einheitliche Belegschaft (z. B. eigener Stamm an Arbeitnehmern, gleiche Arbeitszeit, gleiche Urlaubsregelung); einheitliche Organisation bzw. einheitlicher Leitungsapparat (insbesondere unmittelbare Anordnungsbefugnis); ein bestimmter Arbeitszweck (bei einer Maschinenfabrik z. B. die Herstellung von Maschinen, bei einer Hauptverwaltung die Verwaltung des Unternehmens); ein Unternehmer (z. B. eine oder mehrere Personen oder eine juristische Person); auf Dauer bzw. für längere Zeit angelegt.

In der Regel wird der Betrieb räumlich an einer Stelle konzentriert sein (einheitliche Betriebsstätte). Doch können auch *Betriebsteile*, sofern sie mehr als 5 Arbeitnehmer ständig beschäftigen und räumlich weit vom Hauptbetrieb entfernt sind oder durch Aufgabenbereich und Organisation eigenständig sind, als selbständige Betriebe gelten (§ 4 Abs. 1). Sie müssen dann einen eigenen Betriebsrat wählen.

*Beispiele*: einzelne, räumlich weit voneinander entfernte Baustellen eines Bauunternehmens; Filialen eines Einzelhandelsunternehmens, das in mehreren Städten Läden betreibt.

Auch sogen. *Nebenbetriebe*, deren Betriebszweck dem des Hauptbetriebes untergeordnet ist, gelten als selbständige Betriebe i. S. d. BetrVG, sofern sie mehr als 5 Arbeitnehmer beschäftigen und über eine eigene Organisation verfügen.

*Beispiele*: die Kornbrennerei eines landwirtschaftlichen Betriebes; die Kokerei eines Zechenbetriebes; die Brikettfabrik einer Braunkohlengrube.

Ist streitig, ob ein Betriebsteil oder ein Nebenbetrieb selbständig oder dem Hauptbetrieb zuzuordnen ist, so entscheidet das Arbeitsgericht (§ 18 Abs. 2).

In Zweifelsfällen, ob ein „Betrieb" oder mehrere „Betriebe" i. S. von § 1 BetrVG vorliegen, ist vom Sinn des Gesetzes auszugehen: Das BetrVG will sicherstellen, daß die Interessen aller Arbeitnehmer vom Betriebsrat wirksam vertreten werden können. Es genügt deshalb ein Betriebsrat für Arbeiter und Angestellte, auch wenn sie in verschiedenen Abteilungen, Gebäuden usw. arbeiten, solange gleichgelagerte Interessen bei allen Arbeitnehmern vorhanden sind. Ist eine wirksame Interessenvertretung hingegen aus räumlichen oder anderen Gründen nicht möglich, so müssen mehrere Betriebsräte gebildet werden.

*Beispiele*: Der Betriebsrat ist aufgrund der räumlichen Entfernung unter Berücksichtigung der Verkehrsverhältnisse für den einzelnen Arbeitnehmer nur schwer zu erreichen; der Betriebsrat ist mit den persönlichen Verhältnissen der Arbeitnehmer nicht genügend vertraut; für die Betreuung einer Betriebsabteilung sind Spezialkenntnisse erforderlich; die Betriebe verfügen über eigene soziale Einrichtungen; die Arbeitsbedingungen in den Betriebsstätten sind sehr unterschiedlich; Interessenkollisionen zwischen den einzelnen Belegschaften sind häufiger als gleichgelagerte Interessen.

Im Unterschied zum Betrieb wird beim *Unternehmen* auf die Rechtsform und auf die hinter dem arbeitstechnischen Zweck stehende Zielsetzung abgestellt. Als Rechtsform kommen z. B. in Frage die Einzelfirma, die OHG und KG, die GmbH und AG, die Genossenschaft. Die Zielsetzung ist meistens wirtschaftlicher Art (Gewinnerzielung). Beide Begriffe decken sich weitgehend. Betrieb und Unternehmen können zusammenfallen; es ist aber auch möglich, daß ein Unternehmen aus mehreren Betrieben besteht.

218 **Errichtung von Betriebsräten.** Ein Betriebsrat *kann* gewählt werden; ein Errichtungszwang besteht nicht (261). Vielmehr hängt es von der Initiative der Belegschaft und der im Betrieb vertretenen Gewerkschaft ab, ob ein Betriebsrat gebildet wird.

Besteht in einem Betrieb noch kein Betriebsrat, so wird in einer Betriebsversammlung von der Mehrheit der anwesenden Arbeitnehmer ein Wahlvorstand gewählt (§ 17 Abs. 1). Zu dieser Betriebsversammlung können 3 wahlberechtigte Arbeitnehmer des Betriebes oder eine im Betrieb vertretene Gewerkschaft einladen und Vorschläge für die Zusammensetzung des Wahlvorstandes machen. – Findet trotz Einladung keine Betriebsversammlung statt oder wählt die Betriebsversammlung keinen Wahlvorstand, so bestellt ihn das Arbeitsgericht auf Vorschlag von mindestens 3 wahlberechtigten Arbeitnehmern oder einer im Betrieb vertretenen Gewerkschaft (§ 17 Abs. 3).

Um die Bestellung von Betriebsräten zu erleichtern, wurde ferner ein besonderer Kündigungsschutz für den Wahlvorstand und die Wahlbewerber geschaffen: Mitglieder des Wahlvorstandes und Wahlbewerber genießen von der Bestellung zum Wahlvorstand bzw. von der Aufstellung des Wahlvorschlages an bis 6 Monate nach Bekanntgabe des Wahlergebnisses den gleichen Kündigungsschutz wie Betriebsratsmitglieder (§ 15 Abs. 2 KSchG), d. h. ihre Kündigung ist unzulässig, es sei denn, es liegt ein wichtiger Grund vor (vgl. hierzu Kap. 3, Tz 158 und 168).

219 **Zusammensetzung.** Die Zahl der Betriebsratsmitglieder richtet sich nach der Zahl der im Betrieb beschäftigten Arbeitnehmer. In Betrieben mit 5–20 wahlberechtigten Arbeitnehmern besteht der Betriebsrat aus nur einer Person (Betriebsobmann), in Betrieben mit 21–50 Arbeitnehmern aus 3 Mitgliedern usw.; bei 7.001–9.000 Arbeitnehmern sind z. B. 31 Mitglieder zu wählen (§ 9).

Maßgebend ist dabei die Zahl der *in der Regel* beschäftigten Arbeitnehmer, wie sie sich am Tage der Wahlausschreibung darstellt (§ 9). Es muß von dem in regelmäßigem Gang befindlichen Betrieb ausgegangen werden (262), d. h. von der Zahl der bestehenden Arbeitsplätze während der Zeit, in der der Betrieb normal arbeitet. Zeiten gesteigerter Tätigkeit, z. B. Inventur, Ausverkauf, Weihnachtsgeschäft, scheiden ebenso aus wie Zeiten gedrosselter Tätigkeit, z. B. die Zeit der Nachsaison (263). Bei Saisonbetrieben müssen auch die nicht ständig beschäftigten Arbeitnehmer berücksichtigt werden, wenn die erhöhte Betriebstätigkeit, durch die die vermehrte Arbeitnehmerzahl erforderlich wird, den Hauptteil des Jahres ausmacht (264).

*Beispiel*: Eine Tongrube beschäftigt von Anfang März bis Ende Oktober 110 Arbeitnehmer, in der übrigen Zeit nur 9 Arbeitnehmer. Maßgebend für die Zahl der Betriebsratsmitglieder ist hier die Gesamtzahl der während der Hauptsaison (= 8 Monate) beschäftigten 110 Arbeitnehmer (265). – Anders, wenn ein landwirtschaftlicher Betrieb mit 15 Arbeitnehmern für die Erntezeit 6 zusätzliche Arbeitnehmer einstellt. Die 6 zusätzlichen Arbeitnehmer sind in diesem Fall ohne Bedeutung für die Größe des Betriebsrates.

220 **Betriebsratswahl.** Der Betriebsrat wird in geheimer, unmittelbarer und freier Wahl gewählt. Wahlberechtigt sind alle Arbeitnehmer, die das 18. Lebensjahr vollendet haben (§ 7), wählbar sind alle Wahlberechtigten, die 6 Monate dem Betrieb angehören (§ 8). Arbeiter und Angestellte wählen i. d. R. getrennt (sogen. Gruppenwahl), Gemeinschaftswahl ist jedoch möglich. Die Wahl wird von einem Wahlvorstand vorbereitet und durchgeführt. Wegen Einzelheiten vgl. §§ 14–20 BetrVG sowie die Wahlordnung zum BetrVG.

Die regelmäßigen Betriebsratswahlen finden alle 3 Jahre in der Zeit vom 1. März bis 31. Mai statt. Außerhalb dieser Zeit sind Wahlen nur durchzuführen, wenn mit Ablauf von 18 Monaten nach dem Wahltag die Zahl der regelmäßig beschäftigten Arbeitnehmer um die Hälfte (mindestens um 50 Arbeitnehmer) gestiegen oder gesunken ist oder wenn im Betrieb noch kein Betriebsrat besteht oder wenn der Betriebsrat zurückgetreten oder aufgelöst ist (§ 13).

221 **Stellung des Betriebsrates.** Der Betriebsrat ist der gewählte Repräsentant der Belegschaft (266) und übt für die Arbeitnehmer des Betriebes die Beteiligungsrechte aus. Wegen der Zuständigkeit des Betriebsrates vgl. Tz 249 ff. Er ist nicht an Weisungen der Betriebsversammlung gebunden, die Betriebsversammlung kann ihm jedoch Anträge unterbreiten (vgl. Tz 232). Der Betriebsrat ist ein Kollegialorgan, er trifft seine Entscheidungen im Wege von Mehrheitsbeschlüssen (§ 33). Die durch die Tätigkeit des Betriebsrates entstehenden Kosten trägt der Arbeitgeber; er hat auch Räume, sachliche Mittel und Büropersonal zur Verfügung zu stellen (§ 40).

222 **Stellung der Betriebsrats-Mitglieder.** Die Mitglieder des Betriebsrates führen ihr Amt unentgeltlich als Ehrenamt. Sie sind von ihrer beruflichen Tätigkeit unter Fortzahlung des Entgeltes zu befreien, wenn dies zur ordnungsgemäßen Durchführung ihrer Aufgaben erforderlich ist. Betriebsratstätigkeit außerhalb der Arbeitszeit ist vom Arbeitgeber gesondert zu bezahlen (§ 37).

In Betrieben mit mehr als 300 Arbeitnehmern ist eine bestimmte Anzahl von Betriebsratsmitgliedern ganz von der beruflichen Tätigkeit freizustellen (§ 38). Mitglieder des Betriebsrates dürfen in der Ausübung ihrer Tätigkeit nicht gestört oder behindert werden; sie dürfen wegen ihrer Tätigkeit nicht benachteiligt oder begünstigt werden (§ 78). Im übrigen besteht ein weitgehender Kündigungsschutz (vgl. Kap. 3, Tz 158 und 168): Die ordentliche Kündigung eines Betriebsratsmitgliedes ist unzulässig, auch noch während eines Jahres nach Ablauf der Amtszeit. Eine außerordentliche Kündigung bedarf der Zustimmung des Betriebsrates.

223 **Betriebsausschuß.** Für größere Betriebsräte (ab 9 Mitglieder) schreibt § 27 BetrVG die Bildung eines Betriebsausschusses vor; dieser soll die laufenden Geschäfte des Betriebsrates führen. Besteht ein Betriebsausschuß, so können weitere Ausschüsse gebildet und ihnen bestimmte Aufgaben übertragen werden (z. B. die Aufgaben des Wirtschaftsausschusses, vgl. Tz 235 ff.).

### 5.1.2. Gesamtbetriebsrat

224 **Bildung.** Der Gesamtbetriebsrat wird für das Unternehmen errichtet. Voraussetzung ist, daß das Unternehmen aus mehreren selbständigen Betrieben bzw. Betriebsteilen oder Nebenbetrieben besteht und daß in den Betrieben Betriebsräte gebildet sind (§ 47 Abs. 1). Liegen diese Voraussetzungen vor, muß ein Gesamtbetriebsrat gebildet werden (Errichtungszwang).

225 **Zusammensetzung.** Der Gesamtbetriebsrat besteht aus Mitgliedern der Betriebsräte jedes Betriebes. Jeder Betriebsrat hat 1 oder 2 Mitglieder in den Gesamtbetriebsrat zu entsenden, je nachdem ob nur Vertreter der Arbeiter oder der Angestellten oder Vertreter beider Gruppen vorhanden sind (§ 47 Abs. 2). Die Größe der Betriebe bzw. Betriebsräte spielt keine Rolle; doch hat jedes Mitglied des Gesamtbetriebsrates nur soviel Stimmen, wie in dem Betrieb, in dem es gewählt wurde, wahlberechtigte Arbeitnehmer in der Wählerliste eingetragen sind (§ 47 Abs. 7).

226 **Stellung des Gesamtbetriebsrats.** Der Gesamtbetriebsrat steht *neben* den Betriebsräten der einzelnen Betriebe. Er ist den einzelnen Betriebsräten nicht übergeordnet, aber auch nicht untergeordnet (267). Einen gemeinsamen Betriebsrat, der an die Stelle der Einzelbetriebsräte tritt, kennt das BetrVG nicht. Die Stellung der Einzelbetriebsräte wird durch den Gesamtbetriebsrat nicht berührt, soweit es sich um Aufgaben handelt, die nur einen Betrieb oder die Einzelbetriebe je für sich betreffen (§ 50 Abs. 1 Satz 2).

227 **Zuständigkeit.** Der Gesamtbetriebsrat ist zuständig für die Behandlung von Angelegenheiten, die das Gesamtunternehmen oder mehrere Betriebe betreffen, vorausgesetzt, daß diese Angelegenheiten durch die einzelnen Betriebsräte innerhalb ihrer Betriebe nicht geregelt werden können (§ 50 Abs. 1). Zu beachten ist, daß auch der Gesamtbetriebsrat grundsätzlich nur für Angelegenheiten zuständig ist, die der Mitbestimmung bzw. Mitwirkung der Arbeitnehmer nach dem BetrVG unterliegen. Es muß sich um Fragen handeln, die außerhalb der Einzelbetriebe, auf der Ebene der Unternehmensleitung, entschieden werden und mehrere Betriebe oder das ganze Unternehmen betreffen. Ferner ist erforderlich, daß eine einheitliche Regelung dieser Fragen über den Rahmen des einzelnen Betriebes hinaus angestrebt wird, weil es vernünftig und sinnvoll ist, sie einheitlich zu gestalten (268).

*Beispiele* (268): Errichtung, Form, Ausgestaltung von Sozialeinrichtungen, deren Wirkungsbereich das ganze Unternehmen erfaßt; vorübergehende Verkürzung oder Verlängerung der betriebsüblichen Arbeitszeit, wenn mehrere Betriebe betroffen sind; Aufstellung allgemeiner Urlaubsgrundsätze und des Urlaubsplanes, wenn der Produktionsablauf der Betriebe eine aufeinander abgestimmte Regelung verlangt; Ausschreibung von Arbeitsplätzen, Gestaltung der Personalfragebögen, Aufstellung allgemeiner Beurteilungsgrundsätze, wenn wegen der Gleichartigkeit der Betriebe eine überbetriebliche Regelung erfolgt.

Darüber hinaus besteht eine ausschließliche Zuständigkeit des Gesamtbetriebsrates bei der Errichtung des Konzernbetriebsrates (§ 54, vgl. unten) und bei der Bestellung des Wirtschaftsausschusses (§ 107 Abs. 2 Satz 2, vgl. Tz 236).

228 **Betriebsräteversammlung.** Mindestens einmal jährlich hat der Gesamtbetriebsrat die Vorsitzenden und die stellvertretenden Vorsitzenden der Betriebsräte sowie die weiteren Mitglieder der Betriebsausschüsse zu einer Betriebsräteversammlung einzuberufen (§ 53).

Hinweis: Sind mehrere (mindestens 2) rechtlich selbständige Unternehmen zu einem Konzern zusammengefaßt, derart, daß zwischen ihnen ein Abhängigkeitsverhältnis besteht, so daß die Leitung von einem herrschenden Unternehmen ausgeübt wird (sogen. Unterordnungskonzern), so *kann* ein Konzernbetriebsrat gebildet werden. Wegen Einzelheiten vgl. §§ 54–59 BetrVG.

### 5.1.3. Betriebsversammlung

229 **Zusammensetzung.** Die Betriebsversammlung besteht aus sämtlichen Arbeitnehmern des Betriebes. Teilnahmeberechtigt sind alle Arbeitnehmer, also auch die Jugendlichen unter 18 Jahren (§ 42). Teilnahmerecht haben außerdem der Arbeitgeber (§ 43 Abs. 2) sowie Beauftragte der im Betrieb vertretenen Gewerkschaften (§ 46). Sind Arbeitnehmer in räumlich oder organisatorisch abgegrenzten Betriebsteilen beschäftigt (vgl. Tz 217), so sind sie vom Betriebsrat zu Abteilungsversammlungen zusammenzufassen, wenn dies für die Erörterung der besonderen Belange der Arbeitnehmer erforderlich ist (§ 42 Abs. 2).

230 **Zusammentritt der Betriebsversammlung.** Die Betriebsversammlung tritt regelmäßig einmal in jedem Kalendervierteljahr zusammen (§ 43 Abs. 1). Sie wird vom Betriebsrat einberufen, die Leitung obliegt dem Betriebsrats-Vorsitzenden. Auf Wunsch des Betriebsrates und des Arbeitgebers kann darüber hinaus jederzeit eine außerordentliche Betriebsversammlung einberufen werden (§ 43 Abs. 3).

231 **Zeitpunkt und Verdienstausfall.** Die ordentlichen Betriebsversammlungen finden während der Arbeitszeit statt. Die Zeit der Teilnahme an den Versammlungen ist den Arbeitnehmern wie Arbeitszeit zu vergüten (§ 44). Vgl. hierzu auch Kap. 3, Tz 76.

232 **Zuständigkeit.** Die Betriebsversammlung (bzw. die Abteilungsversammlung) dient in erster Linie der Aussprache und der Information der Belegschaft: Erstattung von Tätigkeitsberichten durch den Betriebsrat (§ 43 Abs. 1); Behandlung von Angelegenheiten, die den Betrieb oder seine Arbeitnehmer unmittelbar betreffen (einschl. Fragen tarifpolitischer, sozialpolitischer und wirtschaftlicher Art, § 45); auch soll der Arbeitgeber oder sein Vertreter mindestens einmal in jedem Kalenderjahr über das Personal- und Sozialwesen des

Betriebes und über die wirtschaftliche Lage sowie die Entwicklung des Betriebes berichten (§ 43 Abs. 2). Die Betriebsversammlung kann sich mit allen Fragen, die in den Aufgabenbereich des Betriebsrates fallen, befassen. Sie ist aber dem Betriebsrat nicht übergeordnet; sie kann ihm keine Weisungen erteilen, ihm weder das Vertrauen entziehen noch ihn absetzen (269). Sie kann dem Betriebsrat Anträge unterbreiten, diese haben aber nur die Bedeutung von Anregungen. Freilich können solche Anträge und Stellungnahmen für den Betriebsrat, der wiedergewählt werden will, ein starkes Gewicht haben (270).

### 5.1.4. Jugendvertretung

233 **Errichtung.** In Betrieben, in denen i. d. R. mindestens 5 Arbeitnehmer beschäftigt sind, die das 18. Lebensjahr noch nicht vollendet haben (= jugendliche Arbeitnehmer), können Jugendvertretungen gewählt werden (§ 60).

234 **Aufgaben.** Aufgabe der Jugendvertretung ist die Wahrnehmung der besonderen Belange der jugendlichen Arbeitnehmer. Sie soll den Betriebsrat in Jugendfragen wirksam unterstützen. Sie hat aber keine Mitwirkungs- und Mitbestimmungsrechte gegenüber dem Arbeitgeber (271). Sie ist vielmehr darauf beschränkt, in allen Angelegenheiten, die Jugendliche betreffen, den Betriebsrat einzuschalten. Wegen Einzelheiten vgl. §§ 60–71 BetrVG.

Bestehen in einem Unternehmen mehrere Jugendvertretungen, so muß eine Gesamtjugendvertretung errichtet werden (§§ 72, 73).

### 5.1.5. Wirtschaftsausschuß

235 **Bildung.** Ein Wirtschaftsausschuß ist in allen Unternehmen zu bilden, die in der Regel mehr als 100 ständige Arbeitnehmer beschäftigen. Er wird für das Unternehmen gebildet. Besteht ein Unternehmen aus mehreren Betrieben, kann dennoch nur ein Wirtschaftsausschuß für alle Betriebe gebildet werden (272). Es besteht Errichtungszwang, wenn die Voraussetzungen vorliegen.

236 **Bestellung und Zusammensetzung.** Der Wirtschaftsausschuß besteht aus mindestens 3 und höchstens 7 Mitgliedern, die dem Unternehmen angehören müssen, darunter mindestens 1 Betriebsratsmitglied. Zu Mitgliedern des Wirtschaftsausschusses können auch leitende Angestellte benannt werden (§ 107 Abs. 1).

Die Mitglieder werden vom Betriebsrat für die Dauer der Amtszeit des Betriebsrates bestimmt; besteht ein Gesamtbetriebsrat, so bestimmt dieser die Mitglieder des Wirtschaftsausschusses. Möglich ist auch, daß der Betriebsrat die Aufgaben des Wirtschaftsausschusses einem Ausschuß des Betriebsrates überträgt (vgl. Tz 223).

237 **Stellung der Mitglieder des Wirtschaftsausschusses.** Die Mitglieder des Wirtschaftsausschusses führen ihr Amt unentgeltlich als Ehrenamt. Die für Betriebsratsmitglieder bestehenden Regelungen bezüglich Befreiung von der beruflichen Tätigkeit unter Fortzahlung des Gehaltes gelten entsprechend (273). Sie genießen aber nicht den besonderen Kündigungsschutz der Betriebsratsmitglieder (sofern sie nicht schon dem Betriebsrat angehören). Im übrigen unterliegen die Mitglieder des Wirtschaftsausschusses den Geheimhaltungsvorschriften (§ 79).

238 **Aufgaben.** Die Zuständigkeit des Wirtschaftsausschusses ist auf Beratung und Unterrichtung in wirtschaftlichen Angelegenheiten beschränkt. Er hat also kein Mitbestimmungs- oder Mitwirkungsrecht wie der Betriebsrat. Er soll wirtschaftliche Angelegenheiten mit dem Unternehmer beraten und den Betriebsrat unterrichten (§ 106 Abs. 1 Satz 2 BetrVG). Zu diesem Zweck soll der Wirtschaftsausschuß monatlich einmal zusammentreten (§ 108 Abs. 1). Der Unternehmer hat den Wirtschaftsausschuß rechtzeitig und umfassend über die wirtschaftlichen Angelegenheiten des Unternehmens unter Vorlage der erforderlichen Unterlagen zu unterrichten und die sich daraus ergebenden Auswirkungen auf die Personalplanung darzustellen (§ 106 Abs. 2). Über die Informationen, die der Wirtschaftsausschuß erhält, und über das Ergebnis der Beratungen hat der Wirtschaftsausschuß den Betriebsrat unverzüglich und vollständig zu unterrichten (§ 108 Abs. 4).

239 Zu den wirtschaftlichen Angelegenheiten, über die der Wirtschaftsausschuß mit dem Unternehmer zu beraten und über die er den Betriebsrat zu unterrichten hat, gehören insbesondere (§ 106 Abs. 3):

1. die wirtschaftliche und finanzielle Lage des Unternehmens (u. a. ist der Jahresabschluß zu erläutern, vgl. auch § 108 Abs. 5);
2. die Produktions- und Absatzlage;
3. das Produktions- und Investitionsprogramm;
4. Rationalisierungsvorhaben;
5. Fabrikations- und Arbeitsmethoden, insbes. die Einführung neuer Arbeitsmethoden;
6. die Einschränkung oder Stillegung von Betrieben oder von Betriebsteilen;
7. die Verlegung von Betrieben oder Betriebsteilen;
8. der Zusammenschluß von Betrieben;
9. die Änderung der Betriebsorganisation oder des Betriebszweckes;
10. sonstige Vorgänge und Vorhaben, welche die Interessen der Arbeitnehmer des Unternehmens wesentlich berühren können.

*Fall 19*: Einrichtungen gem. BetrVG zur Vertretung der Arbeitnehmer-Interessen im Betrieb (274)

Ein Textilunternehmen in der Rechtsform der KG mit insgesamt 800 Beschäftigten besteht aus 2 am Stadtrand gelegenen, räumlich getrennten Werken A und B und einem im Stadtzentrum gelegenen Verwaltungskomplex. Werk A ist eine Garnspinnerei mit 250 Arbeitern und Angestellten; die Garnproduktion wird zu 90 % an Werk B, einer Weberei mit 350 Arbeitern und Angestellten, geliefert, die restlichen Garne werden verkauft. In der Verwaltung sind 60 Angestellte beschäftigt. Zum Unternehmen gehört außerdem ein Konfektionsbetrieb mit eigener Verwaltung in einer 150 km entfernten Stadt. Dort sind 140 Arbeiter und Angestellte beschäftigt.

Welche Organe sind nach den Vorschriften des BetrVG zu bilden?

*Lösung:*

1. Im vorliegenden Fall sind 2 Betriebsräte zu wählen:

a) ein Betriebsrat für den Konfektionsbetrieb, mit 5 Mitgliedern (§ 9). Dieser Betrieb benötigt schon wegen der räumlichen Entfernung einen eigenen Betriebsrat. Er ist auch durch seinen Aufgabenbereich und seine Organisation (wahrscheinlich gesonderte Einstellungen und Entlassungen am Ort, eigene Arbeitszeitregelung usw.) als selbständiger Betrieb im Sinne von § 4 BetrVG anzusehen. b) außerdem ein Betriebsrat für Werk A und Werk B sowie für die Verwaltung, mit 11 Mitgliedern (§ 9). Beide Werke sind produktionsmäßig eng miteinander verknüpft (Werk A ist Zulieferer für Werk B), die Verwaltung wiederum ist eng mit der Arbeit in beiden Werken verbunden. Möglicherweise bestehen auch gemeinsame soziale Einrichtungen, eine einheitliche Arbeitszeit- und Urlaubsregelung usw. Hier genügt ein Betriebsrat zur wirksamen Vertretung der Arbeitnehmer-Interessen. (Anders wäre es u. U., wenn Werk A eine große Verkaufsspinnerei wäre, die weitgehend selbständig operiert.) – Weil der Betriebsrat für Werk A und B sowie Verwaltung aus 11 Mitgliedern besteht, muß außerdem ein Betriebsausschuß mit 5 Mitgliedern gebildet werden (§ 27).

2. Es muß ein Gesamtbetriebsrat für das Unternehmen errichtet werden (§ 47), in den die beiden Betriebsräte je 2 Mitglieder entsenden.

3. Da die KG mehr als 100 Arbeitnehmer beschäftigt, ist ein Wirtschaftsausschuß zu bilden (§ 106). Die Mitglieder werden im vorliegenden Fall vom Gesamtbetriebsrat bestimmt (§ 107 Abs. 2 Satz 2).

4. Sind in den Betrieben gem. Ziffer 1a) und 1b) jeweils mindestens 5 Jugendliche beschäftigt, so können 2 Jugendvertretungen errichtet werden (§ 60). Wird von dieser Möglichkeit Gebrauch gemacht, so muß auch eine Gesamtjugendvertretung gebildet werden (§ 72).

Würde das Textilunternehmen in der Rechtsform der GmbH oder AG betrieben, so müßte außerdem ein Aufsichtsrat bestehen, der zu 1/3 aus Arbeitnehmer-Vertretern zusammengesetzt sein müßte (vgl. §§ 76, 77 BetrVG 1952, siehe auch Tz 261).

**Fragen zu 5.1.:**

1. Welche Einrichtungen auf Betriebs- bzw. Unternehmensebene sind nach den Vorschriften des Betriebsverfassungsgesetzes zur Vertretung der Arbeitnehmerinteressen vorgesehen?
2. Was ist unter einem „Betrieb" im Sinne des Betriebsverfassungsgesetzes zu verstehen? Deckt sich der Begriff mit dem in der Betriebswirtschaftslehre gebräuchlichen Betriebsbegriff?
3. Was ist unter einem Unternehmen im Sinne des Betriebsverfassungsgesetzes zu verstehen?
4. Besteht ein Errichtungszwang für Betriebsräte?
5. Welche Regelung sieht das Betriebsverfassungsgesetz für den Fall vor, daß im Betrieb noch kein Betriebsrat besteht?
6. Wovon hängt die Zahl der Betriebsratsmitglieder ab?
7. Welche Stellung haben die Betriebsratsmitglieder?
8. Welche Aufgaben hat der sogen. Betriebsausschuß?
9. Wann ist ein Gesamtbetriebsrat zu bilden?
10. Für welche Angelegenheiten ist der Gesamtbetriebsrat zuständig?
11. Welche Stellung hat der Gesamtbetriebsrat gegenüber den Betriebsräten der einzelnen Betriebe?
12. Welche Aufgaben hat die Betriebsversammlung?
13. Welche Aufgaben hat die Jugendvertretung?
14. Wann ist ein Wirtschaftsausschuß zu bilden?
15. Welche Stellung haben die Mitglieder des Wirtschaftsausschusses?
16. Welche Aufgaben hat der Wirtschaftsausschuß?

## 5.2. Zusammenarbeit zwischen Arbeitgeber und Betriebsrat

### 5.2.1. Grundsätze für die Zusammenarbeit

240 **Vertrauensvolle Zusammenarbeit.** Arbeitgeber und Betriebsrat haben unter Beachtung der geltenden Tarifverträge vertrauensvoll zum Wohl der Arbeitnehmer und des Betriebes zusammenzuarbeiten (§ 2 Abs. 1). Diese Vorschrift ist ein Programmsatz, eine Zielvorschrift des Gesetzgebers; sie ist aber auch unmittelbar geltendes Recht und Auslegungsmaßstab für alle Vorschriften des Gesetzes (275). Vertrauensvolle Zusammenarbeit heißt

vor allem gegenseitige Offenheit (276): Der Arbeitgeber soll den Betriebsrat über alle in seine Zuständigkeit fallenden Angelegenheiten umfassend unterrichten, der Betriebsrat soll den Arbeitgeber nicht über seine Absichten im unklaren lassen (277).

Die Pflicht zur vertrauensvollen Zusammenarbeit wird in § 74 Abs. 1 BetrVG konkretisiert. Danach sollen Arbeitgeber und Betriebsrat mindestens einmal im Monat zu einer Besprechung zusammenkommen. Sie sollen über strittige Fragen mit dem ernsten Willen zur Einigung verhandeln und Vorschläge für die Beilegung von Meinungsverschiedenheiten machen.

241 **Friedenspflicht und Verbot parteipolitischer Betätigung.** Arbeitgeber und Betriebsrat haben jede Betätigung zu unterlassen, durch die der Arbeitsablauf oder der Frieden des Betriebes beeinträchtigt werden. Unzulässig sind insbesondere Maßnahmen des Arbeitskampfes zwischen Arbeitgeber und Betriebsrat (§ 74 Abs. 2 Satz 1).

Arbeitskampfmaßnahmen sind den Tarifpartnern vorbehalten (vgl. Kap. 4, Tz 201 ff.). Der Betriebsrat kann also nicht den Abschluß von Betriebsvereinbarungen (vgl. hierzu Tz 242 ff.) durch Streik erzwingen; es bleibt ihm nur die Anrufung der Einigungsstelle (vgl. Tz 246 ff.).

Um den Betriebsfrieden zu erhalten, ist jede parteipolitische Betätigung im Betrieb verboten (§ 74 Abs. 2 Satz 3), insbesondere die Werbung für ein Parteiprogramm oder für die Wahl einer bestimmten Partei. Ausgenommen von diesem Verbot ist die Behandlung von Angelegenheiten tarifpolitischer, sozialpolitischer und wirtschaftlicher Art, die den Betrieb oder seine Arbeitnehmer unmittelbar betreffen (vgl. hierzu auch Tz 232). Zulässig ist hingegen die gewerkschaftliche Betätigung von Betriebsratsmitgliedern (§ 74 Abs. 3), z. B. die Werbung für eine Gewerkschaft, die Verteilung von Informationsmaterial (278).

### 5.2.2. Betriebsvereinbarungen

Ziel der Zusammenarbeit zwischen Arbeitgeber und Betriebsrat ist eine Einigung beider Partner. Das kann formlos geschehen (sogen. Betriebsabsprachen). In der Regel erfolgt aber eine schriftliche Einigung, indem eine Betriebsvereinbarung abgeschlossen wird. Betriebsvereinbarungen sind wie Tarifverträge kollektive Verträge.

242 **Abschluß.** Betriebsvereinbarungen kommen im allgemeinen durch schriftliche Vereinbarung zwischen Betriebsrat und Arbeitgeber zustande. Sie können aber auch auf einem Spruch der Einigungsstelle (vgl. Tz 248) beruhen.

Bei einer Betriebsvereinbarung zwischen Arbeitgeber und Betriebsrat ist der Austausch zweier übereinstimmender bzw. sich ergänzender Willenserklärungen erforderlich. Auf Betriebsratsseite muß ein entsprechender Beschluß des gesamten Betriebsrates vorliegen. Gem. § 77 Abs. 2 BetrVG muß die Betriebsvereinbarung schriftlich niedergelegt und von beiden Seiten unterzeichnet werden (zwingende Formvorschrift). Der Arbeitgeber hat die Betriebsvereinbarung an geeigneter Stelle im Betrieb auszulegen. – Vertragspartner können auf Arbeitnehmerseite auch der Gesamtbetriebsrat bzw. der Konzernbetriebsrat sein, soweit sie zuständig sind.

Beruht die Betriebsvereinbarung auf einem Spruch der Einigungsstelle, so ist eine besondere Ausfertigung und Unterzeichnung nicht erforderlich; die Schriftform wird in diesem Fall dadurch gewahrt, daß die Beschlüsse der Einigungsstelle schriftlich niederzulegen und vom Vorsitzenden zu unterzeichnen sind.

243 **Inhalt.** Gegenstand einer Betriebsvereinbarung können nur solche Angelegenheiten sein, die nach dem BetrVG der Zuständigkeit des Betriebsrates bzw. Gesamtbetriebsrates unterliegen. Eine Betriebsvereinbarung ist daher überall dort zulässig, wo das Gesetz die Einigung zwischen Betriebsrat und Arbeitgeber verlangt, insbesondere bei Angelegenheiten, die der Mitbestimmung des Betriebsrates unterliegen (279).

*Beispiele* für Angelegenheiten, die durch Betriebsvereinbarung geregelt werden können: Fragen der Ordnung des Betriebes und des Verhaltens der Arbeitnehmer im Betrieb; Aufstellung von Personalfragebögen, von Beurteilungsgrundsätzen, von Auswahlrichtlinien; Errichtung von Sozialeinrichtungen; Maßnahmen zur Förderung der Vermögensbildung; Einführung betrieblicher Sozialleistungen (Gratifikationen, Weihnachtsgeld); Regelungen über Zeit, Ort und Art der Auszahlung des Arbeitsentgeltes; Gewährung von Lohnzulagen, sofern der Tarifvertrag diesbezüglich keine Regelung enthält (z. B. Schmutz- und Erschwerniszulagen); Errichtung einer ständigen Einigungsstelle.

244 **Verhältnis zu Tarifverträgen.** § 77 Abs. 3 BetrVG schreibt vor, daß Arbeitsentgelte und sonstige Arbeitsbedingungen, die durch Tarifvertrag geregelt sind oder üblicherweise (d. h. in der betreffenden Branche) durch Tarifvertrag geregelt werden, nicht Gegenstand einer Betriebsvereinbarung sein können, es sei denn, daß der Tarifvertrag den Abschluß ergänzender Betriebsvereinbarungen ausdrücklich zuläßt. Grundsätzlich hat also der Tarifvertrag Vorrang. Betriebsvereinbarungen, die gegen § 77 Abs. 3 BetrVG verstoßen, sind nichtig. Insoweit ist das Günstigkeitsprinzip (vgl. Kap. 4, Tz 186) außer Kraft gesetzt (280): Tarifvertragliche Normen können durch Betriebsvereinbarung weder zugunsten noch zuungunsten der Arbeitnehmer geändert werden.

*Beispiele* (281): Eine Betriebsvereinbarung über eine Erschwerniszulage ist nicht zulässig, wenn die Erschwernis als besondere Situation bereits im Tariflohn berücksichtigt ist, z. B. durch Abgrenzung der Lohngruppen oder bei der arbeitsanalytischen Bewertung; eine Betriebsvereinbarung über Akkordlöhne oder Prämien ist ausgeschlossen, wenn die Beschränkung des Tarifvertrages auf den Zeitlohn bedeutet, daß eine Akkord- oder Prämienregelung ausgeschlossen sein soll; wird der Urlaub durch Tarifvertrag geregelt, so kann er nicht durch Betriebsvereinbarung verlängert werden.

245 **Geltungsbereich.** Betriebsvereinbarungen schaffen innerbetriebliches Recht. Sie haben wie die Tarifverträge (vgl. Kap. 4, Tz 185) normative Wirkung, d. h. sie gelten unmittelbar und zwingend. Sie wirken wie ein auf den Betrieb beschränktes Gesetz auf die Arbeitsverhältnisse der Arbeitnehmer ein (282). Sie gelten grundsätzlich für alle Arbeitnehmer des Betriebes, mit Ausnahme der leitenden Angestellten und der in § 5 Abs. 2 BetrVG genannten Personen (u. a. Vorstandsmitglieder juristischer Personen, Gesellschafter einer Personengesellschaft usw.). Die Zugehörigkeit zu einer Gewerkschaft spielt keine Rolle.

Betriebsvereinbarungen sind mit einer Frist von 3 Monaten aufkündbar (§ 77 Abs. 5). Es gibt eine Nachwirkung, d. h. Betriebsvereinbarungen gelten weiter, bis sie durch eine andere Abmachung ersetzt werden (§ 77 Abs. 6). Das gilt allerdings nur für Regelungen in Angelegenheiten, in denen der Spruch der Einigungsstelle die Einigung zwischen Arbeitgeber und Betriebsrat ersetzen kann (vgl. Tz 248), die also erzwingbar sind.

*Beispiel*: Es besteht eine Betriebsvereinbarung über Art, Ort und Zeit der Auszahlung des Arbeitsentgeltes. Eine solche Betriebsvereinbarung gilt auch nach einer Kündigung weiter. Sie gilt auch für Arbeitnehmer, die erst nach Ablauf der Betriebsvereinbarung in den Betrieb eintreten.

### 5.2.3. Einigungsstelle

Für den Fall, daß sich Arbeitgeber und Betriebsrat bei der Regelung innerbetrieblicher Angelegenheiten nicht einigen können, sieht das BetrVG die Bildung einer Einigungsstelle vor (§ 76). Eine Einigungsstelle kann bei Bedarf gebildet werden, es kann aber auch durch Betriebsvereinbarung eine ständige Einigungsstelle errichtet werden (283).

246 **Zusammensetzung.** Die Einigungsstelle besteht aus einer gleichen Anzahl von Beisitzern, die vom Arbeitgeber und vom Betriebsrat bestellt werden, und einem unparteiischen Vorsitzenden, auf dessen Person sich beide Seiten einigen müssen (§ 76 Abs. 2).

247 **Zuständigkeit.** I. d. R. wird die Einigungsstelle nur tätig, wenn beide Seiten es beantragen oder mit ihrem Tätigwerden einverstanden sind (§ 76 Abs. 6). Nur in bestimmten Fällen, die im Gesetz genannt sind (insbesondere bei sogen. sozialen Angelegenheiten, vgl. Tz 251), genügt der Antrag einer Seite (§ 76 Abs. 5).

248 **Rechtswirkungen des Spruches der Einigungsstelle.** In den Fällen, in denen die Einigungsstelle nur auf Antrag oder mit Zustimmung beider Seiten tätig wird, hat ihr Spruch lediglich Vorschlagscharakter (284). Ihr Spruch ersetzt die Einigung zwischen Arbeitgeber und Betriebsrat nur, wenn beide Seiten sich dem Spruch im voraus unterworfen oder ihn nachträglich angenommen haben (§ 76 Abs. 6 Satz 2). Hingegen ist ihr Spruch verbindlich, hat also die Wirkung einer Betriebsvereinbarung, in den Fällen, wo sie bereits auf Antrag einer Seite tätig wird (§ 76 Abs. 5 Satz 1). Hier ersetzt der Spruch der Einigungsstelle die Einigung zwischen Betriebsrat und Arbeitgeber.

*Fall 20*: Betriebsvereinbarung (285)

Arbeitgeber A schließt am 1. 3. 75 mit dem Betriebsrat folgende Betriebsvereinbarung:

1. A zahlt an alle Arbeitnehmer seines Unternehmens eine Teuerungszulage von 3 % auf den Tariflohn.
2. A zahlt außerdem eine Erschwerniszulage an alle Arbeitnehmer, die einen Arbeitsweg von mehr als 15 km zurücklegen müssen.
3. Alle Arbeitnehmer erhalten alljährlich zu Weihnachten ein Weihnachtsgeld, dessen Höhe von Jahr zu Jahr von der Geschäftsleitung im Einvernehmen mit dem Betriebsrat festgesetzt wird.
4. Auf das in einer früheren Betriebsvereinbarung aus dem Jahr 1966 geregelte Ruhegeld, das A an alle ehemaligen Betriebsangehörigen zahlt, können ab sofort Rentenleistungen aus der gesetzlichen Sozialversicherung angerechnet werden.

Wie sind die Abreden der Betriebsvereinbarung zu beurteilen?

*Lösung:*

**Zu 1:** Die Abrede über die Teuerungszulage verstößt gegen § 77 Abs. 3 BetrVG. Die Teuerungszulage ist Lohn, und Lohnfragen dürfen nur durch Tarifvertrag geregelt werden. Die Vereinbarung über die Teuerungszulage ist daher unwirksam.

**Zu 2:** Es handelt sich hier um eine Zulage, die die erhöhten Fahrtkosten für weiter entfernt wohnende Arbeitnehmer ausgleichen soll. Solche Zulagen werden üblicherweise nicht durch Tarifvertrag geregelt, die Abrede ist also gültig. (Anders wäre es bei Erschwerniszulagen für Lärm, Staub usw., wenn diese Erschwernisse bereits im Tariflohn berücksichtigt sind, z. B. bei der Abgrenzung der Lohngruppen.)

**Zu 3:** Die Vereinbarung eines zusätzlichen Weihnachtsgeldes ist zulässig. Die Bestimmung, daß die Höhe des Weihnachtsgeldes im Einvernehmen zwischen Betriebsrat und Geschäftsleitung festgesetzt werden soll, ist so auszulegen, daß sich beide Seiten im Streitfall dem Spruch der Einigungsstelle unterwerfen wollen.

**Zu 4:** Betriebsvereinbarungen gelten nur für die Arbeitnehmer des Betriebes. Die Ruheständler sind bereits aus dem Betrieb ausgeschieden, ihre Rechtsverhältnisse können daher durch Betriebsvereinbarungen nicht geändert werden.

**Fragen zu 5.2.:**

1. Nennen Sie einige Grundsätze für die Zusammenarbeit von Arbeitgeber und Betriebsrat!
2. Was ist unter einer Betriebsvereinbarung zu verstehen?
3. Welche Angelegenheiten können durch Betriebsvereinbarung geregelt werden?
4. Wie verhalten sich Betriebsvereinbarungen zu Tarifverträgen?
5. Wie weit reicht der Geltungsbereich von Betriebsvereinbarungen?
6. Was sind Einigungsstellen? Wie sind sie zusammengesetzt? Wann werden sie tätig?
7. Welche Wirkung hat der Spruch der Einigungsstelle?

## 5.3. Beteiligungsrechte des Betriebsrates

### 5.3.1. Formen und Bereiche der Beteiligung des Betriebsrates

#### 5.3.1.1. Formen

249 Die Beteiligungsrechte des Betriebsrates sind vom BetrVG mit unterschiedlichem Gewicht ausgestattet. Sie reichen vom einfachen Informationsrecht über Anhörungs- und Beratungsrechte bis hin zur echten Mitbestimmung. Folgende Stufen sind zu unterscheiden (286):

**5.3.1.1.1. Informationsrechte.** Hier hat der Betriebsrat lediglich einen Anspruch auf Unterrichtung durch den Arbeitgeber. Der Arbeitgeber muß dem Betriebsrat von geplanten oder bereits durchgeführten Maßnahmen Kenntnis geben. Er ist aber nicht verpflichtet, die Maßnahme mit dem Betriebsrat zu erörtern. Aus dem Grundsatz der vertrauensvollen Zusammenarbeit zwischen Arbeitgeber und Betriebsrat (vgl. Tz 240) folgt allerdings, daß der Arbeitgeber dem Betriebsrat Gelegenheit geben muß, sich zu äußern (287).

*Beispiele*: Unterrichtung des Betriebsrates über geplante Betriebsänderungen (§ 111; vgl. Tz 259 f.); über Einstellung oder personelle Veränderung eines leitenden Angestellten (§ 105); Unterrichtung des Wirtschaftsausschusses über die wirtschaftlichen Angelegenheiten des Unternehmens (§ 106 Abs. 2; vgl. Tz 238 f. und Tz 259).

In vielen Fällen ist das Informationsrecht nur eine Vorstufe, da die Unterrichtung Voraussetzung dafür ist, daß der Betriebsrat seine weiterreichenden Befugnisse ausüben kann (288).

**5.3.1.1.2. Anhörungsrechte.** Anhörung bedeutet vor allem, daß der Arbeitgeber dem Betriebsrat die Möglichkeit geben muß, Einwendungen gegen eine Maßnahme zu erheben. Er muß sich mit den Einwendungen des Betriebsrates auseinandersetzen, falls der Betriebsrat solche geltend macht. Es liegt also beim Betriebsrat, ob sich aus der Anhörung eine Beratung entwickelt (288). Das Anhörungsrecht ist gewahrt, wenn der Arbeitgeber dem Betriebsrat rechtzeitig die Gründe für seine Maßnahmen mitteilt, so daß der Betriebsrat Gelegenheit zur Stellungnahme hat.

*Beispiel*: Anhörung des Betriebsrates vor jeder Kündigung (§ 102 Abs. 1; vgl. Tz 144 sowie Tz 256).

Anhörung kann aber auch bedeuten, daß der Betriebsrat sich mit Anträgen und Anregungen an den Arbeitgeber wenden kann, und daß der Arbeitgeber sich mit diesen Anregungen beschäftigen muß (z. B. § 80 Abs. 1 Nr. 2 und 3, § 92 Abs. 2).

5.3.1.1.3. **Beratungsrechte.** Sie bedeuten eine Steigerung der Anhörungsrechte. Hier hat der Arbeitgeber (anders als bei der Anhörung) von sich aus den Betriebsrat um seine Meinung zu fragen, und Gründe und Gegengründe sind im beiderseitigen Gespräch gegeneinander abzuwägen (288). Die Entscheidung bleibt jedoch beim Arbeitgeber.

*Beispiele*: Unterrichtung und Beratung mit dem Betriebsrat über die Planung von Neu-, Um- und Erweiterungsbauten, von technischen Anlagen, von Arbeitsverfahren und Arbeitsabläufen (§ 90); Beratung über Art und Umfang von Maßnahmen im Zusammenhang mit der Personalplanung (§ 92 Abs. 1 Satz 2); Beratung wirtschaftlicher Angelegenheiten im Wirtschaftsausschuß (§ 106 Abs. 1 Satz 2).

5.3.1.1.4. **Widerspruchsrechte.** Hier kann der Betriebsrat gegen eine geplante Maßnahme des Arbeitgebers Widerspruch einlegen. Die Folge ist dann, daß die Angelegenheit vom Arbeitsgericht nachgeprüft wird. Zwar kann der Arbeitgeber die Maßnahme zunächst durchführen, sie muß aber zurückgenommen werden, wenn das Arbeitsgericht die Berechtigung der Widerspruchsgründe des Betriebsrates anerkennt.

*Beispiel*: Widerspruchsrecht des Betriebsrates bei einer ordentlichen Kündigung durch den Arbeitgeber (§ 102 Abs. 3; vgl. auch Kap. 3, Tz 154 sowie Tz 257).

Zu beachten ist, daß ein Widerspruchsrecht des Betriebsrates nur besteht, wenn bestimmte, jeweils im Gesetz genannte Gründe vorliegen.

5.3.1.1.5. **Zustimmungsrechte.** Dies sind die stärksten Beteiligungsrechte, die dem Betriebsrat zur Verfügung stehen. Sie bedeuten, daß eine Maßnahme des Arbeitgebers nur wirksam ist, wenn der Betriebsrat ihr vorher zugestimmt hat. Durch Verweigerung der Zustimmung kann der Betriebsrat dem Arbeitgeber die Möglichkeit einer wirksamen Regelung nehmen (289). Können sich Arbeitgeber und Betriebsrat über eine zustimmungspflichtige Angelegenheit nicht einigen, entscheidet die Einigungsstelle auf Antrag einer Seite mit verbindlicher Wirkung. Der Betriebsrat kann die Angelegenheit von sich aus, auch ohne Zustimmung des Arbeitgebers, vor die Einigungsstelle bringen.

*Beispiele*: Regelung bestimmter sozialer Angelegenheiten (§ 87; vgl. Tz 251); Aufstellung von Personalfragebögen und Beurteilungsgrundsätzen (§ 94); Erstellung von Richtlinien über die personelle Auswahl bei Einstellungen, Versetzungen, Umgruppierungen und Kündigungen (§ 95); Erstellung eines Sozialplanes bei Betriebsänderungen (§ 112).

Nur in den beiden letzten Fällen spricht man von Mitbestimmung des Betriebsrates. Die Informations-, Anhörungs- und Beratungsrechte werden hingegen als Mitwirkungsrechte bezeichnet.

#### 5.3.1.2. Bereiche

**250** Die Mitwirkungs- und Mitbestimmungsrechte des Betriebsrates erstrecken sich auf folgende Gebiete:

- auf soziale Angelegenheiten (§§ 87–91);
- auf personelle Angelegenheiten (§§ 92–105);
- auf wirtschaftliche Angelegenheiten (§§ 106–113).

Wegen Einzelheiten vgl. Tz 251 ff.

Daneben spricht das Betriebsverfassungsgesetz von „Allgemeinen Aufgaben" des Betriebsrates (§ 80 BetrVG): z. B. hat der Betriebsrat darüber zu wachen, daß Gesetze, Verordnungen, Unfallverhütungsvorschriften, Tarifverträge und Betriebsvereinbarungen durchgeführt werden; er soll Maßnahmen, die dem Betrieb und der Belegschaft dienen, beim Arbeitgeber beantragen, Beschwerden von Arbeitnehmern entgegennehmen und auf ihre Abstellung hinwirken usw.

Die Aufzählung im Gesetz ist *abschließend* und *zwingend* (290), eine Beteiligung des Betriebsrates gibt es nur in den vom Gesetz genannten Bereichen (291). Fällt eine Angelegenheit nicht unter die im Gesetz genannten Fallgruppen, unterliegt sie nicht der Beteiligung des Betriebsrates. Eine Erweiterung der Aufgaben und Befugnisse des Betriebsrates durch Tarifvertrag ist unzulässig (292).

### 5.3.2. Mitbestimmung und Mitwirkung des Betriebsrates in sozialen Angelegenheiten

In sozialen Angelegenheiten hat der Betriebsrat eine umfassende Zuständigkeit. Zu unterscheiden ist zwischen sozialen Angelegenheiten, die *zwingend* der Mitbestimmung des Betriebsrates unterliegen (§ 87 Abs. 1), und sozialen Angelegenheiten, die durch freiwillige Betriebsvereinbarung zwischen Arbeitgeber und Betriebsrat geregelt werden *können* (§ 88).

#### 5.3.2.1. Soziale Angelegenheiten, die zwingend der Mitbestimmung des Betriebsrates unterliegen (§ 87 BetrVG)

251 Die in § 87 Abs. 1 BetrVG genannten Angelegenheiten müssen durch eine Betriebsvereinbarung geregelt werden. Kommt keine Einigung zustande, so entscheidet auf Antrag einer Seite die Einigungsstelle mit bindender Wirkung (§ 87 Abs. 2). Eine ohne Einigung mit dem Betriebsrat oder entgegen dem Spruch der Einigungsstelle vorgenommene Maßnahme des Arbeitgebers ist unwirksam.

In diesen Bereich fallen folgende Angelegenheiten (abschließende Aufzählung im Gesetz):

1. Fragen der Ordnung des Betriebes und des Verhaltens der Arbeitnehmer im Betrieb;
2. Beginn und Ende der täglichen Arbeitszeit einschl. der Pausen sowie Verteilung der Arbeitszeit auf die einzelnen Wochentage;
3. vorübergehende Verkürzung oder Verlängerung der betriebsüblichen Arbeitszeit (z. B. Kurzarbeit; Mehrarbeit);
4. Zeit, Ort und Art der Auszahlung der Arbeitsentgelte;
5. Aufstellung allgemeiner Urlaubsgrundsätze und des Urlaubsplanes sowie die Festsetzung der zeitlichen Lage des Urlaubs für einzelne Arbeitnehmer, wenn zwischen dem Arbeitgeber und den beteiligten Arbeitnehmern kein Einverständnis erzielt wird;
6. Einführung und Anwendung von technischen Einrichtungen, die dazu bestimmt sind, das Verhalten oder die Leistung der Arbeitnehmer zu überwachen (z. B. Stechuhren);
7. Regelungen über die Verhütung von Arbeitsunfällen und Berufskrankheiten sowie über den Gesundheitsschutz;
8. Form, Ausgestaltung und Verwaltung von Sozialeinrichtungen, deren Wirkungsbereich auf den Betrieb, das Unternehmen oder den Konzern beschränkt ist (293).

Hinweis: Das Mitbestimmungsrecht des Betriebsrates erstreckt sich nur auf Form, Ausgestaltung und Verwaltung von Sozialeinrichtungen, nicht auf die Frage, ob der Arbeitgeber überhaupt solche Sozialeinrichtungen errichten will. Die Errichtung von Sozialeinrichtungen durch den Arbeitgeber kann der Betriebsrat nur über den Abschluß einer freiwilligen Betriebsvereinbarung nach § 88 Nr. 2 erreichen (vgl. unten).

9. Zuweisung und Kündigung von Wohnräumen, die den Arbeitnehmern mit Rücksicht auf das Bestehen eines Arbeitsverhältnisses vermietet werden, sowie die allgemeine Festlegung der Nutzungsbedingungen;
10. Fragen der betrieblichen Lohngestaltung, insbes. die Aufstellung von Entlohnungsgrundsätzen und die Einführung und Anwendung von neuen Entlohnungsmethoden sowie deren Änderung;
11. Festsetzung der Akkord- und Prämiensätze und vergleichbarer leistungsbezogener Entgelte, einschließlich der Geldfaktoren;

    Hinweis: Diese Fragen werden in der Praxis im allgemeinen durch die Tarifvertragsparteien geregelt. Eine Betriebsvereinbarung hierüber dürfte deshalb nur in Ausnahmefällen abgeschlossen werden (vgl. auch Tz 244).

12. Grundsätze über das betriebliche Vorschlagswesen.

#### 5.3.2.2. Soziale Angelegenheiten, die durch freiwillige Betriebsvereinbarung geregelt werden können (§ 88 BetrVG)

252 Zu den sozialen Angelegenheiten, die nur im beiderseitigen Einverständnis zwischen Arbeitgeber und Betriebsrat geregelt werden können, wo also weder der Arbeitgeber noch der Betriebsrat den Abschluß einer Betriebsvereinbarung erzwingen kann, gehören insbesondere:

1. zusätzliche Maßnahmen zur Verhütung von Arbeitsunfällen und Gesundheitsschädigungen;
2. die Errichtung von Sozialeinrichtungen (vgl. oben Ziff. 8);
3. Maßnahmen zur Förderung der Vermögensbildung.

Im übrigen handelt es sich bei § 88 BetrVG nur um eine beispielhafte Aufzählung, so daß auch weitere Angelegenheiten durch freiwillige Betriebsvereinbarung geregelt werden können.

Neben den in den §§ 87 und 88 BetrVG geregelten Mitbestimmungs-Angelegenheiten hat der Betriebsrat ein Unterrichtungs- und Beratungsrecht bei der Planung von Neu-, Um- und Erweiterungsbauten, bei der Planung von technischen Anlagen, bei der Planung von Arbeitsverfahren und Arbeitsabläufen und der Arbeitsplätze (§ 90). Bei allen im Zusammenhang mit dem Arbeitsschutz oder der Unfallverhütung stehenden Besichtigungen und Fragen und bei Unfalluntersuchungen muß der Betriebsrat hinzugezogen werden (§ 89).

### 5.3.3. Mitwirkung und Mitbestimmung des Betriebsrates in personellen Angelegenheiten

Das Betriebsverfassungsgesetz unterscheidet bei den personellen Angelegenheiten zwischen allgemeinen personellen Angelegenheiten, Berufsbildung sowie personellen Einzelmaßnahmen und Kündigungen.

#### 5.3.3.1. Allgemeine personelle Angelegenheiten (§§ 92–95 BetrVG)

253 Das Gesetz räumt hier dem Betriebsrat weitreichende Beteiligungsrechte ein. Der Betriebsrat soll bereits im Vorfeld personeller Einzelmaßnahmen eingeschaltet werden (294).

Im einzelnen:

*Personalplanung.* Der Arbeitgeber hat den Betriebsrat rechtzeitig und umfassend über die Personalplanung, insbes. über den gegenwärtigen und künftigen Personalbedarf sowie über die sich daraus ergebenden personellen und für die Berufsausbildung bedeutsamen Maßnahmen zu unterrichten. Er hat mit dem Betriebsrat über Art und Umfang der erforderlichen Maßnahmen und über die Vermeidung von Härten zu beraten (§ 92). Ferner ist der Betriebsrat berechtigt, die Einführung einer Personalplanung anzuregen (295).

*Ausschreibung von Arbeitsplätzen.* Der Betriebsrat kann verlangen, daß Arbeitsplätze, die besetzt werden sollen, vor ihrer Besetzung innerhalb des Betriebes ausgeschrieben werden (§ 93).

*Personalfragebögen, Beurteilungsgrundsätze, Auswahlrichtlinien* (bei Einstellungen, Versetzungen, Umgruppierungen und Kündigungen). Hier hat der Betriebsrat ein echtes Mitbestimmungsrecht (§ 94, 95), er muß zustimmen. Kommt eine Einigung nicht zustande, entscheidet die Einigungsstelle auf Antrag einer Seite. Ihr Spruch ersetzt die Einigung zwischen Arbeitgeber und Betriebsrat.

### 5.3.3.2. Berufsbildung (§§ 96–98 BetrVG)

254 Auf diesem Gebiet hat der Betriebsrat folgende Beteiligungsrechte:

*Förderung der Berufsbildung.* Nach § 96 BetrVG haben Arbeitgeber und Betriebsrat im Rahmen der betrieblichen Personalplanung und in Zusammenarbeit mit den für die Berufsbildung und für die Förderung der Berufsbildung zuständigen Stellen die Berufsbildung der Arbeitnehmer (Ausbildung, Fortbildung, Umschulung) zu fördern. Der Betriebsrat kann verlangen, daß der Arbeitgeber diese Fragen mit ihm berät. Das bedeutet, daß der Betriebsrat nicht nur bei Fragen der innerbetrieblichen, sondern auch bei Fragen der überbetrieblichen Berufsbildung eingeschaltet ist.

*Durchführung betrieblicher Bildungsmaßnahmen.* In dem besonders wichtigen Bereich der betrieblichen Berufsbildung hat der Betriebsrat ein echtes Mitbestimmungsrecht, das über die Einigungsstelle bzw. das Arbeitsgericht erzwingbar ist: Er kann der Bestellung einer mit der Durchführung der betrieblichen Berufsbildung beauftragten Person widersprechen oder ihre Abberufung verlangen, wenn diese Person die erforderliche persönliche oder fachliche Eignung nicht besitzt oder ihre Aufgaben vernachlässigt (§ 98 Abs. 2); er kann Vorschläge für die Teilnahme von Arbeitnehmern an Berufsbildungsmaßnahmen machen (§ 98 Abs. 3).

*Einrichtungen und Maßnahmen der Berufsbildung.* Schließlich hat der Betriebsrat bei der Errichtung und Ausstattung betrieblicher Einrichtungen zur Berufsbildung (z. B. betriebliche Ausbildungsstätten), bei der Einführung betrieblicher Berufsbildungsmaßnahmen (z. B. Einrichtung von Fortbildungskursen) und bei der Teilnahme an außerbetrieblichen Berufsbildungsmaßnahmen ein Beratungsrecht (§ 97).

### 5.3.3.3. Personelle Einzelmaßnahmen (§§ 99–101 BetrVG)

255 Unter personellen Einzelmaßnahmen versteht das Gesetz Einstellungen, Eingruppierungen, Umgruppierungen und Versetzungen (§ 99 Abs. 1).

*Einstellung* ist die Begründung des Arbeitsverhältnisses, also der Abschluß des Arbeitsvertrages (296).

*Eingruppierung* ist die Einstufung in eine tarifliche oder betriebsübliche Lohngruppe; sie erfolgt regelmäßig bei der Einstellung (296).

*Umgruppierungen* sind Höher- oder Rückgruppierungen, d. h. Veränderungen in der tariflichen Einstufung. Da die Einstufung von der Art der ausgeübten Tätigkeit abhängt, sind Umgruppierungen nur möglich, wenn sich die ausgeübte Tätigkeit geändert hat (296).

*Versetzung* ist gem. § 95 Abs. 3 BetrVG die Zuweisung eines anderen Arbeitsbereiches, die voraussichtlich die Dauer von einem Monat überschreitet, oder die mit einer erheblichen Änderung der Umstände verbunden ist, unter denen die Arbeit zu leisten ist (296).

Vor jeder dieser Maßnahmen hat der Arbeitgeber den Betriebsrat zu unterrichten, ihm die erforderlichen Bewerbungsunterlagen vorzulegen, ihm Auskunft über die Auswirkungen der geplanten Maßnahme zu geben und seine Zustimmung einzuholen (§ 99 Abs. 1).

Das Mitbestimmungsrecht bei personellen Einzelmaßnahmen gilt allerdings nur in Betrieben mit mehr als 20 Arbeitnehmern, d. h. dem Betriebsobmann in Kleinbetrieben steht hier ein Mitbestimmungsrecht nicht zu.

Der Arbeitgeber darf die geplante Einstellung, Umgruppierung usw. ohne die Zustimmung des Betriebsrates nicht vornehmen. Verweigert der Betriebsrat seine Zustimmung, so kann sich der Arbeitgeber die Zustimmung vom Arbeitsgericht ersetzen lassen, wobei er aber die Berechtigung der vom Betriebsrat vorgebrachten Verweigerungsgründe widerlegen muß (§ 99 Abs. 4).

Zu beachten ist, daß der Betriebsrat die Zustimmung nur verweigern kann, wenn einer der in § 99 Abs. 2 BetrVG genannten Gründe vorliegt, z. B. Verstoß gegen Gesetz, Tarifvertrag oder Betriebsvereinbarung, Verstoß gegen eine Richtlinie nach § 95 BetrVG usw.

### 5.3.3.4. Kündigungen (§§ 102, 103 BetrVG)

Hier besteht eine Kombination von Anhörungs- und Widerspruchsrechten:

256 **Anhörung des Betriebsrates.** Vor *jeder* Kündigung (also sowohl vor einer ordentlichen Kündigung als auch vor einer außerordentlichen Kündigung) ist der Betriebsrat zu hören (§ 102 Abs. 1). Eine ohne Anhörung des Betriebsrates ausgesprochene Kündigung ist wegen *Formfehlers* unwirksam (vgl. auch Kap. 3, Tz 36 und Tz 144).

Das Anhörungsverfahren besteht aus zwei aufeinanderfolgenden Abschnitten (297). Zunächst hat der Arbeitgeber unter Beachtung der in § 102 Abs. 1 umschriebenen Erfordernisse das Anhörungsverfahren einzuleiten. Er muß dem Betriebsrat Mitteilung von der Kündigungsabsicht machen (also keine ordnungsmäßige Anhörung, wenn der Arbeitgeber kündigt, ohne überhaupt mit dem Betriebsrat in Verbindung getreten zu sein); die Mitteilung muß so rechtzeitig erfolgen, daß der Betriebsrat ausreichend Zeit zur Stellungnahme hat (also keine ordnungsmäßige Anhörung, wenn der Betriebsrat von einer Kündigung erst durch Übersendung einer Kopie des Kündigungsschreibens erfährt); die Mitteilung muß alle erforderlichen Angaben enthalten, um dem Betriebsrat eine Stellungnahme zu ermöglichen (also mindestens: den Namen des Arbeitnehmers, dem gekündigt werden soll; die Art der Kündigung, d. h. ob ordentliche oder außerordentliche Kündigung; den Kündigungstermin; die Kündigungsfristen; eine Darstellung der Gründe für die Kündigung); die Mitteilung muß an den Betriebsrats-Vorsitzenden bzw. im Falle der Verhinderung an dessen Stellvertreter gehen (also nicht an irgendein Betriebsratsmitglied). Nur wenn der Arbeitgeber bei der ihm obliegenden Einleitung des Anhörungsverfahrens einen Fehler begeht, liegt darin eine Verletzung des § 102 Abs. 1 BetrVG; nur in diesem Falle ist die Kündigung unwirksam (297).

Anschließend ist es Aufgabe des Betriebsrates, sich mit der beabsichtigten Kündigung zu befassen und darüber zu entscheiden, ob und in welchem Sinne er Stellung nehmen will. Der Arbeitgeber kann und darf sich nicht in die Amtsführung des Betriebsrates einmischen. Deshalb bleibt es grundsätzlich ohne Auswirkungen auf die Ordnungsmäßigkeit des Anhörungsverfahrens gem. § 102 Abs. 1, wenn Mängel in dem Bereich vorkommen, für den der Betriebsrat zuständig ist.

*Beispiele:* Der Betriebsrat ist bei der Beschlußfassung fehlerhaft besetzt, z. B. weil ein Mitglied nicht geladen oder ein Ersatzmitglied nicht nachgerückt ist; der Betriebsrat faßt seinen Beschluß nicht in einer ordnungsgemäß einberufenen Sitzung, sondern im Umlaufverfahren; der Arbeitgeber nimmt an der Sitzung des Betriebsrates teil, obwohl er nicht teilnehmen darf; der Betriebsrats-Vorsitzende gibt, nachdem der Arbeitgeber seine Kündigungsabsicht mitgeteilt hat, allein eine abschließende Stellungnahme zu der beabsichtigten Kündigung ab.

Fehler bei der Willensbildung des Betriebsrates berühren das Anhörungsverfahren also grundsätzlich nicht. Das bedeutet, daß im Ergebnis der Arbeitnehmer, dem gekündigt wird, das Risiko trägt, wenn der Betriebsrat nicht ordnungsmäßig tätig geworden ist (297).

Hat der Betriebsrat gegen eine ordentliche Kündigung *Bedenken*, so hat er diese unter Angabe der Gründe dem Arbeitgeber spätestens innerhalb einer Woche schriftlich mitzuteilen. Äußert sich der Betriebsrat innerhalb dieser Frist nicht, gilt seine Zustimmung zur Kündigung als erteilt (§ 102 Abs. 2 Satz 1 und 2). Hat der Betriebsrat gegen eine außerordentliche Kündigung Bedenken, so hat er diese unter Angabe der Gründe dem Arbeitgeber unverzüglich, spätestens jedoch innerhalb von 3 Tagen, schriftlich mitzuteilen (§ 102 Abs. 2 Satz 3).

Das bedeutet nicht, daß der Betriebsrat unbedingt Stellung nehmen muß; Schweigen des Betriebsrates auf die Mitteilung des Arbeitgebers hin ist eine rechtlich durchaus mögliche Reaktion des Betriebsrates (297). Es ist auch nicht erforderlich, daß der Arbeitgeber den Ablauf der Fristen des § 102 Abs. 2 abwartet: Kann der Arbeitgeber aus der Mitteilung des Betriebsrates entnehmen, daß der Betriebsrat eine weitere Erörterung des Falles nicht wünscht, daß es sich also um eine abschließende Stellungnahme handelt, dann ist das Anhörungsverfahren beendet und der Arbeitgeber kann wirksam kündigen. Solange allerdings der Arbeitgeber mit der Möglichkeit rechnen muß, daß einer allein vom Betriebsrats-Vorsitzenden abgegebenen Erklärung noch eine Stellungnahme des Betriebsrates folgen könnte, muß er die beabsichtigte Kündigung bis zum Ablauf der in § 102 Abs. 2 genannten Fristen zurückstellen.

257 **Widerspruchsrecht des Betriebsrates.** Darüber hinaus kann der Betriebsrat bei einer ordentlichen Kündigung (vgl. Kap. 3, Tz 146 ff.) schriftlich widersprechen, wenn einer der folgenden, in § 102 Abs. 3 BetrVG genannten Gründe vorliegt: Der Arbeitgeber hat bei der Auswahl des zu kündigenden Arbeitnehmers soziale Gesichtspunkte nicht oder nicht ausreichend berücksichtigt; die Kündigung verstößt gegen eine Auswahlrichtlinie nach § 95 BetrVG; der zu kündigende Arbeitnehmer kann an einem anderen Arbeitsplatz im selben Betrieb oder in einem anderen Betrieb des Unternehmens weiterbeschäftigt werden; die Weiterbeschäftigung des Arbeitnehmers ist nach zumutbaren Umschulungs- oder Fortbildungsmaßnahmen möglich; eine Weiterbeschäftigung des Arbeitnehmers ist unter geänderten Vertragsbedingungen möglich, der Arbeitnehmer hat sein Einverständnis hiermit erklärt.

Macht der Betriebsrat von diesem Widerspruchsrecht tatsächlich Gebrauch, so tritt eine erhebliche Verstärkung des Kündigungsschutzes für den gekündigten Arbeitnehmer ein:

- Erhebt der Arbeitnehmer die Kündigungsschutzklage beim Arbeitsgericht, so ist die Kündigung im Kündigungsschutzprozeß als sozial ungerechtfertigte Kündigung zu behandeln. Das gilt selbst dann, wenn die Kündigung durch Gründe im Verhalten oder in der Person des Arbeitnehmers oder durch dringende betriebliche Erfordernisse bedingt ist (vgl. hierzu auch Kap. 3, Tz 154).
- Der Arbeitnehmer kann vom Arbeitgeber verlangen, daß dieser ihn bis zum rechtskräftigen Abschluß des Rechtsstreites zu den bisherigen Arbeitsbedingungen weiterbeschäftigt (sogen. Bestandsschutz, § 102 Abs. 5). Der Arbeitnehmer braucht sich also nicht für die Zwischenzeit um eine andere Arbeitsstelle zu bemühen (vgl. auch Kap. 3, Tz 157) (298).

**258** Bei der außerordentlichen Kündigung (§ 626 BGB) ist das Beteiligungsrecht des Betriebsrates schwächer ausgestaltet als bei ordentlichen Kündigungen. Ein Widerspruchsrecht mit den oben für die ordentliche Kündigung genannten Folgen hat der Betriebsrat hier nicht (§ 102 Abs. 2). Lediglich bei der außerordentlichen Kündigung von Betriebsratsmitgliedern sowie von Mitgliedern des Wahlvorstandes und von Wahlbewerbern ist gem. § 103 Abs. 1 seine vorherige Zustimmung erforderlich (die Zustimmung kann durch rechtskräftigen Beschluß des Arbeitsgerichtes ersetzt werden!).

Bei der Einstellung oder bei personellen Veränderungen von leitenden Angestellten (Begriff vgl. § 5 Abs. 3) hat der Betriebsrat lediglich ein Informationsrecht (§ 105).

### 5.3.4. Mitwirkung und Mitbestimmung des Betriebsrates in wirtschaftlichen Angelegenheiten

Auf wirtschaftlichem Gebiet sind die Beteiligungsrechte des Betriebsrates am schwächsten ausgestaltet (299). Eine Beteiligung an den unternehmerischen Entscheidungen besteht nicht, die Entscheidungsfreiheit des Unternehmers bleibt in vollem Umfang erhalten. Der Unternehmer allein entscheidet über Produktion, Investition, Finanzierung, Rationalisierung, Absatz, Werbung, Gewinnverwendung, Fusion, Stillegung usw. Der Betriebsrat ist lediglich zu beteiligen, wenn es um das „Wie" der Durchführung und um die Vermeidung sozialer Härten geht (299). Damit ist allerdings nicht ausgeschlossen, daß der Arbeitgeber auf die Vorhaltungen des Betriebsrates von der geplanten Maßnahme vollständig absieht (300).

Im einzelnen:

**259** **Unterrichtung und Beratung.** Sofern ein Wirtschaftsausschuß besteht, muß dieser vom Unternehmer rechtzeitig und umfassend über alle geplanten wirtschaftlichen Maßnahmen unterrichtet werden. Der Wirtschaftsausschuß soll die Angelegenheit mit dem Unternehmer beraten. Über die erhaltenen Informationen und über das Ergebnis der Beratungen hat der Wirtschaftsausschuß den Betriebsrat zu unterrichten (§ 106 Abs. 1).

Bezüglich des Katalogs der wirtschaftlichen Angelegenheiten, über die der Wirtschaftsausschuß zu unterrichten ist und über die er mit dem Unternehmer zu beraten hat, vgl. Tz 239.

**260** **Mitwirkung und Mitbestimmung bei Betriebsänderungen.** Bei bestimmten wirtschaftlichen Angelegenheiten, bei sogen. Betriebsänderungen, ist der Betriebsrat zu beteiligen. Er soll über Betriebsänderungen schon im Planungsstadium rechtzeitig und umfassend vom Unternehmer unterrichtet werden; die geplante Betriebsänderung soll mit dem Betriebsrat beraten werden (§ 111).

Als Betriebsänderungen gelten (abschließende Aufzählung im Gesetz):

1. Einschränkung und Stillegung des ganzen Betriebes oder von wesentlichen Betriebsteilen;
2. Verlegung des ganzen Betriebes oder von wesentlichen Betriebsteilen;
3. Zusammenschluß mit anderen Betriebsteilen;
4. grundlegende Änderungen der Betriebsorganisation, des Betriebszweckes oder der Betriebsanlagen;
5. Einführung grundlegend neuer Arbeitsmethoden und Fertigungsverfahren.

Für die Beteiligung des Betriebsrates bei Betriebsänderungen sieht das Gesetz folgende Regelung vor:

- Es ist ein sogen. *Interessenausgleich* zwischen Unternehmer und Betriebsrat herbeizuführen (§ 112 Abs. 1 Satz 1). Er ist schriftlich niederzulegen und von Unternehmer und Betriebsrat zu unterschreiben. Betriebsrat und Unternehmer sollen sich darüber verständigen, ob die Betriebsänderung durchgeführt werden soll und wie sie verwirklicht werden soll.

  *Beispiel*: Bei einer Stillegung ist Einigung darüber erzielt worden, daß diese Maßnahme notwendig ist. Arbeitgeber und Betriebsrat müssen sich anschließend verständigen, ob die Stillegung stufenweise, sofort oder später durchgeführt werden soll, ob frei werdende Arbeitnehmer entlassen oder anderweitig beschäftigt werden sollen usw.

  Kommt ein solcher Interessenausgleich nicht zustande, so können Unternehmer oder Betriebsrat den Präsidenten des Landesarbeitsamtes um Vermittlung ersuchen oder die Einigungsstelle anrufen (§ 112 Abs. 2). Die Einigungsstelle hat eine Einigung der Parteien zu versuchen; sie kann aber hier keine verbindliche Entscheidung treffen.

  Der Interessenausgleich kann vom Betriebsrat nicht erzwungen werden. Es genügt, wenn der Unternehmer den Ausgleich *versucht* hat (§ 113 Abs. 3). Selbst dann, wenn ein Interessenausgleich zustandegekommen ist, kann der Unternehmer davon *abweichen*. Nur wenn er dies ohne zwingenden Grund tut, muß er die wirtschaftlichen Nachteile der betroffenen Arbeitnehmer bis zu einem Zeitraum von 12 Monaten *ausgleichen* (§ 113 Abs. 3) und den infolge dieser Abweichung entlassenen Arbeitnehmern eine Abfindung gem. § 10 KSchG zahlen (§ 113 Abs. 2). Die geplante Betriebsveränderung wird dadurch jedoch nicht unwirksam.

- Unabhängig davon, ob die Bemühungen um einen Interessenausgleich zu einem Erfolg geführt haben, ist ein *Sozialplan* aufzustellen (§ 112 Abs. 1 Satz 2). Der Sozialplan regelt den Ausgleich oder die Milderung der wirtschaftlichen Nachteile, die den Arbeitnehmern infolge der geplanten Betriebsänderung entstehen (301); die Entscheidung über die Betriebsänderung selbst steht dabei nicht mehr zur Erörterung.

  *Beispiele*: Für den Fall der Entlassung wird in einem Sozialplan vorgesehen, daß alle bis zu 5 Jahren beschäftigten Mitarbeiter für jedes Jahr ihrer Beschäftigung 100,– DM erhalten; alle über 5 Jahre bis zu 25 Jahren Beschäftigten sollen für jedes Jahr der Beschäftigung 600,– DM erhalten; Mitarbeiter, die 50 Jahre oder älter sind, sollen außerdem eine Zuwendung von 3.000,– DM erhalten. – Weitere Regelungen, die in einem Sozialplan enthalten sein können: Besitzstandsklauseln bei Umsetzungen, Vereinbarungen über die Erstattung von Umzugskosten, über die Gewährung von Beihilfen, über die Belassung von Werkswohnungen, über die Förderung der Umschulung und Fortbildung durch den Betrieb u. a. m.

  Die Einigung über den Sozialplan kann vom Betriebsrat *erzwungen* werden (§ 112 Abs. 4). Hier hat der Betriebsrat ein echtes Mitbestimmungsrecht. Kommt eine Einigung über den Sozialplan nicht zustande, so entscheidet die Einigungsstelle auf Antrag einer Seite mit bindender Wirkung.

*Fall 21*: Beteiligung des Betriebsrates bzw. Gesamtbetriebsrates und des Wirtschaftsausschusses an den Entscheidungen im Betrieb (274).

Bei der in Fall 19 beschriebenen Textil-KG stehen folgende Entscheidungen an:

1. Die betriebliche Arbeitszeit in Werk A soll vorübergehend verkürzt werden.
2. In allen Betrieben soll die bargeldlose Lohn- und Gehaltszahlung eingeführt werden.
3. In allen Betrieben einschl. der Verwaltung sollen 10 % der Belegschaft wegen Auftragsmangels entlassen werden.

4. Der Konfektionsbetrieb soll in eine andere Stadt verlegt werden.
5. Alle Betriebe sollen verkauft werden.

Welche Beteiligungsrechte des Betriebsrates bzw. des Gesamtbetriebsrates und des Wirtschaftsausschusses sind dabei zu beachten?

*Lösung:*

**Zu 1:** Die vorübergehende Verkürzung der Arbeitszeit gehört zu den Angelegenheiten, die zwingend der Mitbestimmung des Betriebsrates unterliegen (§ 87 Abs. 1 BetrVG). Der Betriebsrat für Werk A und B sowie für die Verwaltung muß der Kurzarbeit zustimmen. Es ist eine Betriebsvereinbarung mit der Geschäftsleitung abzuschließen. Die Geschäftsleitung kann auf keinen Fall allein entscheiden, eine einseitige Maßnahme wäre unwirksam. – Kommt keine Einigung zwischen Betriebsrat und Geschäftsleitung zustande, entscheidet die Einigungsstelle auf Antrag einer Seite mit verbindlicher Wirkung.

Der Gesamtbetriebsrat ist im vorliegenden Fall nicht einzuschalten, da nur ein Betrieb betroffen ist und die Angelegenheit vom zuständigen Betriebsrat selbst geregelt werden kann.

Dagegen muß im Wirtschaftsausschuß eine ausführliche Beratung stattfinden. Die Geschäftsleitung hat den Mitgliedern des Wirtschaftsausschusses die verschlechterte Absatzlage darzulegen und zu begründen, warum die Kurzarbeit notwendig ist.

**Zu 2:** Die Einführung der bargeldlosen Lohn- und Gehaltszahlung gehört ebenfalls zu den Angelegenheiten, die zwingend der Mitbestimmung des Betriebsrates unterliegen. Im vorliegenden Fall sind nicht die beiden örtlichen Betriebsräte zuständig, sondern der Gesamtbetriebsrat: Die Angelegenheit betrifft das ganze Unternehmen, sie muß vernünftigerweise einheitlich für alle Betriebe geregelt werden. Es ist deshalb zwischen Gesamtbetriebsrat und Geschäftsleitung eine entsprechende Betriebsvereinbarung abzuschließen.

Außerdem muß der Wirtschaftsausschuß über die geplante Maßnahme rechtzeitig und umfassend unterrichtet werden, damit, falls erforderlich, eine Beratung zwischen Wirtschaftsausschuß und Geschäftsleitung erfolgen kann.

**Zu 3:** Vor Ausspruch der Kündigungen sind die beiden örtlichen Betriebsräte anzuhören, andernfalls sind die Kündigungen unwirksam (§ 102 Abs. 1 BetrVG). Beide Betriebsräte müssen Gelegenheit erhalten, über die geplanten Kündigungen zu beraten. Ein Widerspruch gegen die Kündigungen dürfte im vorliegenden Fall allerdings kaum möglich sein, sofern die Geschäftsleitung soziale Gesichtspunkte ausreichend berücksichtigt und nicht gegen eine Richtlinie gem. § 95 BetrVG verstoßen hat; denn eine Weiterbeschäftigung der Arbeitnehmer an anderer Stelle oder nach Umschulung und Fortbildung kommt wegen der schlechten Auftragslage nicht in Frage.

Hinweis: Da es sich um eine Massenentlassung handelt, ist eine Anzeige beim zuständigen Arbeitsamt erforderlich, der eine Stellungnahme der beiden Betriebsräte beizufügen ist (§ 17 KSchG). Vgl. auch Kap. 3, Tz 158.

Der Gesamtbetriebsrat ist im vorliegenden Fall nicht einzuschalten: Die Entlassungen betreffen zwar das Gesamtunternehmen, die Angelegenheit kann aber durch die einzelnen Betriebsräte innerhalb ihrer Betriebe geregelt werden.

Hingegen ist der Wirtschaftsausschuß über die Lage des Unternehmens und über die Gründe, welche die Entlassung erforderlich machen, zu unterrichten. Es hat im Wirtschaftsausschuß eine Beratung über die Angelegenheit stattzufinden.

**Zu 4:** Es handelt sich hier um eine Betriebsänderung i. S. von § 111 BetrVG. Der Betriebsrat des Konfektionsbetriebes ist zu beteiligen. Die grundsätzliche Entscheidung trifft die Geschäftsleitung; der Betriebsrat wird aber versuchen, die geplante Maßnahme so zu beeinflussen, daß die unvermeidlichen Nachteile für die Belegschaft möglichst gering sind. Zunächst muß die Geschäftsleitung einen Interessenausgleich mit dem Betriebsrat des Konfektionsbetriebes versuchen. Der Betriebsrat kann diesen Ausgleich aber nicht erzwingen. – Unabhängig davon muß ein Sozialplan aufgestellt werden.

Dieser bedarf der Zustimmung des örtlichen Betriebsrates. Kommt eine Einigung über den Sozialplan nicht zustande, so entscheidet die Einigungsstelle mit verbindlicher Wirkung.

Der Gesamtbetriebsrat ist bei der Verlegung des Konfektionsbetriebes nicht einzuschalten, weil die Angelegenheit vom örtlich zuständigen Betriebsrat selbst geregelt werden kann.

Im Wirtschaftsausschuß muß die Verlegung beraten werden; die Entscheidung bleibt aber Sache der Geschäftsleitung.

**Zu 5:** Hier sind weder die beiden Betriebsräte noch der Gesamtbetriebsrat noch der Wirtschaftsausschuß zu beteiligen. Der Verkauf aller Betriebe ist keine „Betriebsänderung" i. S. von § 111 BetrVG, so daß die Betriebsräte und der Gesamtbetriebsrat nicht zuständig sind. Eine Unterrichtung und Beratung im Wirtschaftsausschuß wird unterbleiben mit Hinweis auf Geschäfts- bzw. Betriebsgeheimnisse, die nicht gefährdet werden dürfen (§ 106 Abs. 2 BetrVG).

**Fragen zu 5.3.:**

1. Was ist unter Mitwirkung und Mitbestimmung des Betriebsrates im Sinne des Betriebsverfassungsgesetzes zu verstehen?
2. Erläutern Sie die Beteiligungsrechte des Betriebsrates: Informationsrecht, Anhörungsrecht, Beratungsrecht, Widerspruchsrecht, Zustimmungsrecht.
3. Auf welchen Gebieten bestehen Mitbestimmungs- bzw. Mitwirkungsrechte des Betriebsrates?
4. Nennen Sie einige Beispiele für
   a) soziale Angelegenheiten im Sinne des Betriebsverfassungsgesetzes
   b) personelle Angelegenheiten im Sinne des Betriebsverfassungsgesetzes
   c) wirtschaftliche Angelegenheiten im Sinne des Betriebsverfassungsgesetzes.
5. Auf welchen Gebieten ist die Beteiligung des Betriebsrates an den Entscheidungen im Betrieb am stärksten? Wo ist die Beteiligung am schwächsten?
6. Was ist unter den „Allgemeinen Aufgaben des Betriebsrates" zu verstehen?
7. Was ist unter „Anhörung des Betriebsrates vor jeder Kündigung" zu verstehen?
8. Was sind Betriebsänderungen im Sinne des Betriebsverfassungsgesetzes?
9. Was ist unter einem Interessenausgleich zu verstehen?
10. Was bedeutet der Begriff „Nachteilsausgleich"?
11. Was ist unter einem Sozialplan zu verstehen?

## 5.4. Arbeitnehmer-Vertreter in den Organen von Kapitalgesellschaften

Kapitalgesellschaften müssen nicht nur die Bestimmungen des Betriebsverfassungsgesetzes von 1972 beachten; für sie gelten außerdem besondere gesetzliche Regelungen, die eine Vertretung der Arbeitnehmer in den *Unternehmensorganen* vorsehen. Zu nennen sind in diesem Zusammenhang:

- das BetrVG von 1952 (in der Fassung des Betriebsverfassungsgesetzes 1972)
- das Mitbestimmungsgesetz Kohle und Stahl von 1951 (nebst Ergänzungen von 1956 und 1971)
- das Mitbestimmungsgesetz von 1976.

### 5.4.1. Regelung nach dem BetrVG 1952 i. d. F. des BetrVG 1972

261 Nach § 76 BetrVG 1952 muß der Aufsichtsrat einer Aktiengesellschaft oder einer Kommanditgesellschaft auf Aktien zu 1/3 aus Vertretern der Arbeitnehmer bestehen. Ausgenommen sind nur solche AG bzw. KG a. A., die Familiengesellschaften sind (d. h. nur einen Aktionär oder miteinander verwandte bzw. verschwägerte Aktionäre haben) und weniger als 500 Arbeitnehmer beschäftigen. Der nach den aktienrechtlichen Vorschriften zu bildende Aufsichtsrat besteht also zu 2/3 aus Vertretern der Aktionäre und zu 1/3 aus Arbeitnehmer-Vertretern.

Die gleiche Regelung ist für andere Kapitalgesellschaften vorgesehen (§ 77), also für Gesellschaften mit beschränkter Haftung, bergrechtliche Gewerkschaften, Genossenschaften und Versicherungsvereine auf Gegenseitigkeit. Diese Gesellschaften müssen gem. BetrVG 1952 ebenfalls einen Aufsichtsrat bilden, der zu 1/3 aus Arbeitnehmer-Vertretern zusammengesetzt sein muß, wenn sie mehr als 500 Arbeitnehmer beschäftigen.

Die Arbeitnehmer-Vertreter werden von allen nach § 7 BetrVG 1972 wahlberechtigten Arbeitnehmern der Betriebe des Unternehmens in allgemeiner, geheimer, gleicher und unmittelbarer Wahl gewählt. Wahlvorschläge können vom Betriebsrat, aber auch von den Arbeitnehmern gemacht werden. Ist 1 Vertreter der Arbeitnehmer zu wählen, so muß dieser in einem Betrieb des Unternehmens tätig sein; sind 2 oder mehr Vertreter der Arbeitnehmer zu wählen, so müssen sich unter diesen mindestens 2 Arbeitnehmer aus den Betrieben des Unternehmens befinden. Im übrigen können auch betriebsfremde Personen gewählt werden (302).

Rechte und Pflichten der Arbeitnehmer-Vertreter im Aufsichtsrat entsprechen voll den Rechten und Pflichten der Vertreter der Aktionäre. Sie sind also nicht nur Interessenvertreter der Arbeitnehmer, sondern haben ihr Amt als Aufsichtsratsmitglied zum Wohl der Gesellschaft auszuüben (vgl. § 111 AktGes.). Zur Haftung der Aufsichtsratsmitglieder bei einer AG vgl. §§ 93, 116, 117 Abs. 2 AktGes. Zu beachten ist, daß die Aufsichtsräte bei der GmbH wenig Einfluß haben, weil ihnen nicht das Recht auf Bestellung und Abberufung des Geschäftsführers zusteht.

### 5.4.2. Regelung nach dem Mitbestimmungsgesetz 1951/1956/1971

262 Die Mitbestimmungsgesetze gelten nur im Montanbereich, d. h. in Bergbauunternehmen und in Unternehmen der Eisen und Stahl erzeugenden Industrie. Sie sehen eine noch stärkere Beteiligung der Arbeitnehmer in den Organen der Gesellschaften vor.

Im Montanbereich müssen die Aufsichtsräte paritätisch aus Vertretern der Anteilseigner und der Arbeitnehmer zusammengesetzt sein. Die Aufsichtsräte dieser Gesellschaften bestehen grundsätzlich aus 11 Mitgliedern, davon je 5 Vertretern der Anteilseigner und der Arbeitnehmer sowie 1 weiterem neutralen Mitglied, auf das sich beide Seiten einigen müssen (§§ 4–8 MitbestG). Bei großen Gesellschaften kann die Zahl der Aufsichtsratsmitglieder durch Satzung auf 15 bzs. 21 Mitglieder erhöht werden (§ 9 MitbestG).

Im Unterschied zu der Regelung des BetrVG 1952 werden die Arbeitnehmervertreter von der Hauptversammlung bzw. Gesellschafterversammlung gewählt. Diese ist aber an Wahlvorschläge gebunden. Wahlvorschläge können vom Betriebsrat und von den Gewerkschaften gemacht werden (wegen Einzelheiten vgl. §§ 4, 5, 6, 8 MitbestG).

Außerdem sieht das Mitbestimmungsgesetz in § 13 vor, daß ein Arbeitsdirektor als gleichberechtigtes Mitglied in den Vorstand der Gesellschaft zu entsenden ist. Der Arbeitsdirektor darf nicht gegen die Stimmen der 5 Arbeitnehmervertreter im Aufsichtsrat bestellt werden, muß also ein Mann ihres Vertrauens sein. Er übt, auch wenn er bei der Wahl das besondere Vertrauen der Arbeitnehmerseite hat, Arbeitgeberfunktionen aus (vgl. hierzu auch Kap. 2, Tz 17).

### 5.4.3. Erweiterte Mitbestimmung nach dem Mitbestimmungsgesetz 1976

263 Am 1. 7. 1976 ist (mit einer Übergangsphase von 2 Jahren) ein weiteres Mitbestimmungsgesetz in Kraft getreten. Es gilt für Unternehmen in der Rechtsform der AG, KG a.A., GmbH, Genossenschaft usw., die in der Regel mehr als 2000 Arbeitnehmer beschäftigen. Da die bestehenden Mitbestimmungsregelungen (vgl. Tz 261 und Tz 262) unverändert erhalten bleiben sollen, gibt es nunmehr in der Bundesrepublik drei unterschiedliche Mitbestimmungsbereiche: den Montanbereich mit dem Mitbestimmungsgesetz von 1951/1956/1971; den Bereich, für den das neue Gesetz gilt; sowie diejenigen Unternehmen, die weniger als 2000 Arbeitnehmer beschäftigen und deshalb unter das Betriebsverfassungsgesetz von 1952/1972 fallen.

Nach dem neuen Mitbestimmungsgesetz sollen die Aufsichtsräte der betroffenen Unternehmen aus der gleichen Zahl von Vertretern der Anteilseigner und der Arbeitnehmer zusammengesetzt sein, und zwar in Unternehmen mit bis zu 10000 Arbeitnehmern im Verhältnis 6:6, in Unternehmen mit mehr als 10000, aber weniger als 20000 Arbeitnehmern im Verhältnis 8:8 und in Unternehmen mit mehr als 20000 Arbeitnehmern im Verhältnis 10:10. Die im Unternehmen vertretenen Gewerkschaften haben Sitz und Stimme im Aufsichtsrat, und zwar mindestens 2 Vertreter, in Unternehmen mit mehr als 20000 Arbeitnehmern 3 Vertreter. Die übrigen Aufsichtsratssitze der Arbeitnehmer müssen mit Arbeitnehmern des Unternehmens besetzt werden. Diese Sitze sind auf die Arbeiter, die Angestellten i. S. des BetrVG und die leitenden Angestellten (§ 5 Abs. 3 BetrVG, vgl. Kap. 2, Tz 15) entsprechend ihrem Anteil an der Gesamtbelegschaft zu verteilen (den Arbeitern, Angestellten und leitenden Angestellten ist jedoch jeweils mindestens 1 Sitz garantiert). Alle Aufsichtsratsmitglieder der Arbeitnehmerbank werden von der Belegschaft des Unternehmens (in Urwahl oder durch Wahlmänner) nach den Grundsätzen der Verhältniswahl gewählt. – Bei Stimmengleichheit im Aufsichtsrat gibt die Stimme des Aufsichtsratsvorsitzenden (der nicht gegen die Stimmen der Anteilseigner gewählt werden kann!) den Ausschlag. – Im übrigen sieht das neue Gesetz vor, daß alle Vorstandsmitglieder vom Aufsichtsrat nach einem besonderen Verfahren bestellt werden. Vorgesehen ist auch ein Arbeitsdirektor, der für das Personalwesen und den Sozialbereich zuständig sein soll. Die Regelung ist der des Mitbestimmungsergänzungsgesetzes von 1956 nachgebildet.

**Fragen zu 5.4.:**

1. Welche Regelung sieht das Betriebsverfassungsgesetz von 1952 bezügl. der Vertretung der Arbeitnehmer in den Aufsichtsräten vor?
2. Welche Gesellschaften fallen unter diese Bestimmung?
3. Wie werden die Arbeitnehmer-Vertreter in den Aufsichtsräten gem. BetrVG 1952 gewählt?
4. Welche Regelung sieht das Mitbestimmungsgesetz von 1951 diesbezüglich für den Montanbereich vor?
5. Welche Regelung sieht das Mitbestimmungsgesetz von 1976 bezüglich der Vertretung der Arbeitnehmer in den Aufsichtsräten und Vorständen der betroffenen Unternehmen vor?

# 6. Arbeitsgerichtsbarkeit

## 6.1. Aufbau und Organisation der Gerichte für Arbeitssachen

264 Für Rechtsstreitigkeiten in Arbeitssachen sind besondere Gerichte zuständig: die Arbeitsgerichte. Es handelt sich bei diesen Gerichten um eine besondere Zivilgerichtsbarkeit.

Rechtsgrundlage ist das Arbeitsgerichtsgesetz (ArbGG) von 1953/1969. Für das Verfahren vor den Gerichten für Arbeitssachen gelten die Bestimmungen der Zivilprozeßordnung (ZPO), soweit nicht das Arbeitsgerichtsgesetz abweichende Regelungen enthält.

Wegen der Unterschiede zur Schlichtung vgl. Kap. 4, Tz 196 bis 200.

**Aufbau.** Die Arbeitsgerichtsbarkeit besteht aus 3 Instanzen, aus den Arbeitsgerichten (ArbG), aus den Landesarbeitsgerichten (LAG) und aus dem Bundesarbeitsgericht (BAG). Die Arbeitsgerichte und die Landesarbeitsgerichte sind Gerichte der Länder; das Bundesarbeitsgericht ist ein oberes Bundesgericht.

Die Arbeitsgerichte sind in 1. Instanz zuständig, und zwar für alle Rechtsstreitigkeiten, für die der Rechtsweg vor den Arbeitsgerichten überhaupt offensteht (vgl. Tz 265 f.). Die Landesarbeitsgerichte entscheiden in 2. Instanz über Berufungen gegen Urteile der Arbeitsgerichte im sog. Urteilsverfahren (§ 64, vgl. Tz 280) und über Beschwerden gegen Beschlüsse der Arbeitsgerichte im sog. Beschlußverfahren (§ 87, vgl. Tz 282). Das Bundesarbeitsgericht in Kassel ist als letzte und höchste Instanz zuständig für Rechtsmittel (Revision bzw. Rechtsbeschwerde) gegen Entscheidungen der Landesarbeitsgerichte (§§ 72 und 92, vgl. Tz 281 und 282). Beim Bundesarbeitsgericht besteht außerdem ein Großer Senat, der eine einheitliche Rechtsprechung sichern und Fragen von grundsätzlicher Bedeutung entscheiden soll (§ 45).

**Organisation.** Die Gerichte für Arbeitssachen sind in allen Instanzen Kollegialgerichte. Sie bestehen aus Berufsrichtern und ehrenamtlichen Richtern (§ 6). Die Berufsrichter müssen die Fähigkeit zum Richteramt besitzen. Die ehrenamtlichen Richter (= Laien) werden von den Arbeitgeber- und Arbeitnehmerorganisationen vorgeschlagen (vgl. hierzu auch Kap. 2, Tz 25).

Die Arbeitsgerichte und die Landesarbeitsgerichte sind in Kammern gegliedert, die aus einem Vorsitzenden und je einem ehrenamtlichen Richter aus Arbeitnehmer- und Arbeitgeberkreisen bestehen. Das Bundesarbeitsgericht entscheidet in Senaten (z. Zt. 5 Senate), die mit einem Vorsitzenden, zwei weiteren Berufsrichtern und je einem ehrenamtlichen Richter aus Kreisen der Arbeitnehmer und der Arbeitgeber besetzt sind.

## 6.2. Sachliche und örtliche Zuständigkeit

### 6.2.1. Sachliche Zuständigkeit

265 Die Arbeitsgerichte sind sachlich in 1. Instanz *ausschließlich* zuständig (§ 2 Abs. 1):

**6.2.1.1.** für Rechtsstreitigkeiten aus dem Arbeitsverhältnis zwischen Arbeitgeber und Arbeitnehmer.

*Beispiele* (303): Streitigkeiten über Lohn und Gehalt; Urlaubsstreitigkeiten; Streitigkeiten über den Umfang der Arbeitspflicht (insbes. Arbeitszeit); Streitigkeiten im Zusammenhang mit der Arbeitsunfähigkeit des Arbeitnehmers (insbes. Lohnfortzahlung im Krankheitsfall); Streitigkeiten über Schadensersatzansprüche aus Vertrag (insbes. wegen Schlechtleistung, Beschädigung oder Verlust von Arbeitgeber- oder Arbeitnehmereigentum); Streitigkeiten im Zusammenhang mit Kündigungen des Arbeitgebers oder des Arbeitnehmers (insbes. Kündigungsschutzklagen); Streitigkeiten über die Herausgabe der Arbeitspapiere (Lohnsteuerkarte, Versicherungspapiere, Zeugnis); Ansprüche aus unerlaubten Handlungen in Zusammenhang mit dem Arbeitsverhältnis, vor allem Eigentumsdelikte (Diebstahl, Unterschlagung, Untreue) sowie Körperverletzungen, Beleidigungen und Sachbeschädigungen.

Zu nennen sind ferner Streitigkeiten aus Verhandlungen über die Eingehung eines Arbeitsverhältnisses (z. B. Klage auf Erstattung der Vorstellungskosten) sowie über die Nachwirkungen des Arbeitsverhältnisses (z. B. Ansprüche aus Wettbewerbsklauseln und deren Verletzung, Schadensersatzansprüche gegen den Arbeitgeber wegen falscher Auskunftserteilung gegenüber Dritten).

### 6.2.1.2. für Rechtsstreitigkeiten zwischen Arbeitnehmern aus gemeinsamer Arbeit

*Beispiel* (304): Mehrere Arbeiter sind im Gruppenakkord tätig; den Akkordvertrag hat der Kolonnenführer abgeschlossen. Der Lohn wird an den Kolonnenführer ausgezahlt. Die Arbeiter bekommen Streit über die Bemessung ihrer Lohnanteile.

und aus unerlaubten Handlungen, soweit diese mit dem Arbeitsverhältnis in Zusammenhang stehen.

*Beispiel*: Zwei Arbeitnehmer streiten sich, dabei wird einer durch Faustschlag verletzt.

### 6.2.1.3. für Rechtsstreitigkeiten zwischen Tarifvertragsparteien aus Tarifverträgen

*Beispiel*: Durch Tarifvertrag ist der Arbeitgeber verpflichtet, eine Pensionskasse zu errichten. Die Gewerkschaft klagt auf Erfüllung dieser Verpflichtung (vgl. Kap. 4, Tz 181).

für Rechtsstreitigkeiten zwischen Tarifvertragsparteien über Bestehen oder Nichtbestehen von Tarifverträgen

*Beispiel* (305): Die Gewerkschaft hat den Tarifvertrag gekündigt. Der Arbeitgeberverband ist der Ansicht, die Kündigungsfrist sei nicht eingehalten und klagt auf Feststellung, daß der Tarifvertrag fortbestehe.

und für Rechtsstreitigkeiten zwischen tariffähigen Parteien aus unerlaubten Handlungen im Zusammenhang mit Arbeitskämpfen.

*Beispiel*: Schadensersatzansprüche eines Arbeitgeberverbandes gegen eine Gewerkschaft aus rechtswidrigem Streit (vgl. hierzu Kap. 4, Tz 215).

### 6.2.1.4. in bestimmten Fällen des Betriebsverfassungsgesetzes.

*Beispiele*: Streitigkeiten über Errichtung und Zusammensetzung des Betriebsrates, Gesamtbetriebsrates, Wirtschaftsausschusses usw.; über Bestellung oder Abberufung des Wahlvorstandes; über die Amtszeit der Mitglieder des Betriebsrates; darüber, ob ein Nebenbetrieb oder ein Betriebsteil selbständig ist oder zum Hauptbetrieb gehört; über die Zuständigkeit des Betriebsrates bzw. des Gesamtbetriebsrates usw. Wegen Einzelheiten vgl. Kap. 5, Tz 216 ff.

### 6.2.1.5. für die Entscheidung über die Tariffähigkeit einer Vereinigung.

*Beispiel*: Eine Gewerkschaft beantragt beim Arbeitsgericht festzustellen, daß der Angestelltenbund X nicht tariffähig sei, d. h. nicht Partei eines Tarifvertrages sein könne (vgl. hierzu auch Kap. 2, Tz 20).

266 Außerdem können bei den Arbeitsgerichten Klagen gegen Arbeitnehmer oder Arbeitgeber oder Tarifvertragsparteien oder gegen Dritte erhoben werden, wenn der Anspruch mit einem Rechtsstreit in rechtlichem oder unmittelbarem wirtschaftlichen Zusammenhang steht, der bereits beim Arbeitsgericht anhängig ist (§ 3).

*Beispiel* (306): Ein Arbeiter hat von seinem Arbeitgeber ein Darlehen für Bauzwecke erhalten. Er wird fristlos entlassen und klagt vor dem Arbeitsgericht auf Feststellung, daß die Kündigung unwirksam ist. Der Arbeitgeber fordert mit einer Widerklage die Rückzahlung des Darlehens. Die Feststellungsklage des Arbeiters fällt unter § 2 ArbGG, die Widerklage des Arbeitgebers nicht. Trotzdem ist sie zulässig, weil sie in unmittelbarem Zusammenhang mit der Kündigungsschutzklage steht.

In allen aufgeführten Fällen sind die Arbeitsgerichte in 1. Instanz ohne Rücksicht auf die Höhe des Streitwertes zuständig. Eine Abgrenzung der Zuständigkeit in der 1. Instanz nach der Höhe des Streitwertes, wie in der ordentlichen Gerichtsbarkeit, gibt es in der Arbeitsgerichtsbarkeit nicht.

### 6.2.2. Örtliche Zuständigkeit (Gerichtsstand)

267 Maßgebend für die örtliche Zuständigkeit ist fast immer der Gerichtsstand der beklagten Partei. Als Gerichtsstand bezeichnet man den Ort, an dem eine Person klagen oder verklagt werden kann. Es gelten die §§ 12 ff. ZPO. Danach kommen im arbeitsgerichtlichen Verfahren als Gerichtsstand hauptsächlich in Frage:

1. der Wohnsitz (§ 13 ZPO) bzw. der letzte Aufenthaltsort (§ 16 ZPO) bei natürlichen Personen; bei juristischen Personen der Ort, wo die Verwaltung geführt wird (§ 17 ZPO);
2. der Ort, wo die streitige Verpflichtung zu erfüllen ist (§ 29 ZPO), das ist bei Arbeitsverhältnissen i. d. R. der Ort, wo der Betrieb liegt (bei einer Zweigniederlassung der Ort der Niederlassung).

Es ist also möglich, daß eine Arbeitsvertragspartei an mehreren Orten verklagt werden bzw. klagen kann.

*Beispiel* (307): A arbeitet in Mainz und wohnt in Wiesbaden. Sein Arbeitgeber U wohnt in Frankfurt. A kann U in Frankfurt auf Lohnzahlung verklagen; U kann A in Wiesbaden auf Arbeitsleistung verklagen (§ 13 ZPO). Da der Betrieb des U in Mainz liegt, können A und U auch beim Arbeitsgericht in Mainz auf Lohnzahlung bzw. Arbeitsleistung klagen (§ 29 ZPO).

Üblicherweise werden deshalb in den Arbeitsverträgen Vereinbarungen über das örtlich zuständige Arbeitsgericht getroffen (sogen. Gerichtsstandsklauseln). Dabei ist zu beachten: Fallen Sitz des Unternehmens (§ 17 ZPO) und Erfüllungsort (§ 29 ZPO) auseinander, wie z. B. bei Unternehmen mit Niederlassungen an verschiedenen Orten, so darf als Gerichtsstand nur der Gerichtsstand des Erfüllungsortes vereinbart werden. Anderslautende Gerichtsstandsklauseln sind unzulässig.

Im sogen. Beschlußverfahren liegt die örtliche Zuständigkeit kraft gesetzlicher Regelung eindeutig fest (vgl. Tz 282).

## 6.3. Verfahren vor den Gerichten für Arbeitssachen

### 6.3.1. Allgemeine Vorschriften

#### 6.3.1.1. Verfahrensgrundsätze

268 Das Verfahren vor den Arbeitsgerichten ist öffentlich (Ausnahmen vgl. § 52). – Die Verhandlung erfolgt mündlich: die Parteien können zwar Schriftstücke einreichen, alles was schriftlich vorgebracht wird, dient aber nur der mündlichen Verhandlung, und ohne mündliche Verhandlung darf keine Entscheidung ergehen (§ 46 Abs. 2). Die Entscheidung gründet sich nur auf das, was in der mündlichen Verhandlung vorgetragen worden ist (308). – Es ist Sache der Parteien und nicht des Gerichtes, den Prozeßstoff zusammenzutragen. Das Gericht stellt also von Amts wegen keine Ermittlungen an. Was die Parteien nicht vortragen, wird vom Gericht nicht berücksichtigt. Beweismittel, die die Parteien nicht benennen, werden nicht verwertet (309). – Das Verfahren ist in allen Rechtszügen zu beschleunigen (§ 9 Abs. 1); deshalb bestehen besonders kurze Fristen, z. B. 3-Tage-Frist für Einsprüche gegen Versäumnisurteile, 2-Wochen-Frist für Berufungen, abgekürzte Ladungs- und Einlassungsfristen usw.

#### 6.3.1.2. Parteifähigkeit

269 Als Kläger bzw. Beklagter kann jeder Arbeitnehmer und jeder Arbeitgeber auftreten. Parteifähig sind im arbeitsgerichtlichen Verfahren ferner Gewerkschaften und Vereinigungen von Arbeitgebern sowie die Spitzenorganisationen der Gewerkschaften bzw. der Arbeitgeberverbände (§ 10). In Angelegenheiten des Betriebsverfassungsgesetzes sind außerdem alle betroffenen Personen (z. B. alle Mitglieder des Betriebsrates) Beteiligte (vgl. auch Tz 282).

#### 6.3.1.3. Prozeßvertretung

270 Vor den Arbeitsgerichten in der 1. Instanz können die Parteien den Rechtsstreit selbst führen. Sie können sich aber auch vertreten lassen: die Arbeitnehmer von einem Vertreter der Gewerkschaft, die Arbeitgeber von einem Vertreter des Arbeitgeberverbandes. Rechtsanwälte sind zur Prozeßvertretung i. d. R. nur zugelassen, wenn der Streitwert mind. 300,– DM beträgt (§ 11 Abs. 1).

Vor den Landesarbeitsgerichten müssen sich die Parteien durch Rechtsanwälte vertreten lassen; an ihre Stelle können Vertreter der Gewerkschaften bzw. der Arbeitgeberverbände treten. Vor dem Bundesarbeitsgericht besteht Anwaltszwang, eine Prozeßvertretung ist hier nur durch Anwälte möglich (§ 11 Abs. 2).

Auf Antrag kann einer Partei vom Gericht ein Rechtsanwalt beigeordnet werden (§ 11 a). Die Beiordnung setzt voraus, daß die Partei außerstande ist, die Kosten des Prozesses zu bestreiten, daß die Partei nicht durch ein Mitglied der Gewerkschaft oder des Arbeitgeberverbandes vertreten werden kann und daß die Gegenpartei durch einen Rechtsanwalt vertreten ist. Nicht erforderlich ist (wie beim Armenrecht, vgl. Tz 273), daß der Rechtsstreit hinreichend Aussicht auf Erfolg bietet. Die Anwaltsgebühren werden dann (zunächst) von der Staatskasse übernommen (§ 11 a Abs. 3).

### 6.3.1.4. Kosten

271 **Begriff.** An Prozeßkosten entstehen Gerichtskosten und außergerichtliche Kosten.

Die Gerichtskosten bestehen aus den Gerichtsgebühren und den Auslagen des Gerichtes (z. B. Entschädigungen an Zeugen und Sachverständige, Zustellungskosten, Vergütungen und Kosten für auswärtige Termine usw.). Zu den außergerichtlichen Kosten gehören insbesondere die Anwaltskosten und ein evtl. Verdienstausfall, ferner Fahrtkosten, Übernachtungsgelder, Porto usw.

272 **Kostenlast.** Wer die Prozeßkosten zu tragen hat, wird vom Gericht in der sogen. Kostenentscheidung bestimmt. Das geschieht i. d. R. im Urteil, ausnahmsweise auch durch besonderen Beschluß. Die Kostenlast hinsichtlich der Gerichtskosten trägt die Partei, die unterliegt. Unterliegt sie nur zum Teil, erfolgt Kostenteilung (§§ 91, 92 ZPO).

*Beispiele* (310): Der Kläger wird mit der Klage abgewiesen. Die Kostenentscheidung lautet: „Die Kosten des Rechtsstreites werden dem Kläger auferlegt". – Dem Kläger wird nur ein Drittel der eingeklagten Summe zugesprochen. Die Kostenentscheidung lautet: „Die Kosten des Rechtsstreites werden dem Kläger zu zwei Dritteln, dem Beklagten zu einem Drittel auferlegt".

Die außergerichtlichen Kosten trägt in der 1. Instanz jede Partei selbst, mit Ausnahme der Fahrtkosten und Übernachtungsgelder. Der Ausgang des Prozesses ist dabei belanglos. Im Unterschied zur Regelung vor den ordentlichen Gerichten sind im arbeitsgerichtlichen Verfahren in der 1. Instanz die Anwaltskosten und ein evtl. Verdienstausfall nicht erstattungsfähig (§ 61 Abs. 1 Satz 2). Nur in den höheren Instanzen, vor dem LAG und dem BAG, muß die unterlegene Partei auch die vollen außergerichtlichen Kosten der obsiegenden Partei tragen.

273 Zu beachten sind folgende Besonderheiten:

- Bei Streitigkeiten über Angelegenheiten des Betriebsverfassungsgesetzes und bei Streitigkeiten über die Tariffähigkeit einer Vereinigung (Tz 282) werden Gerichtsgebühren und Auslagen nicht erhoben (§ 12 Abs. 5), und es gibt auch keine Erstattung der außergerichtlichen Kosten unter den Beteiligten.
- In den übrigen Verfahren sind die Gerichtsgebühren besonders niedrig. Sie richten sich nach dem Wert des Streitgegenstandes (Streitwert). Sie betragen in der 1. Instanz mindestens 3 DM und höchstens 500 DM (§ 12 Abs. 2). Für jede angefangenen 100 DM Streitwert beträgt die Gebühr 3 DM.

  *Beispiele*: Streitwert 700,– DM, Gerichtsgebühr 21,– DM; Streitwert 9.680,– DM, Gerichtsgebühr 291,– DM; Streitwert 17.000,– DM, Gerichtsgebühr 500,– DM.

  In den höheren Instanzen richten sich die Gerichtsgebühren nach dem Gerichtskostengesetz, werden also wie im Verfahren vor den ordentlichen Gerichten berechnet. Sie sind jedoch um 20 % niedriger (§ 12 Abs. 3).

  Der Streitwert wird vom Arbeitsgericht festgesetzt (§ 61 Abs. 2). Wird auf Zahlung einer Geldsumme geklagt, so ist der Streitwert gleich dieser Summe; bei Kündigungsschutzklagen (vgl. Kap. 3, Tz 156 f.) ist der Streitwert gleich dem auf ein Vierteljahr entfallenden Arbeitsentgelt (§ 12 Abs. 7); in anderen Fällen bestimmt das Gericht den Streitwert nach freiem Ermessen.

  Wie im Verfahren vor den ordentlichen Gerichten gibt es auch im arbeitsgerichtlichen Verfahren die Bewilligung des Armenrechts. Sie hat zur Folge, daß die arme Partei einstweilen (!) von der Zahlung der Gerichtskosten befreit ist und daß ihr erforderlichenfalls vorläufig unentgeltlich ein Rechtsanwalt beigeordnet wird (§§ 115, 116 ZPO). Voraussetzung für die Bewilligung des Armenrechts ist, daß die Partei außerstande ist, die Prozeßkosten zu bestreiten und daß der Rechtsstreit hinreichend Aussicht auf Erfolg bietet (§ 114 ZPO). Die arme Partei ist zur Nachzahlung der Gerichtskosten und der Anwaltsgebühren verpflichtet, sobald sie dazu in der Lage ist (§ 125 ZPO).

- Gebühren und Auslagen werden erst fällig, wenn das Verfahren in der Instanz beendet ist. Kostenvorschüsse werden im Gegensatz zum Verfahren vor den ordentlichen Gerichten nicht erhoben (§ 12 Abs. 4).

### 6.3.2. Urteilsverfahren

Grundsätzlich sind 2 Verfahren zu unterscheiden: das Urteilsverfahren und das Beschlußverfahren. Wegen des Beschlußverfahrens vgl. Tz 282.

Das Urteilsverfahren findet statt bei den in Tz 265 unter den Ziffern 6.2.1.1. bis 6.2.1.3. aufgeführten Rechtsstreitigkeiten.

#### 6.3.2.1. Klage

274 Die Klage kann auf folgende Weise erhoben werden:

- durch eigene Klageschrift,
- durch Klageschrift eines Anwaltes,
- durch Klageschrift einer Gewerkschaft (bzw. eines Arbeitgeberverbandes),
- durch mündliche Erklärung zu Protokoll der Geschäftsstelle des Arbeitsgerichts.

In der Klageschrift müssen die Parteien und das Gericht genau bezeichnet sein. Die Klageschrift muß einen bestimmten Antrag enthalten (Klageantrag), damit Gericht und beklagte Partei das Klageziel erkennen können. Möglich sind drei Arten von Klageanträgen: die Leistungsklage (z. B. Arbeitnehmer beansprucht Zahlung eines Lohnrückstandes), die Feststellungsklage (z. B. ob das Arbeitsverhältnis nach einer Kündigung noch besteht oder nicht) und die Gestaltungsklage, die auf Begründung, Änderung oder Aufhebung des Arbeitsverhältnisses durch das Arbeitsgericht abzielt (z. B. Antrag auf Auflösung des Arbeitsverhältnisses im Kündigungsschutzprozeß).

Als Klagebegründung sind die Tatsachen anzuführen, welche die Klage stützen sollen (z. B. Verletzung arbeitsvertraglicher Pflichten, unerlaubte Handlungen usw.).

Nach Eingang der Klage beim Arbeitsgericht wird vom Vorsitzenden der zuständigen Kammer ein Termin für die Güteverhandlung (vgl. Tz 275) festgesetzt. Die Geschäftsstelle des Gerichtes veranlaßt die Ladung der Parteien. Dem Beklagten wird mit der Ladung eine Abschrift der Klage zugestellt.

#### 6.3.2.2. Güteverhandlung

275 Das ArbGG sieht vor, daß zunächst eine Güteverhandlung stattzufinden hat (§ 54). Die Güteverhandlung findet vor dem Vorsitzenden der Kammer (ohne die ehrenamtlichen Richter) statt zum Zwecke der gütlichen Einigung der Parteien. Der Rechtsstreit soll im Wege des Vergleichs oder durch Anerkenntnis oder durch Klagerücknahme erledigt werden. Daneben dient die Güteverhandlung auch der Sichtung des Prozeßstoffes und der Klärung der Standpunkte, d. h. der Vorbereitung einer etwaigen streitigen Verhandlung (311).

Kommt eine Einigung der Parteien im Güteverfahren zustande, so ist damit der Rechtsstreit beendet. Erscheinen beide Parteien nicht zur Güteverhandlung oder ist die Güteverhandlung erfolglos, so wird ein Termin für die streitige Verhandlung (vgl. Tz 276) bestimmt. Erscheint eine Partei nicht zum Gütetermin, so kann ein Versäumnisurteil ergehen. Erscheint der Kläger nicht, so ist er auf Antrag des Beklagten mit der Klage abzuweisen (§ 330 ZPO); Grundlage dieses Urteils ist allein die Säumnis des Klägers. Erscheint der Beklagte nicht, so wird ein Versäumnisurteil gegen ihn auf Antrag des Klägers nur bei schlüssiger Klage erlassen (§ 331 ZPO). Gegen das Versäumnisurteil kann binnen einer Frist von 3 Tagen Einspruch eingelegt werden (§ 59), die Angelegenheit wird dann in der streitigen Verhandlung weiter verhandelt.

### 6.3.2.3. Streitige Verhandlung

276 Die streitige Verhandlung findet vor der Kammer statt. Sie soll die Grundlage für ein Urteil schaffen. Das Verfahren soll möglichst in einem Termin zu Ende geführt werden (§ 57), vgl. auch Tz 268.

Die streitige Verhandlung wird dadurch eingeleitet, daß die Parteien ihre Anträge stellen (§ 137 Abs. 1 ZPO). Nach der Antragstellung wird die Sache mit den Parteien erschöpfend erörtert (§ 136 Abs. 3 ZPO), wobei zu berücksichtigen ist, daß der Sachverhalt bereits in der Güteverhandlung ausführlich besprochen wurde. Anschließend stellt das Gericht fest, welche Tatsachen für die Entscheidung erheblich sind.

277 *Beweisaufnahme:* Sind diese Tatsachen zwischen den Parteien unstreitig, so ist eine Beweisaufnahme überflüssig. Andernfalls muß das Gericht in die Beweisaufnahme eintreten. Als Beweismittel kommen in Frage: Inaugenscheinnahme, Zeugen, Sachverständige, Urkunden, Vernehmung der Gegenpartei, amtliche Auskünfte. Das Gericht hat alle vorgebrachten Beweismittel unter Würdigung sämtlicher Umstände nach freier Überzeugung zu beurteilen (§ 286 ZPO). Es kann z. B. einem Zeugen glauben, obwohl ein anderer Zeuge eidlich das Gegenteil ausgesagt hat, es kann einer Parteiaussage mehr Beweiswert zumessen als der Aussage der Gegenpartei (312).

278 *Beweislast:* Ergibt die Beweisaufnahme, daß die geltend gemachten Tatsachen zutreffen, so geht das Gericht von den festgestellten Tatsachen aus. Es sind aber Fälle denkbar, wo das Beweisergebnis unklar ist, wo das Gericht bei freier Beweiswürdigung nicht feststellen kann, welche Behauptung zutrifft. In solchen Fällen geht das unklare Beweisergebnis zu Lasten der Partei, welche die Beweislast trägt.

*Beispiel* (312): Der Kläger behauptet, der Beklagte habe ihm einen Wochenlohn von 220,– DM versprochen, der Beklagte behauptet: 200,– DM. Ein Zeuge bestätigt die Darstellung des Klägers, ein anderer die des Beklagten. Weitere Beweismittel sind nicht benannt. Das Gericht hält beide Zeugen für gleich glaubwürdig. Hier hat der Kläger die Beweislast: Grundsätzlich muß der Arbeitnehmer die von ihm behauptete Lohnhöhe beweisen. Der Kläger muß mit seiner Klage abgewiesen werden.

Welche Partei im Einzelfall die Beweislast trägt, ist nur vereinzelt durch Gesetz geregelt (z. B. in § 1 Abs. 2 KSchG, wonach der Arbeitgeber die Tatsachen beweisen muß, welche die Kündigung bedingen). Im allgemeinen gilt die Regel, daß jede Partei diejenigen Tatsachen beweisen muß, aus denen sie für sie günstige Rechtsfolgen ableitet (313).

Ist die Sache nach Ansicht des Gerichtes vollständig erörtert, so schließt der Vorsitzende die Verhandlung (§ 136 Abs. 4 ZPO).

### 6.3.2.4. Urteil und Rechtsmittel

279 **Urteil.** Nach Schließung der mündlichen Verhandlung findet die Beratung des Gerichtes statt. Das Gericht entscheidet mit absoluter Stimmenmehrheit. Das Urteil wird im Anschluß an die Beratung sofort verkündet (§ 60). Der wesentliche Inhalt der Entscheidungsgründe ist mitzuteilen.

280 **Berufung.** Gegen die Urteile des Arbeitsgerichts ist nach § 64 Abs. 1 die Berufung beim Landesarbeitsgericht statthaft, und zwar in 2 Fällen: wenn der vom Arbeitsgericht im Urteil festgesetzte Streitwert mindestens 300,– DM beträgt; wenn das Arbeitsgericht die Berufung wegen der grundsätzlichen Bedeutung der Sache zugelassen hat. Die Berufungsfrist beträgt zwei Wochen, sie beginnt mit der Zustellung des Urteils.

Wesentliches Kennzeichen des Berufungsverfahrens ist, daß der gesamte Rechtsstreit in tatsächlicher und rechtlicher Beziehung neu aufgerollt werden kann. Das Landesarbeitsgericht prüft also nicht nur, ob das Arbeitsgericht die in Frage kommenden Gesetze richtig angewandt hat, es untersucht vielmehr auch die tatsächlichen Grundlagen der Entscheidung und findet sie, wenn nötig, in einer neuen Beweisaufnahme. Die Parteien können neue Tatsachen und Beweismittel vorbringen.

281 **Revision.** Gegen Berufungsurteile des Landesarbeitsgerichts ist u. U. Revision beim Bundesarbeitsgericht statthaft, und zwar in 4 Fällen (§ 72 Abs. 1): wenn der vom Arbeitsgericht oder vom Landesarbeitsgericht festgesetzte Streitwert 6.000,– DM übersteigt (sogen. Streitwertrevision); wenn das Landesarbeitsgericht die Revision im Urteil zugelassen hat (sogen. Zulassungsrevision); wenn das Urteil des Landesarbeitsgerichts von einer Entscheidung des Bundesarbeitsgerichts abweicht und auf dieser Abweichung beruht (sogen. Divergenzrevision); wenn in der Rechtslage noch keine Entscheidung des Bundesarbeitsgerichts vorliegt und das Urteil des Landesarbeitsgerichts von der Entscheidung eines anderen Landesarbeitsgerichts abweicht (Divergenzrevision).

Im Unterschied zum Berufungsverfahren kann die Revision nur darauf gestützt werden, daß das Urteil des Landesarbeitsgerichts auf der Verletzung einer Rechtsnorm beruht (§ 73). Eine Rechtsnorm ist verletzt, wenn sie nicht oder nicht richtig angewendet worden ist (z. B. das erkennende Gericht war nicht vorschriftsmäßig besetzt). Im Revisionsverfahren wird also das angefochtene Urteil nur in rechtlicher und nicht in tatsächlicher Hinsicht überprüft.

### 6.3.3. Beschlußverfahren

282 Das Beschlußverfahren findet statt bei den in Tz 265 unter den Ziffern 6.2.1.4. und 6.2.1.5. aufgeführten Fällen.

Örtlich zuständig ist, soweit es um Angelegenheiten des Betriebsverfassungsgesetzes geht, das Arbeitsgericht, in dessen Bezirk der Betrieb liegt. Gehören zu einem Unternehmen mehrere Betriebe, so ist das Arbeitsgericht zuständig, in dessen Bezirk das Unternehmen seinen Sitz hat (§ 82).

Das Verfahren wird durch einen Antrag eingeleitet (§ 81 Abs. 1). Antragsberechtigt ist nur, wer durch die begehrte Entscheidung unmittelbar betroffen wird (314).

*Beispiele* (315): Ein Arbeitnehmer beantragt Feststellung, daß er Arbeitnehmer i. S. des BetrVG und damit wahlberechtigt für die Betriebsratswahl sei. – Ein Betriebsrat beantragt Feststellung, daß die Mitgliedschaft eines Betriebsratsmitgliedes erloschen sei. – Eine im Betrieb vertretene Gewerkschaft beantragt Feststellung, daß Arbeitnehmervertreter in den Aufsichtsrat zu wählen sind.

Das Verfahren wird beendet durch einen Beschluß des Arbeitsgerichts (§ 84). Gegen den Beschluß des Arbeitsgerichts kann die Beschwerde beim Landesarbeitsgericht eingelegt werden (§ 87). Gegen die Beschlüsse des Landesarbeitsgerichts ist in bestimmten Fällen die Rechtsbeschwerde beim Bundesarbeitsgericht zulässig (§ 92 Abs. 1).

**Fragen zu 6.:**

1. Wie ist die Arbeitsgerichtsbarkeit in der Bundesrepublik aufgebaut (Instanzenzug, Organisation)?
2. Für welche Streitigkeiten sind die Arbeitsgerichte sachlich zuständig?
3. Wie ist die örtliche Zuständigkeit bei den Arbeitsgerichten geregelt?
4. Nennen Sie einige Verfahrensgrundsätze für das Verfahren vor den Arbeitsgerichten!
5. Wer ist parteifähig vor den Gerichten für Arbeitssachen?
6. Wie ist die Prozeßvertretung vor den Arbeitsgerichten geregelt?
7. Welche Prozeßkosten fallen im arbeitsgerichtlichen Verfahren an?
8. Welche Besonderheiten bezügl. der Gerichtskosten bestehen im arbeitsgerichtlichen Verfahren?
9. Wer trägt die außergerichtlichen Kosten in der 1. Instanz?
10. Welche Bedeutung hat der Streitwert im arbeitsgerichtlichen Verfahren?
11. Was versteht man unter Armenrecht, unter welchen Voraussetzungen wird es bewilligt?
12. In welchen Fällen findet das sogen. Urteilsverfahren statt?
13. Wie kann Klage vor dem Arbeitsgericht erhoben werden?
14. Was ist bei der Aufstellung der Klageschrift zu beachten?
15. Was ist unter der Güteverhandlung zu verstehen?
16. Was ist unter der streitigen Verhandlung zu verstehen?
17. Welche Beweismittel kommen in Frage?
18. Was ist unter Berufung zu verstehen? In welchen Fällen ist sie im arbeitsgerichtlichen Verfahren statthaft? Welches Gericht ist zuständig?
19. Was ist unter Revision zu verstehen? In welchen Fällen ist sie im arbeitsgerichtlichen Verfahren statthaft? Welches Gericht ist zuständig?
20. In welchen Fällen findet das sogen. Beschlußverfahren statt?
21. Wodurch unterscheidet sich das Verfahren vor dem Arbeitsgericht (= Urteilsverfahren) von dem Verfahren vor dem Amtsgericht (= Zivilverfahren)?

## Literaturhinweise

für Leser, die sich eingehender mit dem Arbeitsrecht beschäftigen wollen.


### 1. Lehrbücher und Grundrisse

*Bobrowski/Gaul*: Das Arbeitsrecht im Betrieb, 7. Aufl. 1974.

*Brox*: Grundbegriffe des Arbeitsrechts, 4. Aufl. 1974.

*Grossmann/Schneider*: Arbeitsrecht 3. Aufl. 1974.

*Hanau/Adomeit*: Arbeitsrecht, 3. Aufl. 1974.

*Herschel*: Arbeitsrecht (*Schaeffers* Grundriß des Rechts und der Wirtschaft, Bd. 14), 1974.

*Hueck/Nipperdey*: Lehrbuch des Arbeitsrechts, 7. Aufl. Bd. I 1963, Bd. II 1. Halbband 1967, 2. Halbband 1970.

*Hueck/Nipperdey*: Grundriß des Arbeitsrechts, 5. Aufl. 1970.

*Kamman/Meisel*: Arbeitsrechtliche Grundzüge für die betriebliche Praxis, 2. Aufl. 1973.

*Nikisch*: Arbeitsrecht, Bd. I 3. Aufl. 1961, Bd. II 2. Aufl. 1959, Bd. III 2. Aufl. 1966.

*Söllner*: Arbeitsrecht, 4. Aufl. 1974.

### 2. Handbücher

*Oehmann/Sitzler/Dietrich*: Arbeitsrechts-Blattei (Loseblatt).

*Maus*: Handbuch des Arbeitsrechts (Loseblatt).

*Schaub*: Arbeitsrechts-Handbuch, 2. Aufl. 1975.

### 3. Entscheidungssammlungen

Arbeitsrechtliche Praxis (abgekürzt AP), Sammlung der Entscheidungen des BAG, der LAG und der ArbG, seit 1954.

Entscheidungen des BAG (abgekürzt BAGE), amtliche Sammlung.

Entscheidungssammlung zum Arbeitsrecht (abgekürzt EzA), Sammlung der Entscheidungen des BAG sowie der Entscheidungen von grundsätzlicher Bedeutung der LAG und der ArbG, herausgegeben von *Stahlhacke*, seit 1973.

### 4. Fallsammlungen

*Gamillscheg*: Arbeitsrecht (Reihe *Schönfelder* „Prüfe Dein Wissen", Heft 14), 3. Aufl. 1973.

*Herschel/Trieschmann*: Arbeitsrecht (*Schaeffers* Rechtsfälle Bd. 8), 1973.

*Richardi*: Arbeitsrecht, 2. Aufl. 1972.

### 5. Zeitschriften

Arbeit und Recht (AuR),
Bund-Verlag, Köln.

Betriebs-Berater (BB),
Verlagsgesellschaft Recht und Wirtschaft, Heidelberg.

Der Betrieb (DB),
Verlag Handelsblatt, Düsseldorf.

Recht der Arbeit (RdA),
Beck-Verlag, München.

Zeitschrift für Arbeitsrecht (ZfA),
Carl Heymanns Verlag, Düsseldorf.

## Quellennachweis

(1) *Hueck/Nipperdey*: Grundriß des Arbeitsrechts, 4. Aufl. Berlin und Frankfurt 1968, S. 1; ferner *Grossmann/Schneider*: Arbeitsrecht, Bonn 1971, S. 25; *Hanau/Adomeit*: Arbeitsrecht, 3. Aufl. Frankfurt 1974, S. 17; *Schaub, G.*: Arbeitsrechts-Handbuch, 2. Aufl. München 1975, S. 1; *Söllner, A.*: Arbeitsrecht, 4. Aufl. Stuttgart/Berlin/Köln/Mainz 1974, S. 13.

(2) *Gamillscheg, F.*: Arbeitsrecht (Reihe *Schönfelder* „Prüfe Dein Wissen", Heft 14), 3. Aufl. München 1973, S. 15.

(3) *Söllner*, S. 15.

(4) *Hanau/Adomeit*, S. 35.

(5) *Hanau/Adomeit*, S. 31 f.

(6) *Hanau/Adomeit*, S. 31.

(7) *Schaub*, S. 2 ff.; *Hueck/Nipperdey*, S. 19 ff.

(8) *Hueck/Nipperdey*, S. 19.

(9) *Hueck/Nipperdey*, S. 22.

(10) *Hueck/Nipperdey*, S. 3.

(11) *Hueck/Nipperdey*, S. 26.

(12) *Söllner*, S. 26; wegen der Unterscheidung von privatem und öffentlichem Recht vgl. *Ott-Wendtland*: Grundzüge des Wirtschaftsrechts, Braunschweig 1969, S. 3 f.

(13) *Hueck/Nipperdey*, S. 27.

(14) *Söllner*, S. 25.

(15) *Schaub*, S. 26.

(16) *Hueck/Nipperdey*, S. 27/28.

(17) *Schaub*, S. 28.

(18) *Hueck/Nipperdey*, S. 28.

(19) *Söllner*, S. 26.

(20) *Hueck/Nipperdey*, S. 29.

(21) Quelle: Entscheidung des LAG Frankfurt/Main vom 27. 10. 64, in: AP Nr. 4 zu § 611 BGB Abhängigkeit.

(22) *Gamillscheg*, S. 71.

(23) *Eicher/Haase/Rauschenbach*: Die Rentenversicherung der Arbeiter und der Angestellten, Kommentar, 5. Aufl. München 1973, S. 51.

(24) *Hueck/Nipperdey*, S. 33.

(25) *Söllner*, S. 32.

(26) Beschluß des BAG vom 5.3.74; vgl. hierzu: Betriebs-Berater, 29. Jahrgang 1974, Heft 8, S. 368; Beschluß des BAG vom 19.11.74, in: Betriebs-Berater, 29. Jahrgang 1974, Heft 33, S. 1530 f. sowie Betriebs-Berater, 30. Jahrgang 1975, Heft 6, S. 279 ff.

(27) Betriebs-Berater, 30. Jahrgang 1975, Heft 6, S. 279 und Heft 7, S. 326.

(28) *Schaub*, S. 30 f.

(29) *Schaub*, S. 53; *Söllner*, S. 28.

(30) *Hueck/Nipperdey*, S. 36.

(31) *Schaub*, S. 765; *Hueck/Nipperdey*, S. 166.

(32) BAG in AP Nr. 14 zu § 2 TVG; *Hueck/Nipperdey*, S. 166 ff.

(33) *Hanau/Adomeit*, S. 52.

(34) *Schaub*, S. 767.

(35) *Hueck/Nipperdey*, S. 169.
(36) *Hanau/Adomeit*, S. 53.
(37) *Schaub*, S. 768.
(38) *Hanau/Adomeit*, S. 51.
(39) *Hueck/Nipperdey*, S. 171; *Schaub*, S. 765.
(40) *Kamman/Meisel*: Arbeitsrechtliche Grundzüge für die betriebliche Praxis, 2. Aufl. Köln 1973, S. 42.
(41) *Hueck/Nipperdey*, S. 186.
(42) *Kamman/Meisel*, S. 39.
(43) *Hueck/Nipperdey*, S. 189 f.; *Schaub*, S. 777 f.
(44) *Hueck/Nipperdey*, S. 43.
(45) *Palandt*: Bürgerliches Gesetzbuch, Beck'sche Kurzkommentare, Bd. 7, 28. Aufl. München 1969, S. 512 f.
(46) *Schaub*, S. 89.
(47) *Palandt*, S. 545.
(48) *Bobrowski/Gaul*: Das Arbeitsrecht im Betrieb, 6. Aufl. Heidelberg 1970, S. 61.
(49) *Kamman/Meisel*, S. 65.
(50) *Rewolle/Lorentz*: Arbeitsrecht leicht gemacht, 17. Aufl., Braunschweig 1973, S. 14.
(51) *Grossmann/Schneider*, S. 52.
(52) *Kamman/Meisel*, S. 64.
(53) *Hanau/Adomeit*, S. 139.
(54) *Grossmann/Schneider*, S. 52.
(55) *Kamman/Meisel*, S. 62.
(56) *Grossmann/Schneider*, S. 48.
(57) *Hanau/Adomeit*, S. 29.
(58) *Söllner*, S. 207.
(59) *Grossmann/Schneider*, S. 137/138.
(60) BAG in AP Nr. 1 zu § 53 BAT.
(61) *Schaub*, S. 115.
(62) *Palandt*, S. 81/82.
(63) *Schaub*, S. 116.
(64) *Schaub*, S. 113.
(65) Quelle: *Hunn, F.*: Arbeitsrecht (Reihe *Schönfelder* „Prüfe Dein Wissen", 14. Heft), München und Berlin 1955, S. 27. Der Fall wurde vom Verf. leicht geändert.
(66) *Kamman/Meisel*, S. 85.
(67) *Schaub*, S. 151.
(68) *Hanau/Adomeit*, S. 144.
(69) *Bobrowski/Gaul*, S. 126.
(70) *Kamman/Meisel*, S. 91.
(71) *Schaub*, S. 153; BAG in AP Nr. 18 zu § 611 BGB Direktionsrecht.
(72) *Kamman/Meisel*, S. 88 und 90.
(73) *Bobrowski/Gaul*, S. 131.
(74) *Kamman/Meisel*, S. 90.
(75) *Bobrowski/Gaul*, S. 131.
(76) *Kamman/Meisel*, S. 153.

(77) Quelle: *Pleyer, K.*: Sammlung privatrechtlicher Fälle für Studierende der Wirtschaftswissenschaften und junge Juristen, 4. Aufl. München und Berlin 1967, S. 33 und 121 ff.

(78) *Schaub*, S. 155.

(79) *Bobrowski/Gaul*, S. 134.

(80) BAG in AP Nr. 5, 8 zu § 7 AZO; in AP Nr. 6 zu § 12 AZO.

(81) *Kamman/Meisel*, S. 105.

(82) *Bobrowski/Gaul*, S. 138.

(83) *Bobrowski/Gaul*, S. 139.

(84) *Schaub*, S. 157; *Bobrowski/Gaul*, S. 139.

(85) *Bobrowski/Gaul*, S. 140.

(86) *Schaub*, S. 159; BAG in AP Nr. 1, 2 zu § 615 BGB Kurzarbeit.

(87) Quellen: Nr. 1 und Nr. 2 aus *Hunn*: Arbeitsrecht (Reihe *Schönfelder*), 1955, S. 61; Nr. 4a und 4b aus *Gamillscheg*: Arbeitsrecht (Reihe *Schönfelder*) 1973, S. 203–206.

(88) *Kamman/Meisel*, S. 96.

(89) *Löwisch/Löwisch*: Arbeitsrecht für Wirtschaftswissenschaftler, Tübingen 1974, S. 51–54. Wegen Einzelheiten der Lohnberechnung vgl. *Wöhe, G.*: Einführung in die allgemeine Betriebswirtschaftslehre, 11. Aufl. München 1973, S. 79 ff.

(90) *Schaub*, S. 255.

(91) *Schaub*, S. 163.

(92) *Grossmann/Schneider*, S. 85.

(93) *Schaub*, S. 164.

(94) *Hueck/Nipperdey*, S. 60.

(95) Quelle: *Gamillscheg*: Arbeitsrecht (Reihe *Schönfelder*) 1973, S. 29/30.

(96) *Palandt*, S. 237.

(97) *Grossmann/Schneider*, S. 86.

(98) *Schaub*, S. 167.

(99) *Grossmann/Schneider*, S. 67.

(100) *Palandt*, S. 243.

(101) *Schaub*, S. 172 f.

(102) BAG in AP Nr. 13 zu § 1 Arbeiterkrankheitsgesetz.

(103) *Kamman/Meisel*, S. 185.

(104) *Schaub*, S. 417.

(105) *Kamman/Meisel*, S. 182.

(106) *Quelle: Hanau/Adomeit*, S. 181.

(107) *Schaub*, S. 407.

(108) *Schaub*, S. 408.

(109) *Hueck/Nipperdey*, S. 71; *Schaub*, S. 431.

(110) *Hueck/Nipperdey*, S. 78.

(111) *Hueck/Nipperdey*, S. 78; BAG in AP Nr. 1, 2, 3, 4, 14, 15 zu § 615 BGB Betriebsrisiko.

(112) *Hueck/Nipperdey*, S. 79.

(113) *Schaub*, S. 433.

(114) Quelle: *Herschel-Trieschmann*: Arbeitsrecht, 40 Fälle mit Lösungen (Reihe *Schaeffers* Rechtsfälle, 8. Bd.), Stuttgart/Düsseldorf, S. 23 und 110 ff.

(115) *Hueck/Nipperdey*, S. 63.

(116) *Bobrowski/Gaul*, S. 302; *Glaubitz, W.*: Parteipolitische Betätigung im Betrieb, in: Betriebs-Berater, 27. Jahrgang 1972, Heft 29, S. 707 f.

(117) BVerfG in AP zu Art. 9 GG.
(118) *Bobrowski/Gaul*, S. 302.
(119) *Schaub*, S. 190; *Bobrowski/Gaul*, S. 303.
(120) *Bobrowski/Gaul*, S. 300/301.
(121) *Schaub*, S. 189.
(122) Quelle: *Gamillscheg*: Arbeitsrecht (Reihe *Schönfelder*), 1973, S. 110.
(123) *Grossmann/Schneider*, S. 104.
(124) *Hueck/Nipperdey*, S. 88.
(125) *Hueck/Nipperdey*, S. 89.
(126) *Kamman/Meisel*, S. 140.
(127) *Grossmann/Schneider*, S. 107; vgl. ferner: Urteil des BAG vom 25.6.75, in: Betriebs-Berater, 30. Jahrgang 1975, Heft 29, S. 1343.
(128) Quelle: *Gamillscheg*: Arbeitsrecht (Reihe *Schönfelder*) 1973, S. 99/100.
(129) *Palandt*, S. 694.
(130) *Palandt*, S. 201.
(131) *Schaub*, S. 179.
(132) *Palandt*, S. 199.
(133) *Schaub*, S. 465.
(134) *Haase/Koch*: Die gesetzliche Unfallversicherung, Kommentar, München 1963, S. 66; *Eicher/Haase/Rauschenbach*, S. 249.
(135) *Schaub*, S. 469.
(136) *Palandt*, S. 250.
(137) *Palandt*, S. 734.
(138) *Palandt*, S. 735.
(139) *Frey, E.*: Haftung des Arbeitnehmers gegenüber dem Arbeitgeber und von Arbeitnehmern untereinander, in: Steuer- und Wirtschafts-Kurzpost, Gruppe 19, Freiburg, S. 1056.
(140) *Gamillscheg/Hanau*: Die Haftung des Arbeitnehmers, 2. Aufl. Karlsruhe 1974, S. 46 ff.
(141) *Schaub*, S. 182.
(142) *Hueck/Nipperdey*, S. 61.
(143) BAG in AP Nr. 22, 26, 42 zu § 611 BGB Haftung des Arbeitnehmers; *Gamillscheg/Hanau*, S. 14.
(144) *Schaub*, S. 182.
(145) *Gamillscheg/Hanau*, S. 14.
(146) BAG in AP Nr. 22 zu § 611 BGB Haftung des Arbeitnehmers.
(147) BAG in AP Nr. 56 zu § 611 BGB Haftung des Arbeitnehmers.
(148) *Gamillscheg/Hanau*, S. 89 ff.
(149) *Schaub*, S. 184.
(150) Quelle: *Gumpert, J.*: Anmerkungen zum Urteil des BAG vom 26. 11. 69 – 1 AZR 200/69 zur Haftung des Arbeitnehmers für Fehlentscheidungen in schadensgeneigter Situation, in: Betriebs-Berater, 25. Jahrgang 1970, Heft 5, S. 213/214.
(151) *Schaub*, S. 187.
(152) *Rewolle/Lorentz*, S. 47.
(153) BAG in AP Nr. 1 zu § 305 BGB; BAG in AP Nr. 4 zu § 611 BGB Haftung des Arbeitnehmers.
(154) *Matthes, H. C.*: Einstellung und Kündigung, Bonn 1974, S. 77.
(155) BAG Großer Senat, Beschluß vom 12. 10. 60, in AP Nr. 16 zu § 620 BGB Befristetes Arbeitsverhältnis.

(156) *Matthes*, S. 78.
(157) *Schaub*, S. 512.
(158) *Kamman/Meisel*, S. 257.
(159) *Schaub*, S. 518.
(160) *Matthes*, S. 86 f.
(161) *Dietz/Richardi*: Betriebsverfassungsgesetz mit Wahlordnungen, Kommentar, 5. Aufl., München 1973, S. 1229; *Hanau/Adomeit*, S. 209.
(162) *Dietz/Richardi*, S. 1230.
(163) BAG in AP Nr. 1 zu § 193 BGB.
(164) *Matthes*, S. 97.
(165) *Matthes*, S. 98.
(166) *Kamman/Meisel*, S. 273; BAG in AP Nr. 5 zu § 1 KSchG.
(167) *Schaub*, S. 559 ff.; *Matthes*, S. 113 f.
(168) *Matthes*, S. 106.
(169) *Matthes*, S. 116.
(170) *Hanau/Adomeit*, S. 199.
(171) *Matthes*, S. 95.
(172) BAG in AP Nr. 1 zu § 626 BGB Änderungskündigung.
(173) Quelle: *Hanau/Adomeit*, S. 144 und 211 f.
(174) *Matthes*, S. 89.
(175) *Hanau/Adomeit*, S. 206.
(176) BAG in AP Nr. 59 zu § 626 BGB; *Hanau/Adomeit*, S. 206.
(177) *Matthes*, S. 90.
(178) *Kamman/Meisel*, S. 265.
(179) *Matthes*, S. 91.
(180) *Kamman/Meisel*, S. 266.
(181) *Matthes*, S. 93.
(182) *Matthes*, S. 91.
(183) *Hanau/Adomeit*, S. 205.
(184) *Matthes*, S. 92.
(185) Quelle: Hanau/Adomeit, S. 208 f. Der Fall wurde vom Verf. leicht geändert.
(186) *Grossmann/Schneider*, S. 166.
(187) *Grossmann/Schneider*, S. 165.
(188) BAG in AP Nr. 1 zu § 73 HGB.
(189) BGH in AP Nr. 10 zu § 826 BGB; *Grossmann/Schneider*, S. 165.
(190) *Kamman/Meisel*, S. 282.
(191) BAG in AP Nr. 3 zu § 74 a HGB.
(192) BAG in AP Nr. 1 zu § 74 c HGB; AP Nr. 3 zu § 74 a HGB.
(193) *Schaub*, S. 211.
(194) *Söllner*, S. 112.
(195) *Schaub*, S. 807.
(196) *Hueck/Nipperdey*, S. 195.
(197) BAG in AP Nr. 1 zu § 2 TVG Tarifzuständigkeit.
(198) *Söllner*, S. 119.

(199) BAG in AP Nr. 1, 3 zu § 2 TVG Tarifzuständigkeit.
(200) *Schaub*, S. 811.
(201) *Hueck/Nipperdey*, S. 228.
(202) *Söllner*, S. 121.
(203) *Hueck/Nipperdey*, S. 208.
(204) BAG in AP Nr. 2 zu § 1 TVG Friedenspflicht.
(205) *Hueck/Nipperdey*, S. 209.
(206) *Hueck/Nipperdey*, S. 210.
(207) *Hueck/Nipperdey*, S. 260.
(208) Quelle: *Gamillscheg*: Arbeitsrecht (Reihe *Schönfelder*) 1973, S. 355/356.
(209) *Hueck/Nipperdey*, S. 236.
(210) BAG in AP Nr. 4, 7, 16, 18 und 70 zu Art. 3 GG.
(211) *Söllner*, S. 123.
(212) *Hueck/Nipperdey*, S. 241.
(213) *Hueck/Nipperdey*, S. 212.
(214) *Hueck/Nipperdey*, S. 229.
(215) *Schaub*, S. 835 ff.; *Hueck/Nipperdey*, S. 230 f.
(216) *Söllner*, S. 126.
(217) *Söllner*, S. 125.
(218) *Söllner*, S. 132.
(219) *Hueck/Nipperdey*, S. 255/256.
(220) *Söllner*, S. 134.
(221) *Schaub*, S. 835.
(222) *Hueck/Nipperdey*, S. 229.
(223) *Hueck/Nipperdey*, S. 235.
(224) BAG in AP Nr. 4 und Nr. 6 zu § 4 TVG Geltungsbereich.
(225) *Kamman/Meisel*, S. 45.
(226) *Schaub*, S. 823.
(227) Quelle: *Gamillscheg*: Arbeitsrecht (Reihe *Schönfelder*) 1973, S. 309 und S. 315–317.
(228) *Söllner*, S. 127.
(229) *Hueck/Nipperdey*, S. 251.
(230) *Schaub*, S. 824; *Hueck/Nipperdey*, S. 251.
(231) *Hueck/Nipperdey*, S. 262.
(232) *Hueck/Nipperdey*, S. 263 ff.
(233) *Söllner*, S. 102.
(234) *Söllner*, S. 103.
(235) *Schaub*, S. 801.
(236) *Söllner*, S. 105.
(237) *Schaub*, S. 781.
(238) *Brox-Rüthers:* Arbeitskampfrecht, 1965, S. 29; *Söllner*, S. 71; *Schaub*, S. 783.
(239) so *Tomandl*: Streik und Aussperrung als Mittel des Arbeitskampfes, 1965, S. 11.
(240) *Söllner*, S. 73; *Schaub*, S. 783.
(241) *Söllner*, S. 73.
(242) *Schaub*, S. 782.

(243) *Schaub*, S. 782.
(244) *Hueck/Nipperdey*, S. 291 ff.; *Söllner*, S. 87 f.
(245) BAG in AP Nr. 3, 33 zu Art. 9 GG.
(246) *Söllner*, S. 87.
(247) BAG in AP Nr. 34 zu Art. 9 GG.
(248) *Hueck/Nipperdey*, S. 293.
(249) *Hueck/Nipperdey*, S. 294.
(250) *Schaub*, S. 796.
(251) BAG Großer Senat in AP Nr. 43 zu Art. 9 GG Arbeitskampf.
(252) *Hueck/Nipperdey*, S. 289.
(253) *Hueck/Nipperdey*, S. 290.
(254) *Söllner*, S. 93.
(255) *Söllner*, S. 92.
(256) *Hueck/Nipperdey*, S. 296.
(257) BAG in AP Nr. 32, 33 zu Art. 9 GG Arbeitskampf.
(258) Quelle: *Gamillscheg*: Arbeitsrecht (Reihe *Schönfelder*) 1973, S. 365 ff.
(259) *Dietz/Richardi*, S. 85.
(260) *Dietz/Richardi*, S. 87 ff.
(261) *Hanau/Adomeit*, S. 93.
(262) *Dietz/Richardi*, S. 241.
(263) *Dietz/Richardi*, S. 103.
(264) RAG vom 13.6.28; Rechtsprechung des Reichsarbeitsgerichts in: Arbeitsrechtssammlung ARS 3/105, zitiert bei *Herschel/Trieschmann*: Arbeitsrecht (*Schäffers* Rechtsfälle 8. Bd.), S. 34.
(265) *Herschel/Trieschmann*, S. 8 und 33 ff.
(266) *Dietz/Richardi*, S. 72.
(267) *Dietz/Richardi*, S. 605.
(268) *Dietz/Richardi*, S. 608.
(269) *Dietz/Richardi*, S. 537.
(270) *Hanau/Adomeit*, S. 95.
(271) *Dietz/Richardi*, S. 667.
(272) *Dietz/Richardi*, S. 1295.
(273) *Dietz/Richardi*, S. 1308.
(274) Quelle: *Pleyer*, S. 34 und 124 ff. Der Fall wurde vom Verf. leicht geändert.
(275) *Söllner*, S. 155; *Hanau/Adomeit*, S. 101.
(276) BAG in AP Nr. 3 zu § 23 BetrVG 1952.
(277) *Söllner*, S. 155.
(278) hierzu ausführlich: *Dietz/Richardi*, S. 754 f.
(279) *Dietz/Richardi*, S. 806.
(280) *Hanau/Adomeit*, S. 103.
(281) *Dietz/Richardi*, S. 864/865.
(282) *Brox, H.*: Grundbegriffe des Arbeitsrechts, Stuttgart/Berlin/Köln/Mainz 1967, S. 78.
(283) Einzelheiten zur Einigungsstelle in: *Jäcker, H.*: Die Einigungsstelle nach dem Betriebsverfassungsgesetz 1972, Köln 1974.
(284) *Hanau/Adomeit*, S. 105.

(285) Quellen: *Gamillscheg*: Arbeitsrecht (Reihe *Schönfelder*) 1973, S. 449–452, S. 453/454. Der Fall wurde vom Verf. geändert.

(286) *Dietz/Richardi*, S. 731 ff.; *Hanau/Adomeit*, S. 107 ff.

(287) *Schaub*, S. 905.

(288) *Dietz/Richardi*, S. 732.

(289) *Hanau/Adomeit*, S. 108.

(290) *Dietz/Richardi*, S. 735.

(291) *Hanau/Adomeit*, S. 107.

(292) *Dietz/Richardi*, S. 736.

(293) vgl. hierzu *Dangers, W.*: Betriebliche Sozialeinrichtungen und Mitbestimmung, in: Betriebs-Berater, 29. Jahrgang 1974, Heft 23, S. 1076 ff; *Weigel, H. J.*: Das Mitbestimmungsrecht des Betriebsrates im Rahmen der betrieblichen Altersversorgung, in: Betriebs-Berater, 29. Jahrgang 1974, Heft 34, S. 1583 ff.

(294) *Dietz/Richardi*, S. 1083.

(295) vgl. hierzu *Frey, H.*: Was ist Personalplanung im Sinne von § 92 des Betriebsverfassungsgesetzes, in: Betriebs-Berater, 28. Jahrgang 1973, Heft 8, S. 388 ff.

(296) *Söllner*, S. 162; *Rumpff, K.*: Die mitbestimmungsrechtliche Lage bei Verlegungen von Arbeitnehmern von einem Betrieb zu einem anderen Betrieb desselben Unternehmens, in: Betriebs-Berater, 28. Jahrgang 1973, Heft 15, S. 707 ff.

(297) Urteil des BAG vom 4.8.75, in: Betriebs-Berater, 30. Jahrgang 1975, Heft 31, S. 1435–1437. Dortselbst Hinweise auf weitere Entscheidungen des BAG.

(298) vgl. hierzu *Böhm, W.*: Die Weiterbeschäftigungspflicht nach § 102 Abs. 5 BetrVG, in: Betriebs-Berater, 29. Jahrgang 1974, Heft 35/36, S. 1641 ff.

(299) *Hanau/Adomeit*, S. 113; *Söllner*, S. 166.

(300) *Hanau/Adomeit*, S. 114.

(301) wegen Einzelheiten vgl. *Teubner, E.*: Interessenausgleich und Sozialplan, in: Betriebs-Berater, 29. Jahrgang 1974, Heft 21, S. 982 ff.

(302) vgl. hierzu *Marienhagen, R.*: Die Wahl der Arbeitnehmervertreter zum Aufsichtsrat, in: Betriebs-Berater, 28. Jahrgang 1973, Heft 6, S. 293 ff.

(303) *Bathe, Th.*: Das Verfahren vor dem Arbeitsgericht (Goldmanns Gelbe Taschenbücher Nr. 1995) 1967, S. 25.

(304) *Bathe*, S. 27.

(305) *Bathe*, S. 28.

(306) *Bathe*, S. 32.

(307) *Bathe*, S. 35.

(308) *Bathe*, S. 48.

(309) *Bathe*, S. 52.

(310) *Bathe*, S. 147.

(311) *Bathe*, S. 73.

(312) *Bathe*, S. 106.

(313) *Bathe*, S. 107.

(314) Beschluß des BAG vom 3. 7. 55.

(315) *Bathe*, S. 129.

## Stichwortverzeichnis

(Die Ziffern beziehen sich auf die Ziffern am Rande des Textes, nicht auf die Seitenzahlen)